島津四兄弟

義久・義弘・歳久・家久の戦い

栄村顕久

南方新社

序文　島津四兄弟の背景

三木　靖

誠に興味深い一冊である。島津氏の長い歴史の中でも、最も波乱に富んだ戦国時代に活躍した島津四兄弟がテーマである。彼らにかかわる史実を、歴史研究の基本史料である『島津国史』『薩藩旧記雑録』などをもとに丹念に辿っている。

四兄弟の名前はよく知られているが、もう少し深く知りたいという歴史愛好家にとって、格好の手引書ともいえるのではないだろうか。

ここで、四兄弟の背景について若干の考察を加えたい。

島津四兄弟の登場期（一五三〇～四〇年代）は、わずかの期間とはいえ守護大名家・島津本家の十五代に迎えられたことのある父貴久が懸命に、自分の家であった島津分家のひとつ相州伊作島津家の所領確立を目指していた。

当時島津本家は、伝統的権威を持っており、島津分家としては薩州家、豊州家の両家がその中心にあって、相州伊作島津家は小規模な島津分家に過ぎなかった。

しかし一時ではあれ、本家家督を受け継いだことは貴久の誇りであり、相州伊作島津家にはプラスの条件であり、領国騒然以前（島津本家の権威が失われる前、応仁文明の乱直近）の、島津本家九代忠国からの血縁関係をみると、本家十四代勝久は、九代忠国、その子立久、その子忠昌の子で、相州家の忠良は、九代忠国、その子（側室の子）友久、その子運久、その養子で、伊作家の忠良（前記相州家忠良と同一人物）は、九代忠国、その子（正室の子）久逸、その子善久、その子で、忠良の位置は本家勝久と遜色なかった。

当時の政治では薩州家実久が目立っていたが、分家としては実久よりはるかに本家に近く、相州伊作家の忠良は、実久が勝久の後継者になることは許せなかった。

一五二六年本家十五代となったが、翌年鹿児島城を追われた貴久は忠良と共に伊作城を取り戻し、周囲の実久勢と対決し始め、守護の領国は、勝久から書面で譲られるものではなく、実力で獲得するものと決意した。薩州家実久と全面的な対決を念頭にして、伊作周辺の薩摩半島の統治を目指し、一五三三年三月二十九日には、南郷城を攻略、続いて同年永吉・日置両城、一五三六年伊集院・太田原・長崎・神殿・石谷各城、一五三七年福山・犬迫・竹山・谷口各城、一五三八年加世田・谷山本・苦辛・神前・川辺高城・平山・市来平・市来本各城と城攻めを繰り返し、薩摩半島を所領とした。各地の新興領主を加え強固な家臣団を築き、一五三九年紫原で実久を破ると入来院、種子島、根占、伊地知ら国衆が貴久に挨拶をするに至り（箕輪覚書）、一五四五年には分家豊州家忠広、北郷忠相らが伊集院城に貴久を訪ね、「逆臣に妨げられたとはいえ勝久から家督を譲られた経緯があり、本人には文武の才があり、守護職に就いて欲しい」と申し入れをし（箕輪記）、これに応じた貴久は一五五〇年鹿児島に屋形を築き御内城の名称の同城に移り、分家から、名実備わった戦国島津氏の当主となった。

　島津四兄弟についていうと、前記の南郷城攻めのひと月前一五三三年二月九日に長男の義久が誕生し、御内城に入る三年前に四男家久が誕生しており、貴久の薩摩半島所領化の時期に相当しており、厳しい戦いのなかで誕生し、幼少期を過ごしたのであった。この緊張した時期に誕生し、幼少期を過ごしたことは四兄弟の生き方に大きく影響した。

　この薩摩半島所領化の最中に貴久は、父忠良から軍事指揮権を委譲された。一方忠良は戦国島津家の家臣団の教育面を担うことになり、自ら神儒仏の三分野を兼学する修道者となり、自ら生活規範の確立を目指し、儒教的倫理観をもとに、身分制度に封建的な秩序の枠をはめた。当然社会は上下関係で律することが当然になる。これらと密接にかかわって、領国統治者の規範を子の貴久に説き、孫たちに説いた。孫は島津四兄弟であった。なかでも、家督継承者になる義久には一五六一年に書状を与え、不動明王と愛染明王を強く信仰し、自己に峻厳でなければならず、領国のためを考えた行動には、天道・神慮・仏法の加護があり、内外に厳しく接することが、真の慈悲になるのだとさとした（島津家文書）。これは、戦国大名の統率者となる者への心得であり、残る三人の弟には、兄への無限の服従を説いた。この精神をもとに、領域内全域への浸透を目指したのが、いろは歌であった。これ以降、忠良は姿を消し、日新菩薩として、いろは歌の聖君・仁君となって領域に浸透し、四兄弟もその子孫も、この教訓歌に育てられた。

　島津四兄弟の活躍には、隠居身分となり、宗教色を強めた日新が戦国家臣団の教育に専念する時期とが重なり、日新の封建的家臣団の骨格的規範を叩き込まれたことが大いにプラスだった。

最後になったが、著者の栄村顕久氏は在野の研究家である。私が鹿児島国際大学に籍を置いていた頃、しばしば研究室を訪ねてきて、卒論では戦国島津氏についてまとめ、大変好評であった。卒業後も民間企業に働きながら、島津氏の研究に精進してきたという。その意気やよし。今回、その栄村顕久氏による『島津四兄弟』が刊行された。大歓迎であり、多くの皆様に楽しんでいただきたい。私も楽しみにしている。若い栄村氏のこれからの活躍を期待してやまない。

（みき やすし・鹿児島国際大学名誉教授　歴史学者）

はじめに

みなさんは島津四兄弟と聞いて、誰を思い浮かべるだろうか。

鹿児島県出身の方なら島津氏は知っているとおもうが、だれが貴久でだれが義久なのか、また久の字がついている名前が多すぎてまぎらわしいといった方が大半なのではないだろうか（義弘は、関ヶ原での退き口や妙円寺詣りなどで有名であるが）。

本書でとりあげるのは戦国時代の島津四兄弟、すなわち義久・義弘・歳久・家久である。

四兄弟は祖父に島津氏中興の祖といわれる日新こと忠良、父に貴久をもち、島津氏念願の三州（薩摩・大隅・日向国）の統一をなしとげ、九州をもほぼ制覇した。その後、豊臣秀吉の軍門に降り領国を大幅に縮小されたが、豊臣政権の際限なき軍役を乗り越え、関ヶ原の合戦に敗れる憂き目にあいながらも家を存続させた。

四兄弟は、かならずしも一枚岩ではなかったが、協力すべきときには協力し、戦となると無類の強さを発揮した。戦国最強といわれたゆえんである。

四兄弟が外圧に苦しみ、内部には矛盾をかかえながらも戦国時代を戦い抜き、近世大名島津氏の礎を築いた軌跡を本書にあらわした次第である。

なお、本文中の「」や改行二字下げで引用した文章・会話や書中の内容は、主に『島津国史』『鹿児島県史料旧記雑録』を典拠にしていることを断っておく。

島津四兄弟——目次

装幀　大内 喜来

■島津氏略系図① 歴代当主

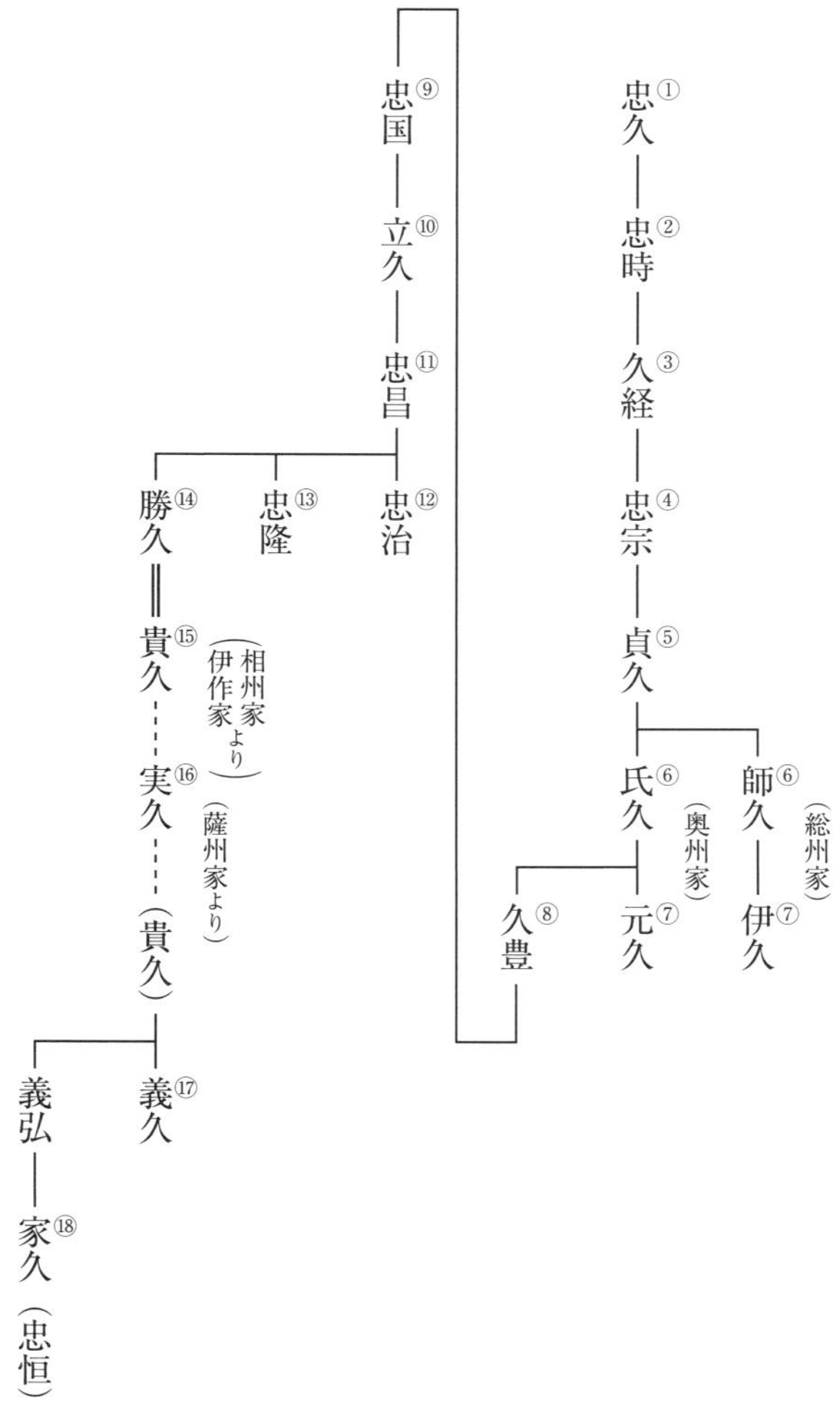

○数字は代数
‖は養子関係
----は他家より

■島津氏略系図②　島津四兄弟関係

- 忠良
  - 御南（肝付兼続妻）
  - 御隅（樺山善久妻）
  - 貴久
    - 義久
      - 於平（島津義虎妻）
      - 新城（彰久妻）
      - 亀寿（久保のち忠恒妻）
    - 義弘
      - 屋地（北郷相久妻のち島津朝久妻）
      - 鶴寿丸（夭折）
      - 久保
      - 忠恒（家久）
      - 万千代丸（夭折）
      - 忠清
      - 御下（千鶴）（伊集院忠真妻のち久元妻）
    - 歳久
      - 女子（島津忠隣妻・忠隣は歳久養子）
      - 女子
    - 家久
      - 女子
      - 豊久（忠豊）
      - 忠仍（重虎）
  - 忠将 ― 以久 ― 彰久 ― 忠仍
  - 女子（種子島時堯妻）― 女子（義久妻）
  - 尚久 ― 忠長
    - 忠倍
    - 久元 ― 久通
  - 女子（義久妻）

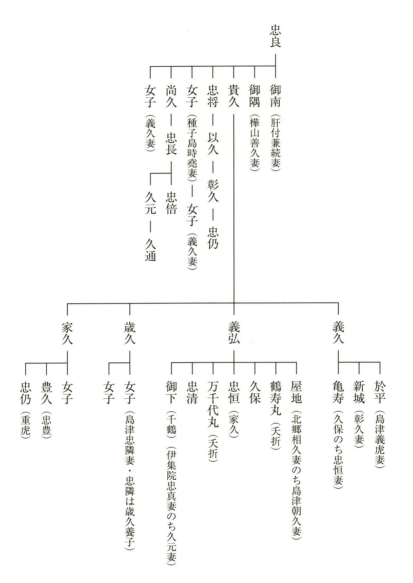

序章

戦国大名島津氏の誕生と島津四兄弟について

戦国大名島津氏の誕生

島津四兄弟、すなわち義久・義弘・歳久・家久の祖父は忠良、父は貴久である。

四兄弟について本題にはいるまえにこの二人について語らなくてはならない。二人の存在なくして四兄弟の地位も活躍もありえないからである。

四兄弟の祖父忠良は、明応元年(一四九二年)九月二十三日に、伊作島津家当主・久逸《ひさやす》の子である善久の嫡男として生まれた。幼名・菊三郎、通称・三郎右衛門尉。

忠良の祖父久逸は、島津家第九代当主・守護職の忠国の三男で伊作島津家の養子になった人物である。

全国的に戦国争乱の嵐が吹き荒れるなかで、南九州も例外ではなかった。

父の善久は忠良が幼少の三歳の時に、身分の低い者によって殺されてしまい、その後久逸も一族同士の争いのなかで戦死してしまう。

伊作島津家の存続は若い忠良の肩に重くのしかかってしまったのである。

この窮地を脱することができた背景には忠良の母である常盤(梅窓夫人・新納氏)の存在が大きい。幼少である忠良を海蔵院という寺に預け、修行させるとともに厳しくしつけ、伊作島津家の当主たる人物に育て上げたという。

その後常盤は相州家の運久から再三にわたって求婚され、息子である忠良に相州家領も相続させることを条件に承知したといわれる。運久に後継者が無かったからであるが、忠良は二十一歳にして伊作・相州両家の当主となり、それまでより広陵な領地(伊作・田布施・阿多・高橋)を治めることになったのである。そして相模守を称するようになる。

また、忠良は大永七年(一五二七年)三十六歳で出家し、愚谷軒日新斎という出家名を名乗った。在家菩薩日新とも称した。

四兄弟の父第十五代当主・守護職で太守(島津氏の場合、薩摩・大隅・日向の三カ国守護の称号)の貴久(幼名・菊三郎・虎寿丸、通称・又三郎、出家名・伯囿)は、永正十一年(一五一四年)五月五日生まれ、母は薩州家・島津重久(成久)の娘(寛庭夫人)である。官途は修理大夫(歴代島津家当主が就く官職)、従五位下・贈従三位、修理大夫を辞した後は陸奥守(これも歴代当主が就く官職)。弟に永正十七年生まれの忠将(又四郎、右馬頭、垂水家祖)と、享禄四年(一五三一年)生まれの尚久(幼名・鎌安丸、又五郎、左兵衛尉、宮之城家祖）がいる。

のちに父忠良とともに他の島津一族や各地の勢力に打ち勝ち、実力で島津家第十五代当主・守護職に就くのである。そして太守として島津家歴代当主の名乗りである虎寿丸・又三郎・三郎左衛門尉を名乗った。

忠良は三人の息子について「いずれも優劣なく、智勇兼備の英豪なり」と評している。忠良には、四女があり、長女御南《おみなみ》は肝付兼続（省釣《せいちょう》）に、次女御隅は樺山善久（玄佐）に、三女にしは種子島時尭に（娘が義久の第二夫人・にしは時尭と離縁後、肝付兼盛妻）、末娘は貴久長男・義久に嫁いでいる。

さて、父子に転機がおとずれた経緯に触れる。

島津家第十四代当主・守護職・太守の島津勝久（忠兼、義忠とも名乗っているが本書では便宜上勝久で統一する）が内政に失敗し、忠良に支援を求めてきたのである。

勝久は父子の協力を得るため大永六年（一五二六年）十一月に貴久を養子にし、翌年四月、当主・守護職の座も譲ったのである（時に貴久十四歳）。そして自身は伊作に隠居し、剃髪した。

しかし、勝久はわずか約一カ月で当主・守護職の座を貴久から悔返しているのである。その背景には薩州家の島津実久（一五一二～一五五三年）の存在があった。

薩州家の祖好久は、第九代当主・守護職・太守の忠国の守護代であった人物である。伊作・相州家よりも家格が上であった。また、勝久の正室は実久の姉ということもあった（のち離別）。

忠良・貴久父子よりも島津家内の地位が高く、勝久と姻族関係であった実久は、勝久の貴久への当主・守護職移譲を認めず、勝久の守護職復帰を求めたのである。勝久は、以上の理由から当主・守護職へ復帰し、そして還俗した。実久が兵を鹿児島に送ったため、貴久は鹿児島を保てなくなり田布施に逃れた。

当主・守護職へ復帰した勝久であったが、再び人材登用に失敗し、その結果勝久に切腹を命じられた被官層は実久を頼り、天文四年（一五三五年）実久とともに鹿児島を攻めるにいたったのである。勝久は国政を実久に譲渡して帖佐に出奔し、実久は鹿児島にはいった。

ここに当主・守護職をめぐる争いの構図は、実久対忠良・貴久父子として出来あがったのである。

実久は本宗家当主・守護職・太守に就くことを望み、本宗家被官層の支持を得て、豊州家島津忠朝・北郷氏・本田氏・肝付氏・祢寝氏らにも承認された。新納忠勝のように反対する者もなかったわけではないが、圧倒的勢いに乗る実久方であった。実久は、一時守護となった。

天文五年三月、忠良・貴久父子は実久方の伊集院・一宇治城（現・日置市）を奪回し、天文十四年（一五四五年）以後この城を薩・隅平定の本拠とした。また、天文十八年にはこの城で貴久が来日したフランシスコ・ザビエルと会見している。

また天文六年五月には、忠良は所領である伊集院・鹿児島・谷山・吉田を実久に譲り、代わりに加世田・川辺を領することで実久の本宗家当主・守護職就任を認めると決意したほどであった。結局、忠良が実久のいる加世田城に赴いて交渉したものの、この提案は実久の反対で実現しなかったが、この時期の両者の勢力関係を物語っている。

実久方にくらべて劣勢であった忠良父子に味方したのは、貴久の妻の実家である入来院氏や、樺山氏・伊集院氏・頴娃氏などであった。

そんななか、天文六年（一五三七年）ころ忠良父子が選んだ道は、出奔していた勝久との提携であった。勝久は再び本宗家当主・守護職・太守への復帰を望んでおり、反実久という点で忠良父子と利害が一致したのである。その結果、忠良父子に本宗家被官層や南薩部国人層が味方することとなった。忠良は本宗家被官層の多くを被官化して、彼らを中核として老中制度を整備した。勝久とは一味違った忠良の辣腕ぶりをみることができる。結果、忠良父子の勢力は大幅に増大したのである。

天文七年十二月十九日、忠良は実久の留守を狙って加世田城を攻めたが敗れた。しかし、晦日には、態勢を立て直して貴久・忠将を寄手に加え再び攻め、天文八年元旦についに加世田城を攻略した。以後忠良は加世田城を本拠とした。そしてこの地に六地蔵（供養塔）を建立して敵味方の戦没者を供養した。忠良は、よく戦の後、六地蔵を建立し、味方の戦没者を弔う施餓鬼も怠らなかった。その精神は、孫の義久・義弘にも受け継がれた。

天文八年三月十三日、入来院氏・東郷氏・頴娃氏・喜入氏ら南薩部国人層と提携した忠良父子は、谷山・紫原の合戦で実久方を撃破した。その結果、薩摩半島部では実久方の勢力は弱まり、忠良父子方が優勢になっていった。

順調かと思われた忠良父子の勢力拡大であったが、天文十一年（一五四二年）三月の加治木城・生別府の合戦では、突然の大雨や敵の援兵により敗北し、同年十二月六日には敵の勢いを鎮めるため味方である樺山善久（妻が忠良二女）の領地である生別府《おいのびゅう》（長浜城、現・霧島市隼人町小浜）を大隅国守護代で国分清水《きよみず》城主の本田薫親《ただちか》に明け渡させなければならなかった。六年後に樺山氏は領地を奪回することになるが、まだまだ忠良父子にとって忍耐の必要な時期であった。

また、この年に忠良父子は本田薫親を被官化した。本田氏は島津家第六代当主の氏久の代から大隅国の守護代を務めてきた家柄で、朝廷との繋がりも強く、是非とも傘下に治めたい勢力であった。もっとも本田薫親父子は天文十七年、父子に反旗を翻すことになるが、ともかく薫親の被官化により実久の支持勢力が動揺して寝返り、忠良方がさらに優勢になった。

その後実久と忠良父子との対立は実久が死去（天文二十二年）するまで続いたと考えられているが、それまで忠良方が優勢に推移したと考えられる。

また、忠良父子と提携していた勝久は、本宗家被官層に離反されて領内を転々としたあげく、天文十一・十二年母方の実家である大友氏を頼り豊後国沖浜に逃れ、天正元年（一五七三年）十月十五日、七十一歳で死去するまで二度と鹿児島に戻ることはできなかった。

話は変わるが、天文十二年（西洋の記録では天文十一年）には、倭寇船に搭乗したポルトガル人により、種子島に戦の革命をもたらす鉄砲が伝えられている。

貴久は天文十四年（一五四五年）三月十八日に、北郷氏や伊地知氏・本田氏以下譜代の家老などから太守として認められた。貴久には太守たる器が備わり、良将である忠良の補佐が得られるのであれば異存はないとの各氏の承認であった。

もっとも、それ以前に勝久から一度本宗家の当主・守護職・太守の座を譲られており、貴久が家督にあったという認識はあったのであるが、北郷氏らは明確に貴久を太守と定めることで、南九州の確固たる主のいない状態から脱却し、貴久とそれを支える忠良を頂点に各氏がまとまることで、とめどない争乱状態をしずめ安定させようとしたのである。

全国的に下剋上の風潮が強かった時期であるが、忠良・貴久父子の台頭も下剋上であったといえる。

また、この頃忠良は人間や武士としての心構えなどを説いた、いろは歌を著している。忠良は、キリスト教・法華宗・一向宗を禁止している反面、各地の寺社に寄進したり、廃寺を再興したりしている。

貴久はようやく島津氏歴代当主が名乗る三郎左衛門尉を称することができるようになり、伊集院から鹿児島に入った。その後、天文十九年（一五五〇年）に鹿児島に築いた内城（現・鹿児島市大龍小学校）に入城した。

戦国大名島津氏はこうして誕生したのである。

島津四兄弟について

本題にはいるまえに、四兄弟について概観しておこう。四兄弟の父は、先に島津家第十五代当主・守護職・太守の貴久であることは述べた。また、四兄弟とも現在の日置市吹上町にある伊作城（亀丸城）で生まれている。

長男の義久は、天文二年（一五三三年）一月九日生まれ、母は入来院重聡の娘で雪窓夫人といわれた人（天文十三年八月十五日没）である。幼名は虎寿丸で、のち又三郎、忠良と称し、天文二十一年には将軍足利義輝の偏諱をうけて義辰、その後、義久。永禄七年（一五六四年）には修理大夫、正五位下に叙せられた。その後、従四位下。同九年に第十七代当主・守護職を譲られ、歴代島津家当主が称する三郎左衛門尉を名乗った。天正十五年（一五八七年）五月八日、豊臣秀吉に降伏する際、母の菩提寺である雪窓院で剃髪し、龍伯。その後三位法印龍伯と名乗った。法名は貫明存忠。

島津家歴代当主の名乗りである虎寿丸・又三郎・三郎左衛門尉を名乗り、祖父忠良の名を受け継いだ義久は、嫡男として、次期当主として格別の期待をかけられていたことがわかる。

忠良いわく「義久は三州の総大将たるの材徳自ずから備わり」とある。

義久が当主時の天正五年（一五七七年）三州統一をなしとげ、天正十四年には九州をもほぼ制覇したのである。

尚、本書で名は義久で統一する。

次男の義弘は、天文四年（一五三五年）七月二十三日生まれ、母は義久と同じである。幼名はわかっていない。通称は又四郎、諱名は忠平、官途は兵庫頭（唐名・武庫）と称した。天正十四年（一五八六年）には、足利義昭から偏諱をうけて義弥《よしまさ》（珍）、翌年義弘と名乗った。天正十六年には、秀吉から侍従・従五位下に任じられ、およそ一月後には、羽柴名字を与えられ官位も従四位下に昇進した。秀吉の死後出家し、兵庫入道と名乗り、官職は参議（唐名・宰相、中納言に次ぐ官職）にまで昇った。その後、出家名を維新、さらに惟新と改めた。法名は松齢自貞。

天文二十三年（一五五四年）の初陣である岩剣城の合戦、元亀三年（一五七二年）の木崎原の合戦、天正六年（一五七八年）の耳川の合戦、天正十四年の戸次川の合戦、朝鮮の陣での泗川《しせん》（サチヨン）の合戦、関ヶ原の合戦における島津の退き口などで数々の武功を挙げた武勇に大変優れた人物である。天正十三年には肥後の守護代にも任じられている。

忠良いわく「義弘は雄武英略を以って傑出し」とある。

尚、本書で名は義弘で統一する。

三男の歳久は、天文六年（一五三七年）生まれ、母は義久・義弘と同じである。幼名は又六郎、官途は左衛門督（唐名・金吾）と称した。また出家名は晴蓑、永禄五年（一五六二年）吉田領主、天正八年（一五八〇年）祁答院領主となった。日置島津家の祖である。

他の兄弟が秀吉に降伏しても最後まで屈しなかった。そして秀吉が九州出兵から帰国する際、秀吉が乗っているであろう籠に矢を射かけさせたことで有名である。

忠良いわく「歳久は始終の利害を察するの智計並びなく」とある。

末弟の家久は、天文十六年（一五四七年）生まれ、母は肥知岡某娘で、字は橋姫と称した。幼名は鎌徳丸、通称又七郎、官途は中務大輔（唐名・中書）。元亀元年（一五七〇年）串木野領主、天正七年（一五七九年）には日向佐土原《さどわら》領主となった。

戦上手の武将として知られ、天正十二年の沖田畷の合戦では五千の手勢で三万ともいわれた龍造寺隆信軍を破り、隆信を討ち取った。また、同十四年には戸次川の合戦で豊臣秀吉の先鋒隊を撃破し、長宗我部信親・十河存保《そごうまさやす》を討ち取っている。永吉島津家の祖である。

忠良いわく「家久は軍法戦術に妙を得たり」とある。

以上が、四兄弟の概略である。次章以降四兄弟の軌跡をたどってゆく。

第一章

島津四兄弟と三州統一

義久・義弘・歳久の初陣、岩剣城の合戦

　これから本題にはいるわけであるが、四兄弟が史料に登場してくるまでもう少し祖父忠良・父貴久の動向を追ってみよう。

　薩摩半島部を支配下にいれた忠良・貴久父子は守護領国（薩摩・大隅・日向国）の平定に乗り出した。

　天文十七年（一五四八年）三月、大隅国守護代・本田薫親（国分清水城主）は、忠良・貴久親子に反旗を翻した。敗れた薫親であったが、忠良にその罪を許されるも、たびたび謀反を起こした。

　また、天文十七年五月二十四日、樺山善久は六年ぶりに旧領である生別府を奪還した。

　謀反を起こした薫親はしだいに追い詰められ、十月九日（島津国史の記述による）に島津忠将・樺山善久に居城である国分清水城（現・霧島市）を攻められるにいたり、薫親父子は北郷忠相を頼り庄内に走った。そして、清水城には貴久の弟である忠将が入った。

　翌年の天文十八年（一五四九年）四月十日以降、忠良が国分清水城に入り大隅の諸勢力は帰順していったが、加治木城主の肝付兼演《かねのぶ》だけは降伏しなかった。

　兼演は蒲生氏・渋谷氏と徒党を組んだので貴久は同年五月十一日、伊集院忠朗に加治木城を攻めさせた。その後、忠朗と兼演・蒲生氏・渋谷諸氏とは黒川崎（現・姶良市加治木町）で連日合戦になった。

　また、菱刈氏と北原氏の仲は険悪であったが、樺山善久と伊集院忠倉が和解をすすめると両者は和解して忠良・貴久父子に帰順した。

　同年十一月二十四日、伊集院忠倉が火箭で肝付営を射たところ、暴風により延焼し、兼演などはパニックをおこし、北郷忠相・菱刈某に許しを乞い降伏した。

　また、天文十八年（一五四九年）五月十九日、貴久は加治木城に篭城している兼演の子兼盛を攻めようとしたが、渋谷・北原・蒲生氏が兼盛に加勢し苦戦した。しかしながら馳せ参じた北郷忠相が同年十二月二～十六日の間に和議を整えた。

　同年十二月十一日、国分清水城で肝付兼演・兼盛父子・蒲生氏が、貴久の眼前で降伏の意を伝え、また祁答院氏・入来院氏・東郷氏も謝罪の使者を遣わしたので貴久は伊集院へ帰った。

　兼演は加治木・楠原・中野・日木山などの領有を要求したが、貴久は応じなかった。

兼演は、山北四族（東郷・祁答院・入来院・高城の渋谷諸氏）や、蒲生氏との通行も遮断された。楠原・中野・日木山などは樺山善久の旧領であるが、伊集院忠倉・満石清左衛門尉に与えられ、彼等は善久に付属する部隊となった。

貴久は、肝付兼演にはこれもまた樺山善久の旧領である小浜・堅利二十町を与えた。さらに翌天文十九年（一五五〇年）四月には、兼演に小浜六町と長浜城を除く加治木郷を宛行《あてが》い、同年十二月十九日、貴久は伊集院から鹿児島にはいった。加治木肝付氏兼演は、島津氏と長年にわたって抗争を繰り広げる肝付省釣の分家筋に当たるが、島津本宗家の老中を務め子孫とも大きな与党勢力となる。

これにより忠良・貴久父子は薩隅境の錦江湾沿いをしたがえたことになる。そして忠良・貴久父子にとって大隅国内陸部の平定が課題となった。天文二十三年（一五五四年）から弘治三年（一五五七年）に至る大隅合戦が行われることになる。

さて、いよいよ四兄弟の登場である。

天文二十一年（一五五二年）六月十一日、貴久は修理大夫に正式に叙任された。

同年同月二十七日には、嫡男で次期当主である義久（この時の名は忠良）は、将軍足利義輝の義の字を拝領し義辰と名を改めた。

同年十二月四日に貴久は、忠将・豊州忠親・島津忠俊・北郷忠相・忠相の孫忠豊・樺山善久と盟約を結んだ。

天文二十三年七月一日、祁答院・入来院・蒲生・菱刈の諸氏がまた謀反を起こした。渋谷諸族で中薩の祁答院良重・入来院重嗣など、山北の菱刈隆秋、大隅蒲生の蒲生範清、日向真幸院の北原兼守が連合して南下し、大隅の帖佐に進んできたのである。

肝付兼盛が蒲生範清を説得したが、範清は応じず両者は合戦となった。

同年八月二十九日、範清・菱刈・渋谷諸氏は合力して兼盛を攻め、網掛川の合戦になり、清水・姫木・長浜・宮内の兵が兼盛に加勢した。

九月十日に蒲生軍が加治木を襲い、稲を刈り取っていったこともあり、十二日には貴久・義久父子が一族一門を総動員して鹿児島・谷山・伊作・川辺・加世田・阿多・田布施・伊集院などの兵を率い、帖佐を攻め加治木を救い、吉田城には兵を入れて守らせるとともに、翌日には義久が狩集《かりづまり》に兵を集め日当比良《ひなたびら》に軍を進めて駐屯した。伊集院忠朗軍がその軍を護衛した。

そして、義久・義弘・歳久の初陣である天文二十三年岩剣城の合戦が始まることになるのである。時に義久二十二歳・義弘十九歳・歳久十七歳である。

入来院氏が拠点としている岩剣城を攻めることで、加治木の敵を肝付氏からそらして救おうとしたのである。岩剣城は標高百五十メートルの岩剣山上に位置し、北・東・西の三面は絶壁の崖に覆われている堅固な城であった。

まず、梅北国兼・宅間与八左衛門尉が鹿児島・川辺の兵を率いて脇元を攻撃し、白銀坂《しらがね》で戦闘となった。三兄弟が日当比良から兵を率いてきたため敵軍は引き揚げた。その時の三兄弟の様子を史料には「その勇威に懼《おそ》れるなり」とある。敵軍は八牟礼から白銀坂を上がっていったので、谷山の兵に追撃させた。

貴久は日当比良に本陣を置き、尚久を狩集に駐屯させ、忠将に祁答院良重の拠点である帖佐城を攻撃させた。また、別軍を蒲生城へ向かわせた。

忠将は大隅の兵を率いて岩野川で戦った。十四日、忠将は戦艦五艘で脇元を攻撃し、十七日には、義弘が鹿児島・谷山・下大隅の兵を率いて白銀坂に駐屯している。

十八日、忠将は大隅の兵と五十余艘の兵船で帖佐・脇元を攻撃し、敵味方の兵は銃撃戦となり、結果敵兵は引き揚げた。なお、島津氏が鉄砲を使用した初見である。また敵軍も鉄砲を使用している。

二十日、義弘は伏兵を脇元におき、城下に火を放つとともに、鹿児島の兵に脇元の稲を刈り取らせて、追ってきた帖佐の兵を伏兵とともに撃破している。島津家の御家芸戦法である釣り野伏せである。またこの日、忠良が日当比良・狩集を訪れている（二十四日、鹿児島に帰った）。そして、二十一日、白銀坂の兵が脇元にいたり敵船十艘を奪っている。また、二十二日、敵軍三百人が、山を焼き塁壁《るいへき》としていたところ、狩集兵がこれを破った。

三十日、敵の帖佐・蒲生軍を星原で大いに撃ち破った。また、平松川を奪回した。

十月一日、貴久は尚久に狩集の城のあたりに伏せさせ、義久の士卒に西門の外郭から火をつけさせた。白銀坂の軍勢には星原の稲を刈り取らせ、帖佐・蒲生の二千の兵が救援に出てきたところを破った。帖佐城主祁答院良重・重経・西俣盛家など斬首五十余級を挙げた。

義久は城内の兵に降伏を勧めたが、応じるものはなく、降伏するまで待つことにした。夜になり城兵は城を捨てて逃亡した。ここに岩剣城は落城し、加治木城の囲みも解かれ、三兄弟は初陣を勝利で飾った。十月二日のことである。

三日、貴久・義久らは大半焼けた城に入り、六日には忠良が岩剣城下を訪れ、焼けた小城の新設を命じ、落成に至り、七日、義久・義弘は鹿児島に帰った。

十二日、帖佐兵の残党が加治木を攻めるようなこともあったようである。

十三日、貴久が鹿児島に帰還し、十九日には、義弘が岩剣城に在番するためはいり、忠良も鹿児島に帰った。義弘は岩剣城に三年間在番することになる。便宜上、岩剣城の麓に平松城を築きそこに居住した。

この岩剣城の合戦における島津方の勝利は、反島津の渋谷諸族などの中薩・北薩を中心とした連合軍の南下をくいとめるとともに、大隅進出の拠点の確保につながった。そして、以後の領国経営・勢力拡大に大きなメリットを得ることになったのである。

蒲生氏との合戦

さて、大隅合戦の続きである。弘治元年（一五五五年十月二十三日・天文二十四年より改元）正月二十三日、貴久は兵を遣わし蒲生北村城（現・姶良市蒲生町北）を攻めるも偽計に遭って敗れた。貴久は義久・義弘・歳久とともにこれを救援したが、歳久は力戦し重傷を負った。二十八日に北村氏の兵は加治木溝辺を侵した。

三月、蒲生・吉田・祁答院・入来院・北原・菱刈諸氏が島津氏に背いた。

二日、島津方大隅軍と平松軍は帖佐の別府川で戦い、八日には肝付兼盛が溝辺日当山長浜の衆を率いて帖佐郷山田を攻撃し、敵二十三人を討ち取った。

二十七日、忠将は大隅の兵を率いて岩野原に駐屯し、兼盛とともに祁答院氏の南進基地である帖佐本城を攻めることにした。まず、四、五人を物見に行かせて還らせたところ、帖佐兵が追ってきたため忠将は尚久・義弘とともにこれを破った。特に、南薩の兵を率いた尚久の働きが目覚ましかった。そして高尾城にまで至った。

四月二日、島津方は帖佐本城・帖佐新城・山田諸城を攻め取り、城方は祁答院へ逃亡した。

また、北郷次郎・祁寝父子・肝付兼続（省釣）が貴久に帰順した。

貴久はいよいよ蒲生氏を討伐しようと大隅正八幡宮（現・鹿児島神宮）で九日、二十七日にくじ取りをしてそれを決した。

七月二十五日、蒲生範清は渋谷諸氏とともに帖佐新城を攻めたので、忠将と樺山善久などは帖佐本城から救援に向かった。帖佐・鹿児島・加世田などの兵は蒲生・渋谷軍を撃破し、東郷将監・白浜二郎四郎を討ち取った。また、範清などは引き上げた。

弘治二年（一五五六年）三月、貴久は蒲生範清を討伐するため兵を挙げ、範清の居城蒲生本城（竜ヶ城）を五千の兵で攻めたが、岸が高く、谷も深く、四面が絶壁という攻め難い城で攻め倦んだ。そこで十五日、まず支城である松坂城を攻めることにした。

この城もまた周りを柵で囲われ、乱杭《らんぐい》、逆茂木《さかもぎ》、数重の木戸で固められた堅固な城で、城兵の守りも厳重であった。島津方の攻撃に合わせて矢、大石で応じてくるのでなかなか前進できずにいた。

そのような中、梅北国兼が城に突撃していくと、それを口火に義久・義弘もそれに続き、ついに城門を突き破った。国兼は城方の石に当たり堀底に落ちてしまったが、島津の前進は止まらなかった。この日義弘は三尺の剣で奮戦し、五カ所に敵の矢を受けながら初めて敵を斬り、首級を挙げている。しかし、この城も城方の防戦凄まじく落ちなかった。

また、八月十七日には豊州家の島津忠親が大崎の肝付兼続を攻め、三百余人を討ち取っている。

十月十九日、貴久はまた松坂城を攻めついに攻め落とし、地頭中原氏父子および祁答院・蒲生諸氏軍百余人を討ち取っている。島津方の戦死者は、武士身分の者が一人、平民が一人の計二人であった。

十一月二十五日には蒲生城に向かい、一軍は七曲に、また一軍は馬立に駐屯した。そして、十二月一日には貴久が蒲生新城に駐屯した。また、十二月中旬、菱刈重豊が弟の菱刈左馬権頭を派遣し北村城に駐屯させ、蒲生氏を外から援助した。

弘治三年（一五五七年）三月、忠良が蒲生新城を訪れている。そして四月十五日、蒲生氏の蒲生本城の周囲にある支城の岩剣城・帖佐本城・帖佐新城・松坂城を攻略してきた貴久・義久・義弘・忠将・尚久は、最後の支城で本城の北西約四キロ地点にある北村城を攻めたが、この城も岸が高く四面は絶壁で攻め難い上に、菱刈勢は高い所から激しく矢、石、鉄砲を雨のように乱射してくるので、島津勢はなかなか進めなかった。

島津方から放った矢などはとどかず、進退極まる状況の中、まず義弘が単騎先陣を切り城へ登り、その後を村田経定・三原右京亮などが続いた。義弘に対し、菱刈方から楠原某が衆より出て、互いに名乗りを上げ一騎討ちとなり、義弘は激闘の末楠原某を切った。義弘の姿に味方の士気は大いに上がり北村城へ続々と押し寄せた。忠将が火箭《かせん》で城壁を焼くと菱刈方は大混乱に陥り、菱刈左馬権頭は自害した。祁答院・真幸・東郷・蒲生の衆四百余人が討ち死にした。

島津勢は北村城をその日のうちに攻略した。また、義弘は切り傷、矢傷多く、重傷を負った。また、忠良の孫で、四兄弟の従兄弟にあたる樺山善久の嫡男・忠副《ただそえ》などが戦死している。二十一歳の若さであった。

十七日、祁答院氏が使者を遣わせて蒲生範清の赦しを請うてきた。翌日、範清は矢神大膳・西俣出羽を遣わして和睦を約束してきたので、貴久は範清の命は助け祁答院に送ることにした。範清は、自城に火を放ち祁答院に走った。

貴久は、旧蒲生領を直轄地とし、蒲生地頭に比志島国真を、松坂地頭に市来内蔵助を、帖佐地頭に鎌田政年を、山田地頭に梅北国兼を任命した。そして、加治木を肝付兼盛に、長浜（先に忠良が生別府から改名）を樺山善久に、上井・下井・清水を忠将に、曽於郡を三原遠江守に、庄内を北郷時久に、飫肥・福島・志布志を島津忠親にあらためて宛行った。

島津氏による大隅国内陸部の平定が前進したことになる。

ここに天文二十三年（一五五四年）～弘治三年（一五五七年）に至る大隅合戦は終息したのである。

なお、戦国期島津氏の基本的軍事構成は、地頭・衆中制といわれる。薩摩藩で島津氏は、薩摩・大隅・日向の領域を百有余の外城《とじょう》（行政区画）に分け、一族や大身の家臣の領地である外城の「一所地」あるいは、「私領」を除き、直轄外城である「地頭所」に地頭を配置して在郷家臣である外城衆中の指揮監督に当たらせた。戦国期も基本的にこの性格は変わらない。衆中に関することは、万事地頭の指揮命令下にあった。しかし、衆中は、御内人（直臣）として身分を保障され、地頭の統制権は制限されており、島津氏の衆中把握の手段であった。また、地頭・衆中ともに、土地から切り離されて召移らされて土着性を失っているが、これは島津氏の直属家臣団に編成する過程であった。

義弘の飫肥在番、家久の初陣・廻城の合戦

大隅合戦後の永禄年間（一五五八年～一五七〇年）に貴久は、大隅半島部を平定した。以下その経緯を記す。

永禄元年（一五五八年二月二十八日・弘治四年より改元）、隅州高山の肝付兼続（省釣）が大軍をもって庄内（現・宮崎県都城市）の北郷時久を攻めたので、豊州家の飫肥（現・宮崎県日南市）を根拠とする島津忠親が兵を送り時久を助けた。三月十九日、兼続と時久は恒吉郷宮ヶ原で合戦となったが、忠親の息子新左衛門、弟の久厦（忠相三男）、日置久範、石坂久武が戦死したほか、北郷・豊州両家の戦死者は二百余人に上り時久は大敗を喫した。

十月二十三日には兼続が志布志を攻めたが、忠親がこれを破った。

十一月四日、日向の伊東義祐が飫肥新山城を大軍で攻めたので、忠親は弟の北郷忠孝（忠相二男）などを救援のため派遣したが敗れた。城は落ち、忠孝と北郷久信・城主の知覧忠幸などが戦死した。「士卒の戦死数をしらず」という状態であった。

日向都於郡《とのこおり》（現・宮崎県西都市）を根拠とする伊東氏は島津氏の宿敵ともいうべき大名であり、両者は百数十年にわたって抗争を繰り広げてきた。伊東氏は鎌倉御家人である工藤祐経の末裔で、もと伊豆国伊東庄の出であり、南北朝の頃下向しており勢力を拡大してきた。

また、十二月二十七日、貴久は諸侯に治める地域の地名を姓とするように命じている。島津一族の島津という姓が多すぎるというのが理由であった。例えば、島津季久が喜入季久に、島津忠利が桂忠利にといった具合にである。また、豊州家や薩州家のように例外として島津姓を名乗ることを許された者もあった。

永禄二年（一五五九年）、島津忠親は平山忠智に松山城を守らせていたが、四月十四日、志布志で忠智と肝付兼続が合戦となり、忠智は子、久武・久次とともに戦死して城は落ちた。また、伊東義祐は大軍で飫肥を襲った。

以上のように忠親は、伊東・肝付の両氏に攻められ苦境にあった。忠親は加勢を貴久に頼んだので、尚久を大将、副将を奈良原守資・春成久正・梶原藤兵衛・市久与八郎として三千の軍勢を派遣し、これを救おうとしたが、伊東方に敗れ、尚久も危ないところを忠良が派遣した春成久正に救われており、久正は戦死した。副将全員が討ち取られるという大敗であった。

伊東義祐は獲得した新山城には番兵を置き、南郷の内目井の城を拠点として串間に大軍をいれ、浦々に放火をして村里までも打ち破った。

忠親は伊東氏と領界を接している末吉・梅北を守りきれず、末吉を貴久に献上し、梅北を北郷時久に与えた。そして、義弘を養子に迎え、ともに伊東氏から飫肥を守りたいという要請をして貴久に承認された。

秋の頃、伊東義祐が飫肥に打って出て忠親の居城に着陣したことを義弘が聞き、赴こうとしたところ貴久・義久が強く留めた。しかし、義弘は一旦親子の契りをしてこの時に疎意な振る舞いがあれば、他国からの誹謗は遁れがたいので是非に暇をくれるように願い、忠親の加勢として軍兵三百ばかりを率いて飫肥へ向かった。

永禄三年（一五六〇年）三月十九日、義弘は飫肥に赴いた。時に義弘二十六歳、同五年まで三年間飫肥に在番することになる。豊州家は勇鋭の騎歩が大半戦死し、薩摩に援兵を要請しても海陸ともに遠くかつ島津本宗家も自身のことで精一杯であり満足にそれも望めず、追い詰められた状態であった。義弘は、伊東氏に侵略されまいと守りを堅固にして臨んだ。

十月四日には、室町幕府将軍足利義晴により島津・伊東間の調停がおこなわれた。大友氏も参加しているが不調に終わった。

また、十月十八日、忠良の娘で義久の第一夫人が亡くなっている。長女・於平の母であった。

同四年、肝付兼続は貴久の姉婿として島津氏に帰順していたが、宴の席で伊集院忠朗（孤舟）の家臣に肝付家の家紋を不当に扱われたことに対して激怒し、本領高山で島津氏に反旗を翻した。兼続は伊東氏と同盟し、島津忠親を攻め忠親は苦境に陥ったため、貴久は援軍を飫肥・志布志に送った。忠良は兼続を諌めたが、聴く耳を持たなかった。ここに隅州福山廻城（現・霧島市福山町）の合戦が勃発することとなった。

五月十四日、兼続は廻城を襲ってこれを落とすと、六月二十三日には貴久と義久の本陣が、兼続・伊地知重興・祁寝重長を廻城に囲んだ。また、忠将が馬立に陣し、諸将は竹原山に陣した。

七月十二日、敵の肝付・祁寝・下大隅の兵が竹原山陣を攻めたので、忠将は味方を救おうと、家臣の町田忠林の制止も聴かず敵の大軍に突入し、力戦して戦死を遂げている。四十二歳であった。島津方の戦死者は忠将をはじめ忠林など五十余人に上った。また、伊東氏が敵方に大軍の援兵を送っていた。

貴久は、肝付軍を破り、兼続・重興・重長は恒吉に逃走した。島津方は忠将の弔い合戦を勝利で飾った。また、この廻城の合戦は四兄弟の末弟家久の初陣でもあった。時に家久十五歳。

また、十月二日、貴久が菱刈重猛に栗野院百二十町を宛行っている。

義弘が飫肥に在陣している間、その厳正・整然とした守備に、伊東義祐は侵攻できなかった。義弘がたまたま鹿児島に帰ると、その隙を狙ってまた攻撃を仕掛けている。

忠将を失い、かつ肝付兼続が再び島津本家にとって脅威になってくると、貴久・義久は再三に渉って義弘に本家に帰還するように通達したが、豊州家もまた伊東氏の脅威にさらされていたので容易に応じようとしなかった。しかし、忠親が涙して「豊州家にもまた開運の佳期が訪れよう。義弘が帰国すれば国中も治まり、御家も長久であろう」と終日説得し、義弘も感涙し渋々それを容れ、ついに鹿児島に帰る運びとなった。その後、紆余曲折を経て同十一年、忠親は伊東氏に攻めこまれ都城に走ることになる。

横川城合戦

永禄五年（一五六二年）三月一日、尚久が他界した。三十二歳の若さであった。家臣の尾辻源八が殉死している。忠将に続き尚久まで亡くなり、貴久は両翼をもぎ取られる思いだったであろう。忠良の悲嘆も察せられる。

春、義弘が鹿児島に帰還した。義弘が飫肥を去った後、伊東義祐と肝付兼続は飫肥城を攻め落とし、島津忠親は串間（現・宮崎県串間市）に逃れた。義祐は飫肥を、兼続は志布志を支配下に治めた。しかし、九月十七日、忠親は飫肥城に夜襲をかけ同城や諸城を取り戻している。

飯野・小林一帯を日向真幸院《まさきいん》（現・宮崎県えびの市）と称するが、島津・伊東・相良・菱刈領の国境を接するところであり、島津・伊東・相良氏がその領有をめぐって争いを繰り返してきたところであった。

初め日向真幸院領主、北原貴兼には寛兼・兼門・兼珍の三子があったが、寛兼・兼門は父に先んじて死んでいる。兼門には茂兼という子があり貴兼の死後家を継いだ。しかし、叔父の兼珍は屈強であり、茂兼に取って代わった。兼珍の子孫である兼守は、伊東義祐の娘を後室としていたが子はなかった。兼守が死ぬと、家臣は北原民部少輔を後継ぎに立てようとした。それを知った義祐は兼守の室であった娘を北原氏家臣の馬関田右衛門佐に嫁がせ、民部少輔を殺し真幸院・栗野横川を取った。また、茂兼の孫兼親は、相良氏を頼り肥後国の球磨人吉に逃れた。

以上のような状況をみて樺山善久は、北原氏の家臣でありながら主家の混乱をみて一族で島津氏に帰順していた白坂氏と謀って、兼親を北原氏の後継者にすることを貴久に提案し了承された。白坂与一左衛門尉は、兼親にその旨を伝え相良氏にも了承を得るとともに、相良氏から兵を借り受け、馬関田城を落とした。徳満城主・北原八郎右衛門尉なども兼親に応じた。兼親は飯野城にはいり、真幸院はまた北原氏の治めるところとなり、真幸院から西は島津氏の勢力下に置かれることになった。

しかし、三山（現、宮崎県小林市）から東は未だ下らず、栗野に拠る宮路某や横川に拠る北原伊勢介（兼正）は伊東氏の与党であった。

ここに日向大隅境を確保するため、隅州北部の横川城の合戦が始まることとなった。

貴久が溝辺に駐屯し、伊集院忠朗・樺山善久を遣わし北原伊勢介に降伏を勧めたが、伊勢介は応じなかった。六月三日、義弘と歳久を将とする大軍が横川城を攻め、新納忠元と伊集院久春などが後に続いた。歳久が吉田の衆を率いて城門を破り、真っ先に城中に攻め込み、吉田の衆二階堂帝刀・箕匂舎人佐・村田雅楽守が高名を挙げた。そして、本田刑部丞・滝聞美作守が北原伊勢介とその子新介にあたった。歳久は傷を負ったが、伊勢介父子をはじめ数百人が討たれ横川城は落ちた。新納忠元と伊集院久春は大功を挙げた。また、栗野の敵も降伏した。横川城は菱刈重猛に与えられ、また、北原兼親は栗野城を貴久に差し出した。しかし、真幸院が平穏に治まるには、まだ時を要するのであった。

また、永禄六年（一五六三年）春には貴久が薩摩・大隅の兵を率いて飯野に赴き、二月十日には伊東軍を三山で撃ち、勝利して討ち取った首を多数携えて帰還している。十一月十六日には義久が肝付兼盛に、飯野を守備した功を嘉する感状を与えている。

義弘の飯野在番、義久の太守就任

永禄七年（一五六四年）三月十四日、貴久が陸奥守に、義久が貴久の辞した修理大夫に朝廷から正式に任じられた。

北原兼親と大河平氏が義弘に、飯野と今城に守兵を置くのは粥代が甚大になると訴え、飯野と今城は近いのでもし急難があれば、飯野から兵を遣わせて今城を救えばいいと提案した。その旨を貴久も了承し、今城から三百の兵を撤退させた。

それを聞いた伊東義祐が、五月晦日に兵を率いて今城を攻め城は落ちた。大河平隆次・隆次の叔父隆堅以下九十余人が討ち取られた。しかし、伊東方の被害も甚大で死者が五百余人にのぼった。大河平氏も元々北原氏の祖宗以来の家臣であったが島津氏に帰順していた。大河平氏は以前にも伊東義祐から城を攻められたがその堅い守りで城を守り抜いたことがあった。今城から三百の兵を撤退させなければ城は落ちなかったはずであった。

七月十八日、島津忠親と肝付兼続が串間桂原で戦い、新納忠衡が戦死している。

初め相良氏と北原兼親は飯野城に兵を留め守っていたが、貴久が兵を送って飯野城を鎮めても相良氏はなお留まっていた。しかし、北原兼親が栗野城を貴久に差し出すにおよんで、兵を引いた。この時、兼親の叔父で隅州吉松城主である左兵衛尉が伊東・相良氏と飯野城の鎮兵を殺すことを謀った。たまたまことが発覚し、左兵衛尉は出奔した。また、北原八郎右衛門尉・白坂与一左衛門尉などが真幸を去り、兼親はますます孤立した。さらに、相良氏が兼親の領土を奪わんとせまってきており、兼親は自立が困難になった。また、兼親が伊東・相良両氏と謀って、薩摩の番兵を討とうと画策していたことも地下人の通報で発覚した。

以上のような事態に貴久は、兼親を伊集院の神殿村三十町に遷し、義弘を真幸院に領地せしめ、伊東氏に備えさせた。義弘は真幸に移ると加久藤城を築き、飯野城の守りをゆきとどかせ伊東氏にせまった。十一月十七日、義弘は飯野城に移り、妻・実窓夫人（宰相、広瀬氏、園田清左衛門の娘）を加久藤城にいれ守備させた。そして、家老に五代友慶・有川任世・上井秀秋・川上忠智（肱枕）を、御使衆に宮原伊賀入道・五代右京を任命した。義弘は天正十七年（一五八九年）まで二十五年にわたって飯野に在番することになる。義弘の最初の夫人は、肥後の戦国大名・相良義陽の娘で辺川殿と称する人であり、島津と相良氏の関係が不和になるにおよび離縁し、次の妻が北郷忠孝（北郷家・忠親の弟）の娘で、長女・御屋地《おやじ》を儲けているが、義弘が豊州家を去るにおよんで離縁している。最後の妻・宰相との間には、五男・一女（御下〔千鶴〕）を儲けている。

十九日、義久は都城領主・北郷時久に盟書を与えて、過去・現在・未来、かわらない好を誓った。また、飫肥に難があり三山が攻められれば救うことを誓った。北郷時久は島津忠親の子息であった。

永禄九年（一五六六年）二月、貴久は剃髪し伯囿という出家名を名乗った。前将軍・足利義輝の相当一周忌の彼岸を契機としてのことであった。そして、貴久は、当主・守護職・太守の座を義久に譲った。ここに義久は、薩摩・大隅・日向三カ国の守護職および島津本宗家の当主・太守となったのである。時に義久三十四歳であった。

五月二十四日、北郷時久が福島より兵を出して、伊東勢を十一人討ち取った。六月十六日、肝付勢が岩川城を攻めるも、時久がかねてから置いていた城兵が防ぎ戦い敵首二十六級を挙げたが、久木崎丹後を初め十余人が討ち死にした。七月二日、時久が飫肥に出張し、その隙を突いて十七日、肝付勢が福島城を攻めるも、城兵が防ぎ戦い、二十五人を討ち取っている。

九月九日には、霧島山が噴火し、その火が延焼して多くの人命が失われている。

伊東義祐は塁を飯野から南東約十キロの三山に築き計策を廻らし、まさに義弘の守る飯野を攻めようとしていた。義久は十月十一日、肝付兼盛に書を遣わせて、兵を率いて義弘の援軍となるように要請した。

貴久は義弘の進言を受け、憂いているばかりで今倒さなければ後の患いになるとして、義久を大将に、義弘・歳久を副将として伊東氏を討たせることにした。二十六日に島津方は三山城を攻めた。花立口には義久勢五万（三万とも）が、大豆の別府には義弘勢三万（一万五千とも）が、寝谷口には歳久勢二万（一万五千とも）があたった。

そして、義弘が先陣となり外城・二の丸を破って本丸にせまった。歳久は二重城戸に攻めいった。しかし、義弘が強敵と力戦して重傷を負い、島津方の兵が驚きうろたえ騒いだため、島津方は引き上げることになった。島津勢の退却をみた伊東方は追撃してきたが、島津方は伏兵を置き逆に多数の伊東勢を討ち取ったため、追撃の手は止まった。また、この合戦では菱刈氏が島津方の情報を伊東氏に流し、その結果さらに多大な犠牲者がでた。

忠良と貴久は、この合戦における敵味方両軍の犠牲者のために、南無阿弥陀仏を冠した歌を詠み弔いとした。

菱刈氏との合戦

永禄十年（一五六七年）、菱刈氏は島津家累代の臣であり、蒲生氏との合戦以後島津氏に帰順し、重猛は横川を宛行われていたが、重猛の弟隆秋は本領大口・羽月・山野・曾木・馬越・湯尾・平和泉・横川などの地をもって再び島津氏に反旗を翻した。

島津氏は菱刈氏討伐を決定し、十一月二十三日、前太守・貴久は新納氏・樺山氏・清水・曽於郡・宮内・田布施の衆七千余人を率いて後方に陣し、義久は歳久・家久・以久《もちひさ》（征久とも〔忠将の嫡男・右馬頭・四兄弟の従兄弟〕）・大野忠宗・鹿児島・谷山・加世田・阿多・山田・吉田・帖佐・山田の衆八千余人を率いて隅州栗野を出発して、湯尾に進軍し、二十四日諏訪山に至った。貴久は徳辺に布陣し、義久は諏訪山の馬越に布陣し、旗を揚げた。

飯野から進撃して般若寺山を越え、馬越に至っていた義弘を遣わせて、馬越城を攻めさせた。馬越城合戦の始まりである。諏訪山の馬越の兵には余裕を持たした。

義久は、加世田・阿多・山田の士卒を大手城門に遣わせたところ、城方と闘いになった。

義弘は、城門を攻め前に進み、飯野・馬関田・吉田・筒羽野・以久の旗下・肝付兼盛の旗下・加治木の川上左衛門尉・新納忠元の士卒七千余人が、先を争い前を競い後に続いた。そして、伊集院・市来・伊作・高橋・川辺・頴娃・指宿の士卒七千余人には馬越花立尾に駐屯させ、大口・球磨・八代の敵に備えさせた。この地でも合戦になった。

喜入季久・比志島義基・同美濃守・および蒲生・栗野・佐多又太郎旗下知覧士卒五千有余人を遣わせて湯尾城に、

北村・踊・溝辺士卒三千ばかりを横川城に、伊集院・市来・伊作・高橋・川辺・頴娃・指宿の衆に大口・球磨・八代軍をそれぞれにあたらせた。また、巳時（午前十時）には、鎌田尾張守に軍神勧請の鬨（吐気）を作らせて、その鬨が終わるとすぐに義弘は、馬越城の戌亥方（北西）を忽ち攻めたが、敵兵の防禦は堅く、士卒はあるいは傷を負い、あるいは矢石に中り死者数多であった。しかし、運を天に任せ、義弘は先陣となって馬越城を登った。島津方の諸将も、おのおの前を争い攻め登り、命を顧みず戦った。敵兵数百人本丸中にあり、必死に城を支えること甚だしかった。しかし、義弘はますます魁となって、合戦に手を砕き、敵首を獲って名誉を施した。ちょうどこの時、貴久が遣わせた大隅の士卒が戦場に現れ、味方が増勢しおのおの粉骨して戦った。村田経平・町田忠継・寺師某・藺牟田某は十分に役目を果たし戦死した。

田布施の士辻大蔵左衛門・有馬軍弥左衛門・阿多の士大寺刑部少輔・谷山某・加世田の士久富軍兵衛・飯野の士迎帯刀左衛門などが城壁を越えようとした際、城主・井手籠重之・同重房（重之の子）・同重陣（重之の孫）以下が、忽ち前に出て、島津方の辻・有馬・久富を屠殺した。義弘は、士卒の死を惜しみ、三尺の剣を持ちまっすぐに進み、数多の強敵を切った。財部伝内左衛門尉・東郷兵部少輔・阿多掃部助・宮原右京亮・新納忠元・伊集院美作守・有馬奉膳兵衛尉おのおのが己を励まし城門を攻め破った。井手籠父子の首を切り、かつ数百の敵を屠殺し、得た首は二百余級、切り捨てその数をしらずという結果で、申時（午後四時）に悉く敵を討ち取った。軍労名誉のことは言うまでもなく、酉時（午後六時）勝鬨（吐気）を上げ、夜をまち太平鬨（吐気）をそらんじた。その凱声は菱刈・牛屎両院に響き轟いたであろうとある。

横川城守将の菱刈中務少輔は城を棄て逃亡した。その他の諸城も島津方の勢いをみて降伏した。曽木城・平良城（馬越本城）・湯尾城・羽月城・山野城・平和泉城・青木城・市山城計八城の敵はすべて退散した。

菱刈隆秋とその与党は牛屎院大口城に走り、籠城することになった。そして、相良氏に助けを求めた。大口城にはこの後、相良氏の援軍球磨・八代・芦北六〜八千の兵と地下人一万余騎がはいることになった。永禄十二年に相良氏が援軍を引き取り、菱刈氏が大口城を島津氏に差し出すまで三年も持ちこたえることになる。

二十五日、平良城に守兵をいれるとともに、薩州家の島津義虎を遣わせて、平和泉・羽月・山野を、市来家利・伊集院久慶などに市山城を、宮原景種・佐多久政に曽木城をそれぞれ守らせ、相良氏の球磨八代の兵をふせいだ。そして、その他の諸城にも守兵をいれた。しかし、義虎軍は人の出入りを厳重にしていなかったため、これに乗じて球磨八代の兵三百余人が大口城にはいり、守兵になるという事態が発生した。よって、末弟の家久・樺山善久・善久の子忠知・新納某を遣わせて平和泉を守らせた。諸所で兵衆《へいしゅう》は山野を守り、義虎には羽月を守らせた。もっとも、家久は平和泉を守ろうとしていたところ、義弘が菱刈に移居の命を受けるとともに、家久も横川の地を賜り、飯野警衛の命を受け、翌年の正月十八日までその任にあった。

十二月七日、吉田地頭寺山直久に羽月を守らせることになった。そして、二十九日、市来家利・伊集院久慶・平田加賀守が歩卒数人を率いて、大口城下に至ってひそかに形成をうかがって還ろうとしたが、城中から三千ものこれを追う兵が出てきて、西原で三人は討たれてしまった。大口兵は勝ちに乗じて進み市山城にせまった。城中からは兵を出し、かつ弓矢・鉄砲でこれを撃ち、大口兵はすぐに引いた。しかし、この後大口兵はすばやく動き、市山城を攻めるようになったので、島津方は城を新納忠元に守らせることにした。

永禄十一年（一五六八年）正月上旬、伊東義祐は一族で詮議して、飫肥・酒谷両陣の往来を絶とうと宗徒の軍勢を催促した。一族には、伊東入道喜運をはじめ、加賀守・相模守・掃部介・大炊介・弾正忠・修理進・右衛門佐、年寄には稲津・落合・湯地・川崎・山田・荒武・津留・木脇の股肱の臣が、飫肥の本城・酒谷・市来・南郷の四城を一つに合わせて、伊東の領地とすべく競った。軍勢二万余騎である。

首途の九日には、水の丸に着き、十一日の酉刻（午後六時）に鬼ヶ城に着いた。明けて十二日、諸勢の手賦を定めて、卯の刻（午前六時）に飫肥・酒谷の間にある篠ヶ峯に陣取り、両陣の往来を絶ち、五重に塀を構えて、さらに、飫肥城を囲い攻めようと議した。そして、伊東義祐は、肝付良兼（兼続の子息）とともに飫肥城を数千の兵で囲み、島津忠親を攻めた。

去程に、飫肥城にとってこの状況は始終一大事であると、日置忠達（北郷時久の家臣）が敵の城下を忍び通って、酒谷の城にあった。忠達は、北郷忠俊（北郷時久の家臣）に議して、都城に急を告げた。北郷時久は、父の危急聞くに忍びず、北郷忠増・同久盛（忠盛とも）・同久蔵・その外おもだった者を遣わし、酒谷に陣取らせた。時久も数千の軍勢を率いて酒谷に陣取り、忠親を外から援助した。

貴久・義久・義弘・歳久は、馬越に続いて二十日、薩摩国羽月の堂崎に駐屯している菱刈・相良両氏から成る大口軍約四、五千にあたることになった。

敵軍は城の外に出撃し、まとまって進み佳期をうかがっていた。馬越からそれを見ていた島津軍の諸将が言うには、「徒に敵軍が城の外にでるのを見ているのも虚しいばかりであろう、速やかに敵軍に進み、雌雄を決するときである」という意見であった。義久・義弘もこれを許した。

義弘は伏兵を置くと、僅か二、三百人の鋭兵を率いて、馬越から大口城下へ出撃した。敵軍を侮っていた。

しかし、貴久は、敵が謀を廻らし出張していることを見抜き、かつ、前もって評議もなく、粗忽の出張は軍法に叶っていないとして、重臣・川上久朗に留めさせたが、義久はすでに城門を出た後で、先陣はすでに兵刃を接していた。久朗の制止によって後陣は進まず、進んだともがらは遁去れなくなり、おのおの進発した。貴久の命を述べた久朗に、伊集院忠棟が目をみはって大声でいうには「先陣の勢はすでに敵間近に至っており、後軍がなければ逃げられ難い。心なき者は亭め置き、早速出馬しよう」。この言を受けて久朗は、「心なき者とは自分のことか、今日参会したのは合戦するためである」と、義久の馬廻りに徒歩で従った。

敵味方激しい矢軍《やいくさ》の末、義久と義弘は兵を率いて攻撃し一戦におよんだが、敵の多勢に懸け立てられ敗れた。

敵兵はおのおの鎧の右袖を解き、凱歌を揚げ、武威を励まし進んで来た。島津軍の先陣の士卒は利を失い退去しはじめた。義久は馬を進め懸けようと欲したが、久朗が近臣に言うには、「勢いよく（義久の乗っている馬の）轡を引き、曾木城にいき入城せしめよ」ということであった。

久朗は強敵に向かって返し凌ぎ必死に止まり、飛田渡瀬を支えた。義弘もまた殿軍《しんがり》として返し凌いだ、義久も下馬し殿軍となった。しかし、敵の先鋒である六人の鋭兵、金色の鹿角を打ち立てた兜に、赤熊の冑を着た別符安芸守をはじめ、内田伝右衛門尉・岩崎六郎兵衛尉がおのおの姓名を名乗り（他三人は名乗らず、織田八郎右衛門・園田日蓮・的場後藤・九目蔵人のいずれか）、三十余人を率いて突撃してきた。

敵の猛勢が切りつけてきたが、久朗は鎌・鑓をとり勇気を励まし、筋力尽きるまで挑戦した。義弘は、窮を憂え狩の技で弓を引き、矢を発し、敵数輩に命中させた。敵の先手は大手負いになり、島津軍が敵の大将を討とうと立ち塞がって戦ったこともあり、少し引き退いた。ここにおいて久朗の陪臣で元来えりぬきの兵士である福島筑後が大鏑矢で矢を発したところ、安芸守の眉間を射ぬき、安芸守は倒れ伏した。また、久朗の陪臣・西郷新八が敵軍に突入して戦死し、同・大迫郷右衛門が左臂《うで》を切られ負傷した。義弘などの活躍により島津軍も退き、多くの味方が助かった。

久朗は七カ所も深い傷を負ったが、義久・義弘が恙なく曽木城に撤退した折に、家人に肩を負われ、助け支えられながらその場から退き、曽木城へ逃れはいり、鹿児島の宿に帰ることができた。義久・義弘は比志島国貞を使いとして送り、久朗の軍功を賞しており、久朗は謹んで拝謝している。しかし、久朗は数日後の二月三日に没した。三十三歳であった。久朗の家臣も多数戦死した。

忠良は看経所の壁に久朗・新納忠元・鎌田政年・肝付兼盛の姓名を張り、この四人が無ければ島津家の行末もありえないと永年四人の無事を祈ってきたのであった。しかし、その一角が崩れてしまった。

話を戻す。退却中の義弘がちょうどまさに羽作瀬という難所の大河を渡ろうとした時、遠矢下総守・財部伝内左衛門尉・入来筑後守が傷を負いながらも傍を離れず、戦功抽《ぬき》んでた。この他、数多の兵もお供に来たり、鹿児島衆も少し続き軍労を成した。討ち殺される者、傷を負った者数多である状況下で、近づいてきた敵兵を追い、繰り返し退くといえども、強敵が前後左右から逼《せま》り、両勢の距離僅か二、三間（約三・六〜五・四メートル）に逼るという窮地に陥った。義弘を目指して斬り込んでくる。衣は血でそそがれ、これはまさに血がしたたりそそぐ梵天かという状況であった。敵軍は競ってきて高声に、「義弘はここにいる。討て」と叫び、退去できずにいた。しかし、ここにおいても敵軍の刃は義弘に届かず、傷も負っていなかった。

そんな中、義弘軍の不利を聞いて、義久に従軍していた歳久・伊集院久治・義久旗下の兵がその場に駆けつけた。そして、ともに強敵と体力が尽きるまで戦った。

そして、田《てん》（纏）頭《とう》の合戦がおこった際、千阿弥堂径路で数多の敵兵が突進してきて、一戦して勝ちを競おうとしてきた。義弘軍はこれを支え、義弘は太刀で敵を討ち、続いてくる球磨・大口軍に世に隠れなき長鑓で応戦した。しかし、味方が躁乱になり引き退き、義弘も力なく引いたところに、敵は川涯に追い詰め、討とうとしてきた。そして、義弘のもろ手五尺に余る天月の兜に、敵が鑓で数多隙なく討ちかけたので、一大事かと見えたが、義弘は面も振らず「討ち死にせん」と宣言し、敵を打ち留めて、逃げる敵には負傷させ、敵数十人を討ち取った。「誠に一騎当千とはこのことをいうべし、諸軍兵《ぐんぺい》申されるところである」と史料にある。

この時において長野仲左衛門尉・下島甚右衛門尉が去らずに足を乱さず戦死を遂げた。そして、伊東右衛門尉・有川雅楽助は一命を軽んじて軍労したので、義弘より、その功が諸将の第一であるとされた。以上にたよって義弘は、生きてまさに戦場から逃がれようとしていた時、この急難を見た義久が、馬で一文字に馳せてきて、ともの軍兵も我も我もとつづき防戦した。また貴久もやむをえず旗下数千騎で馳せてきたので味方は増勢した。島津軍は競って戦った。こうして義弘は、攻撃と撤退を何度も繰り返して殿軍を守り、家臣に助けられながら川内川を渡って、曽木城に引き退くことに成功した。

敵兵は追跡して来ず、悉く退散した。貴久は歳久に感状を与え、川原毛馬に乗り、働いたことは諸軍の第一の手柄であると称えた。

また、貴久の旌旗《せいき》役の梶原氏は臆して進まなかったため、その罪をもって永代追放された。

二十一日、伊東勢三百余騎が、伊東新六を大将として永吉口に攻めより、閧（吐気）を三度も揚げた。これをみた飫肥城の軍勢は五百余騎を魚鱗に備え、真っしぐらに切って掛かり、追って返って戦った。酒谷の味方もこれをみて、一同が呼んで掛かると、飫肥城の兵も勢気を増し、前後から攻めた。勇誇りし伊東軍といえども忽ちに切り立てられ、山東（南北朝期からみえる日向国の地域呼称）に名を得た落合右衛門太夫・谷別府新三郎・阿満弥太郎・同弥九郎・荒武帯刀・小山田将監・馬渡長門守が戦死し、その外士卒死者居多《きょた》であった。島津忠親と北郷時久は、飫肥城と酒谷城の境界で期を約して夾撃《きょうげき》し伊東軍を大いに破ったのである。

しかし、本城では兵糧が尽きて軍兵が甚だ苦しんでいた。よって、二月二十一日には、時久が数千の兵を催し、土持頼綱を大将として遣わせて兵糧を飫肥城にいれようとしたところ、伊東修理進が精兵数千を率いてきて、篠ケ峯で迎い撃った。頼綱は、糟毛《かすげ》の馬にばれん鞍を置き、厚ふさを掛けて乗っていた。伊東の軍兵は競い進んで、味方の軍勢に入り交じり、両陣接すること剣頭火を散らし縦横突戦であった。味方の土持頼綱・北郷忠俊などが、「人は一代、名は末代ぞ、命ながらへて名こそ惜しけれ、引くな者ども」と衆兵《しゅうへい》を奮い立たせ、挑み戦った。敵にも、木脇越前守が新手として入替わり、猛卒の気を励まし、阿多越に切って出れば、味方の軍勢が四度敗れたのがみえた。敵軍はいよいよ勝ちに乗り、揉みに揉んで攻めたので、時久軍は敗れ崩れ、北郷忠俊・同久周・本田親豊・土持頼綱・和田民部少輔・同息助六・財部盛稔・島三河守・宮原福泉坊・伊地知新左衛門・財部勘解由・落合将監・新納民部少輔・瀬戸山兵部・池上新左衛門・椎屋主水左衛門が戦死し、その外兵卒《へいそつ》死者枚挙にいとまがなかった。

和田民部少輔の嫡男に、助六という十八歳の若者がいた。父とともに軍陣に赴いたが、民部少輔は討たれてしまった。そして、今は何を期すべきと、五町ばかり駆けはいった。

郎党一人が鎧の袖にすがって、「何卒命を全うして亡父の偉跡を立ててください」と様々に制したが、「今この時に至って誰が一人逃げようか、十八まで齢を経る社目出度《こそ》」と振り切って馳せ出て、敵の中へ突入し、和田助六と叫んで忽ちに討ち死にした。

伊東軍の戦死者は、落合又三郎・石野田与太郎・弓削吉次・同新七郎・松岡藤太郎・岩本千十郎でその外兵卒数を知らずであった。義祐は勝ちに乗じて酒谷城を囲んだ。

二十八日、義久は馬越城にはいり、島津忠長（尚久の嫡男・図書頭・四兄弟の従兄弟）・肝付兼盛を市山城の新納忠元の元に遣わせて、大口城攻めを謀らせた。忠元は自ら尚久・兼盛を導いて城を窺《うかが》わせた。その帰り、途中に伏兵もおき、敵城への物見の兵も遣わせ、小苗代原に至って忠元は二人を送り別れた。大口城を窺っていた歩卒が、城裏より数百の大口兵が先を争い出発し進んで来るのを発見した。

その時、忠元は、薬師堂に立ち寄り、暫く徘徊し、徒然に筆をとり「牡丹花下睡猫心在飛蝶」という文句を壁板に落書きしていた。敵が不意に駆け込み、物見の兵を追い立てた。とりわけ、球磨の兵・竹添丹後という者などが、忠元に一番間近に駆け参った。すぐに走り至る者があった。家臣の久保行重で、「敵が来る。何でそこから去らないのか」と言って、早々に覚悟するように申したが、忠元は、右の文句を書き取っている途中であったので、少しも動かなかった。忠元若さゆえの行動であった。おもむろに年月日を記し、静かに書き終えたその時、丹後が堂下に駆け付け、直に鑓で忠元の左脇を刺した。行重は側よりみかねて、忠元をひきずり退けさせた。その板は後に薬師堂に納めらていたが、先年出火があり焼失したようである。

敵が追いかけてきたので、この時になって忠元は初めて刀を抜き「南無愛宕八幡大菩薩」と忽ち向かう敵を切り払い、かつ戦いかつ走った。防戦していた時、川畑藤七兵衛・春成外記などが馳せ続き、人一倍力を発揮して味方を救った。しかし、敵が増えたので、よい程合いに引き取ろうと見計らっていたうちに、市山に留守をしていた鎌田壱岐守・税所右衛門兵衛尉・四本源太兵衛尉などが迎えとして馳せてきたのでともに戦った。その時、忠元は敵三人を討った。その内一人は、球磨の兵である鑓の達人・東藤左衛門尉という有名な士であった。また、上之原でも二人討ち取り、計敵五人を切り、身に六カ所の傷を負った。市山兵の救援により危機を免れることができた。

この日、忠長・兼盛も途中で敵に出会い難儀の様子であったが、馬越城から新納久饒《ひさとも》・鎌田政年などが人数召列《めしつらね》て迎えに差し遣わした。忠長・兼盛は兵を指揮し、進み向かい敵軍に相対した。敵味方矢軍隙《やいくさ》なく、新納久饒はすでに傷を負って引き退き、鎌田政年は河原毛馬に鞭打ち、敵味方の間を駆け分けて、肥後の士・牧野次郎右衛門尉に挑戦した。島津方の面高真連房が鉄砲を放ち牧野某を倒せば、伊集院の士・田実右京亮が敵軍に討ち入り牧野の首を斬り獲った。そして、日も傾いてきたこともあって、皆よく引き取ったようである。

この度、忠元の戦功並びに数多の傷を蒙ったことどもを貴久が聞き、三原右京・長谷場純辰両使を遣わし、右の褒美、かつ手疵を尋ね、労を見舞い、傷をいたわった。

三月九日、寺山直久が羽月より還ったが、その途上大口兵と遭い家臣二十人が死亡し、直久も傷を負い吉田城に帰った後死亡した。

二十三日、菱刈氏は相良氏、渋谷氏の入来院・祁答院・東郷諸氏と兵を合わせて曽木城を攻めた。国中に隠れ無き兵物といわれた宮原景種・これも劣らぬ武兵である同名越中守は大手・搦め手各方面請い取って粉骨をし、大将である佐多久政は若武者達を具《とも》して、渋谷諸氏の者どもが攻め来るところを、城を閉め守り防戦し、敵方が手負い・死人をさしすてて切岸に詰め上がるところを、ここかしこに太刀打ちして、下知を成して勇んだ。城中の兵は、矢衾を作って一人も遁《のが》さじと散々に矢を射たので、敵方は悉く手負いになった。敵方は城内衆をみて叶い難しと思ったのか、渋谷諸氏を押さえ勢として置いて、菱刈・相良の軍兵は、馬越の遠見を追い払って城麓に鉄砲を撃ちこんで、さしたることなく引き退いた。

菱刈氏などはその帰り市山城を襲った。新納忠元は傷をまといながら陣に臨んだ。忠元は甲冑で城戸口へ進み出て、その日の遠見衆であった吉田治部少輔・西田主馬首に士卒を付け、遣わせて白坂を守らせた。吉田・西田は、勇んで先駆けした敵に馳せ合って合戦し、続く兵達もおのおの手柄をあげたが、ここに利がないと見切って、永福寺口へ一手になって懸《か》かった。敵も永福寺に攻め入り、市来衆がそれを追った。島津方の軍兵は我も我もと進み出てきた。本田掃部兵衛尉・石神左吉・河野玄蕃允・相徳名字・鬼（石とも）塚源三、市来衆の間瀬田刑部左衛門尉・鎌田外記・長野民部少輔・浜田右京亮・上床源五（六とも）兵衛尉・日高甚五郎・伊地知新三郎・長谷場宗純などが同心して防戦した。

そのような中、球磨衆と名乗る五十騎ばかりの中に、赤毛のかさに三か月を打った若武者が真っ先に懸かってきたところを、おのおの鉄砲を取り構え、ここを先途と打ち放ったが、永福寺へ攻め入った。本田掃部兵衛尉・河野玄蕃允・長谷場宗純が進み出て防ぎ戦い、宗純の鉄砲で敵の真中を撃って伏せた。これをみて島津方は、まずは前後の軍勢を入れ替えて、手負いの者を引き退けさせ、箱崎の八幡馬場で休息させた。島津方は永福寺を守り、味方の兵も増えて防御したので、烈しい矢軍の末、だんだん敵方の諸氏を追い却けたようである。

五月上旬、山野・羽月・平泉の兵が番替になると、この時をみて菱刈氏は伏兵を設けた。忠良の考えで「負けて勝つべき道理有り」と薩摩の山野を相良氏に与えることで和睦を図ったが、たちまち破れた。

伊東義祐は酒谷城を囲んでいたが、北郷時久はやっと耐え忍び自らを守ることで精一杯であったので、忠親の飫肥を救えなかった。酒谷城はまた危機に陥ったが、時久は「ふたたび露命を保って故郷に帰ることを思わず、今度伊東軍に対して、屍を山東の土に晒し、名を勇士の誉に残さんものを」と堅く死を決して、もしもの時には、財部盛稔を介錯としていたが戦死したため、長井三河守を介錯と定めた。時久は、日夜の警衛を緩めず、六月を過ぎた。

六月を経て、飫肥城は攻められなかったものの、数カ月囲まれ兵糧も至らず、飢困が甚だしかった。これによって、以久が多勢を率いて酒谷に至って後援をはかったが、前日伊東が早く対応したので、兵を進めることができなかった。貴久が、北郷忠徳を召して言うには、「忠親の危急はいたしかたない、汝の計策で和をはかり、飫肥・福島からは撤退せよ」ということであった。この命を受けて忠徳は、須木に至って米良筑後守と相談し、六月六日、筑後守は酒谷に至り和謀（和の謀カ）を調え、六月八日、飫肥を伊東に、福島を肝付に与えた。

同日に忠親は串間に走ったが、伊東・肝付氏は追ってこれを攻めた。

七月十九日、忠親は朝久（時久の弟）とともに、諸兵を率いて都城篠池に退去し（朝久は後に肝付院・平房に移り、平房と称す）、時久も、家老・和田入道起雲を酒谷城に留めさせ、都城に退去した。忠親の家臣瀬戸口秀安・塚田大隈某を飫肥の本営松尾城に関鎖の役人と定め、伊東の一族相模守・同右衛門尉・壱岐四郎左衛門尉がこれを請い取った。酒谷城を宝蔵寺・鎌田駿河守に、伊東氏へ付与させて曳き退いた。

伊東氏は飫肥を取り、肝付氏は福島を取った。この後、忠親は元亀二年（一五七一年）、不遇のまま生涯を終えることになる。六十八歳であった。北郷忠相の子として生を得て、豊州家・島津忠広の養子となり、天文十八年（一五四九年）家督を継いで、同家五代目となった。本拠である飫肥は伊東領と近接しており、その生涯は専ら伊東氏との戦いであった。義弘を養子として迎え、ともに領地を守ろうとしたこともあった。結果、伊東氏などから領地を守り切れなかったが、その意志は子息の時久・朝久・島津本家によって受け継がれ、その思いも果たされることになる。

八月、忠親は、北郷氏と肝付氏の和議の計策をして、八日、時久の一族・北郷右衛門尉と土持美濃守、忠親の使者・餅原越後守入道が、一路末吉に赴いた。肝付氏からは一族・肝付左兵衛尉・渡辺隠岐守がきて、国分假屋本堂の辺りですでに和議を調えた。二十日、肝付刑武少輔が和議の祝いを告げるため都城にきたので西の丸で饗応し、二十四日には、北郷久蔵が返礼を告げるため串良に至って礼謝した。十月には、この和議のことを聞いた義久が、異議がない旨の書状を時久に与えている。

八月九日、菱刈氏の大口軍が約を変じて堂崎付近に陣営を構えた。菱刈方は深水三河守を大将として、菱刈氏家臣で足軽司の板橋半助・二宮囚獄介という者などを案内者として陣営に込め、時々釣り野伏せをしかけてきて陣営をささえた。

伊東義祐もこれに応じ、飯野の桶比良（田原陣とも〔現・えびの市田原〕）に駐屯した。そして、まさに義弘の拠る飯野城を攻めようとしていた。この時、加久藤・馬関田の百姓などは心を変じて仇敵となり伊東氏に従った。以上に対し、貴久がいうには、義弘はまず飯野に帰り、真幸の防衛を固めよ、ということであったので、義弘は真幸に帰陣した。義弘は厳重に警戒したので、敵方は驚き、いまだかつて動かずにいた。

貴久と義久は、菱刈表の諸陣から兵を選んで加勢を送り、釣り野伏せをさせようとして、足軽衆を遣わせたが、長雨が一日も止まず、計策を遂げられずにいた。それにより徒に数日を経て、各々武器を納めて帰るしかなかった。出馬してきていた貴久も帰鞍の鞭を揚げた。そのような時、大口より敵が討ち出てきたが、伊東陣への引き陣を偽って伏兵させようと、巧みに足軽達を差し遣わせた。そして、馬越・田中の河内に伏兵をおき、伊作衆の番替えの兵が通るのを取り込み、川上丹波守・堀之内二郎左衛門を討ち取った。馬越よりも敵が続いたが、この状況を聞いて馬越から馳せてきた鹿児島衆の是枝大膳坊が手柄して戦死した。それより敵は引き退いた。

時に島津方から、

伊東めが真幸の陣ハをけひら（桶比良）に
いゝの（飯野）ほし（欲）さに
をひ（帯・飫肥）のゆるさよ

という狂歌を札に書いて密かに桶比良陣下に立てたとい

う。

義祐は、ひそかに間者を使って肥後人吉球磨にゆかせ、相良氏に、

近頃すでに桶比良に陣を築き駐屯しており、まさに飯野を攻めようとしている。時間がかかれば勝てなくなる。ひそかに形成をみるに、先ず加久藤を下し、然るのち飯野を図ろう。よって移動し、柿木故城に陣取る。大明司城に陣取ってほしい。なにとぞ前後からはさんで島津氏を攻め功を成そう。

と告げた。

伊東氏の間者は球磨人皆越氏に宿をとった。そして、宿の主人六郎左衛門に球磨まで来た経緯を話してしまった。実は、六郎左衛門は島津方の故大河平隆次の姉夫であった。

同月十日の夜、六郎左衛門は密かに多志田某と佐渡丞という者を遣わせて、遠矢下総守に間者から聞いたことを報告し、下総守はそのことを義弘に告げた。よって、義弘は中野越前守・伊尻神力坊を大明司城に遣わせて守らせた。結果、相良氏はとうとうすすんで動こうとしなかった。皆越氏の島津方への懇ろな志によって、伊東氏の謀略はむだに終わったのである。

貴久は精兵を催し、桶比良の敵軍を攻め滅ぼそうとしたが、長雨が止まずうまくいかなかった。

皆越六郎左衛門は島津氏に降った。六郎左衛門は妻のうながしがあったため、島津方に心を通じ、ひそかに従ったということであった。

義弘は六郎左衛門に旗下に属することを勧めるとともに、大河平の地と姓を与え、かつ隆次の後継ぎとすることを提案すると、六郎左衛門は承諾した。

約束の参上の期日に、皆越夫妻は山境（山の境カ）の河原口に赴いてきた。そして、遠矢下総守・田実伊予守・橋口出羽守が、鉄砲の士六十人を統べ率いて、河原口に迎えにやってきていた。皆越夫妻は恙無く飯野にきて、あらかじめの約束と変わることなく大河平の地を与えられた。そして隆次の後継ぎとして、六郎左衛門には左近将監を称させ、隆俊と名乗らせることになった。そして、かつての大河平氏の居城であった今城の主となったのである。

十月、足利義昭が征夷大将軍に任じられた。

伊東義祐は八月に、義弘の飯野城に対する付け城として桶比良に砦を築いて以来桶比良に陣どっていた。それに対し、義弘は大明司に砦を築き、相良氏などの加勢を遮断した。

十一月十九日、義久が義弘に前もって約束していたよう

に、祁答院に領地を繰替えることを頻りに述べたが、今時分には難しいので来年まで延期せざるを得ないとし、来秋には必ず実行する旨を伝えている。しかし、前述のように、義弘は天正十七年（一五八九年）まで真幸院・飯野に在番することになるのであり、義弘の祁答院への繰替えが実行されることはなかった。

同月、義弘は遠矢下総守・黒木播磨に兵を率いさせ本地原に伏せさせた。兵数人を出して鶉《うずら》を捕る者と偽り伊東軍を誘い、伊東軍が本地原まで追ってきたところで伏兵を起きさせ挟撃《きょうげき》してこれを破った。これが日向本地原の合戦である。

牛屎院の大口の敵軍がしだいに増勢したおり、忠良が病を得たとの報せに、十一月、貴久は菱刈から離れ加世田に向かった。義久は戦場に留め、馬越を守らせた。義久は、諸将に怠たることなく諸所を警衛させた。

貴久は、病床に侍り、良薬をすすめ、起臥を扶け、上下の神祇《しんぎ》に祈祷した。

敵軍は、その間隙をえて一陣を堂崎通路に築いた。その結果、平泉守兵との連絡が絶たれてしまった。敵軍は島津軍を侮り、騎歩で出発し、伏兵を田中川内に設け、伊作の士である川上丹後守・堀内某を平泉への往路で屠殺した。この変事は馬越に達し、勇鋭の士おそらくは五十騎ばかりをその場に馳せ到らせた。すでに、敵軍に対して兵刃を接し、みな体力の限り挑戦し、追い退けたとき、大善房が戦死を遂げた。

十二月十三日、忠良が加世田で他界した。七十七歳であった。法名・梅岳常潤在家菩薩。

慎終葬の礼をもって、後日、朝がくる辰巳時、影堂を詣でて、香花をそなえ、読経を怠らず、荘厳に致した。翌年正月、四十七日忌を迎えたおり、梅花の一枝を折り、霊前に捧げた。

殉じたいと願う者が十余人いたが、忠良の遺言はそれを許さないというものであった。貴久も、禁制を出して、もし破る者があれば、後継ぎを断絶すると、はなはだ厳重に殉死を禁止した。これによって、おのおの止まったが、中条二郎右衛門・満富郷右衛門が殉死した。彼等は、二十年来賢君の聞こえがあったため、制の限りではないとして許された。

忠良誕生には、こんな話も残されている。島津善久が子を求め金峰山に祷り、その帰り白衣の神官と出会った。その神官がすぐれた男児を得ると告げ、言い終わると姿がみえなくなった。善久の妻・常盤は、金峰山が化けて白飯を作り、懐中に入れるという夢をみた。時なく常盤は妊娠し、忠良を産んだ。

忠良は背たけ高く体が大きい。容貌は日が傾くほど麗しく、眼は澄んだ鏡のようであり、ひげは梭葉のようであった。貴久をたすけ、民人をいつくしみ、外敵を平らげ、功労は居多である。大学・六韜を読むことを好み、いろは歌四十七首を著した。近衛稙家が奥書を書き、毎首に宗養法師の批語がある。「いにしえの道を聞きても唱へても、我が行ひにせずば甲斐なし」に始まり、その他も自分を立派にするための修養の道、天に仕え、神を敬うことの大切さを言っている。三人の息子らはもちろん、孫の四兄弟やその後の子孫・家臣・領民にまで多大な影響を与えた名武将であった。

薩摩国の平定

永禄十二年（一五六九年）、生前忠良が、菱刈・伊東・相良諸氏との戦の戦況を聞くと、

この戦が長引けば、人が多く死んで後のためよくない。長陣においては、疲れ・退屈もあるので、敵がその隙を突いてくるということもある。まず一カ所を相良方に与え、いったん和睦して時を待ちなさい。天慮にも適っていて、負けて勝つという道理である。能く能く談合するべし。

と助言した。

相良方の球磨・八代・葦北の大勢も、戦の難所を越え、長陣に退屈しており、相良頼房も如何せんと思っていたところに、忠良の仰せにしたがうことにした貴久は、和睦する方針を決した。

相良・菱刈両氏も出水野田感応寺の西堂をたよって和睦を求めてきた。それは度々におよんだ。二月十日、島津氏は憐愍《れんびん》あって、という立場をとり、これを受け入れることにした。貴久は、島津義虎を使者として、山野を相良に与えるとの条件で、和睦を提起すると、相良氏は喜んで和睦に応じた。

しかし、三月十八日、島津氏の使者として蒲池越中守が平和泉におもむいたところ、大口城下で相良氏家臣の深水頼兼に殺害されるという事件がおこった。蒲池越中守の従者十七人も犠牲になった。これにより和睦はまた破れた。

平和泉をどちらが有するかは、島津方にとって一大事であった。平和泉は後ろに山野、前には大口崎陣があり、平和泉を失えば、交通が遮断されるのに加えて、羽月が一城になり孤立し、大河を隔てているので守り難いのは必定で

あった。

菱刈軍は羽月城を攻め、その外郭を破り、それを恐れた島津義虎は代わる者を求めた。義久は、肝付兼盛・新納忠元を義虎の代わりとし、末弟の家久に市山を守らせた。

兼盛・忠元は、羽月に至り、家久とともに大口城を攻め、計略であざむいた。

四月十四日、義久は、喜入季久に菱刈院花北名を領地せしめて功労を賞した。

敵軍が、羽月城を掠め取ろうと欲したのは数度におよんだ。ここにおいて、忠元と兼盛は、伏兵を設けるという計策をし、是非を家久に問うたところ、家久は喜び許諾した。

五月六日には、兼盛・忠元が大野忠宗・宮原景種を伏兵の将として遣わせて、一の兵を戸神尾に、二の兵を稲荷山に伏せさせた。忠元は、戸神尾に忍び居り、兼盛は、白木河内に控え、いずれも合図を待った。敵軍をおびき寄せる将は、家久であった。堂崎から家久は、大口城下を、馬を駆け走らせ間隙《かんげき》を窺ったが、敵軍はいまだ進発しなかった。時において家久は城の裏に向かい、羽箭《うせん》（矢）を飛ばし、鉄砲を放ち、敵軍を侮ること頻りであった。ここにおいて敵軍は、城門から進発し、追い来るはさながら雲のごとくであった。家久は、喜び、負けたふりをして軍隊を率いて逃げた。敵軍は勝ちに乗り、戸神尾の西に至った。そこで家久は轡を返し、馬上で敵と交接し、その敵首を切り、敵の往還を防いだ。この時までに忠元・兼盛は、伏せさせていた大野・宮原主従の兵を起きさせ、忠元は横から切り出し、兼盛もまた突出し、敵軍を四面から挟撃してこれを破った。栗野の士・前田豊前守先衆に首功があった。これによって敵軍は忽ち敗走し、逃げた敵を追った。切り獲た敵首は、百三十六にのぼり、かつ捕虜一人。大口の敵軍は、今回の敗北により、その勢いを減ずるところとなった。

続いて島津方の諸将は、祁答院長野城を攻めた。祁答院新兵衛尉がこれを防いだ。島津方は、多くの戦死者を出したが、二十五日、城は落ち、これを聞いた伊東軍は恐れ、七月十四日には桶比良城を棄て去った。

八月十八日、貴久と義久は、大口城を攻め、囲んだ。初め相良氏は国老の兵八千をもって守っていたが、前述した戸神尾の合戦で死者は百三十余人にのぼっていた。菱刈・相良両氏が謀って「今日のことは、人のためにしているので、自分の利のためではない。島津殿は頼朝公の子孫であり（正確には惟宗氏の子孫）、鎮西の大国である。島津殿の力がなかったならば相良氏はどうしてよく八代を得られるだろうか。今はたとえ徳にむくいられなくても、どうしてこれの仇であろうか」と使者を遣わせて和睦を乞うてきた。そして、大口を島津方に献上し、菱刈氏には平城を領地させれば足りるといってきた。義久はこれを許した。

義久は、二十六日には、菱刈重猛の息子鶴千代に本城・曽木を宛行った。九月十日には相良氏が、相良帯刀長・深水太郎左衛門尉を人質として送ってきた。それに対し義久は、鎌田刑部左衛門尉政広・本田新介を人質に出した。

十四日、城の囲いも解き、相良氏の軍衆は退去した。十八日には、貴久・義久が大口城にはいり、鎌田政年に命じて勝鬨（吐気）を取り行わせた。そして、新納忠元を大口地頭に任命し、牛屎・菱刈両院の地を鎮めさせた。また、忠元は武蔵守に任官した。

また、義弘がまさに出発しようとして馬に乗ろうとした時、馬が足を折るという夢をみた。瞽者《こしゃ》の真成がこれを占ったところ、賀していうには克ちである。義弘がそのわけを問うと、「馬に乗ろうとした時、馬が足を折る即ち加知である。結果、克ちである」と答えた。徒歩＝勝ち、ということである。

十月九日、義久は肝付兼盛に曽於郡上三台堂名を宛行い、戦功を賞した。また、この年には、樺山善久に横川を宛行い、小浜堅利の代わりとした。

元亀元年（一五七〇年四月二十三日・永禄十三年より改元）正月五日、渋谷諸氏（ここでは、入来院・東郷氏）が降参してきた。隈城・百次・平佐・碇山・高江・高城・水引・中郷・西方・湯田・宮里・京泊・清敷の地を献じてきたので、義久はその罪を宥めて入来院重嗣に清敷を、東郷重尚に東郷を与えた。また、島津義虎に水引・中郷・西方・湯田・京泊を、平田宗応に宮里を与えた。そして、又七郎から中務大輔と称しはじめた末弟の家久を隈城地頭とした。これによって島津氏は、薩摩国全体を支配下に収めた。五月、貴久は本田親年に感状を与え、戦功を賞した。

一方この頃、義久は喜入季久を遣わせて、永禄十一年（一五六八年）十月に室町幕府十五代将軍に就任した足利義昭に祝いを述べた。六月二十八日には、義昭の側近・細川藤孝に書を遣わせて、国中多事で忙しく祝いを述べることが遅れたことを謝し、諒察《りょうさつ》を求めている。九月二十五日には、季久は藤孝をたよって幕府に参上して、太刀一腰・馬代千匹・黄金百両を献上し、藤孝には太刀・馬代五百匹・塩硝三十斤を贈った。十月二十五日には、幕府が季久に命じて、御内書および太刀を義久に与えた。

元亀二年（一五七一年）六月二十三日、貴久が加世田で他界した。五十八歳であった。法名・大中良等庵主。十三歳で太守・勝久の養子になり、翌年には守護職・当主・太守の座を継いだ。しかし、薩州家・実久の圧力により悔返され、父・忠良とともに実久・勝久などとの壮絶な争いに打ち勝ち、実力で守護職・当主・太守の座に就いた。そして、薩摩国の一部にすぎなかった領地を、薩摩国全体と大隅国の大部分に拡大させた。四兄弟による三州統一の礎を築いたのであった。また、平田純貞入道純喜が、貴久の冥福のため、六十六州を遍歴して、帰国後に殉死した。

十一月二十日、肝付兼続・祁寝重長・伊地知重興が軍を合わせて闘艦《とうかん》百余艘で鹿児島に攻め入ってきた。浜浦を攻めようとしたが、家久などの防御で成らなかった。転じて帖佐の瀧水を攻めたが、平田新三郎・勝部与左衛門・平田藤九郎・南雲壱岐守・指宿四郎二郎・南雲新次郎（新四郎とも）・美濃守郎党など八十九人がこれを堅固に防いだため、敵軍は引き去った。

木崎原の合戦

元亀三年（一五七二年）正月十九日、肝付氏の数多の水軍が大隅の小村を襲った。守備兵がこれを防ぎ、敵船一艘を捕らえ、岸良将監など二十四人を斬った。二月二十日には、伏兵を廻市成の島津―肝付領との境に置き、肝付越後など二人を討ち取った。二十九日には、衆を出し、境および二河を破った。

祁寝重武は、島津方に忠勤を抽《ぬき》んじようと、番兵を申請した。よって、島津方は、以久・忠長を大将として、加勢の兵三千余騎を根占に派遣した。敵方は、三月中旬に国一揆の与党（伊東・肝付・伊地知各氏）に手替えして、大姶良表と高洲大姶良方から着け送り、一戦しようと進んで来た。

島津方は、油断を見せて引き寄せ、それを、弓・鉄砲で散々に射る程に、先駆けの者どもは悉く手負いになり、十余人射伏して、七、八騎を討ち取った。去程に、肝付・伊地知は、二手に分かれて切りかかってきたので、島津方もこれをみて、かかり合い、川上上野守・椛山兵部太輔・肝付兼盛・上原長門守・野村兵部少輔・鎌田少外記その外所々の軍兵達が、我も我もと差し忍び戦った。敵は、横尾の攻めを越えて、頃良分に差し下って、揉みに揉んで戦った。田代地頭・野間武蔵守が三百ばかりで忍《た》えて戦ったからか、大勢で押しかぶせて切り崩したので、島津方が、紛騒になり敗軍しようとするところを、以久・忠長の軍兵八百余騎が横合いに、入り違えて切りかかり、面も振らず戦ったので、敵は忍びきれず敗軍して皆悉く討たれた。そのまま横尾に討ち上がり、勝鬨（吐気）を動と作ったゆゆしさは、限りなかった。それから根占に討ち入ったので、重武は本望このことと、祝言を言い、武運の程を感じた。境目の城々に、番兵を入れ置き、大将をはじめとして軍衆は皆々帰還した。

その時、重武は、幼い子息を人質として差しのぼらせた。

その折節、敵方は無念に思ったのか、伊東・肝付・伊地知などが評議をして、小根占へ軍勢を打ち出し、浜の栫を攻め落とし、そのまま城の麓に押し寄せ放火をしたので、喜入図書助・同弟小四郎が加世田の軍勢を具して、国見の城から馳せ連なり、火花を散らして防ぎ戦う合戦は比類なかった。されども、敵は大勢であったので、討ち負けて、図書助・小四郎は討ち死にした。その外所々の軍兵も討ち死にするものが多かった。図書助兄弟文武二道の器量であると惜しまぬ人はなかった。続いた島津方の軍勢は、岩瀬戸口へ追いかけて合戦し、敵も数多討ち取られた。ここにおいて、猿渡越中守・伊尻伊賀守・喜入攝津守が同心して殊なる働きをし、平田新左衛門は、川辺の軍勢を卒して手を砕き働き、おのおの軍した。敵方も、日州衆の野村堅介が、返し合わせて比類無い志で合戦した。この度は、伊東・肝付が小利を得て、先ず先ず引陣したようである。

四月下旬、下大隅の麦作《むぎさく》を払おうとして、島津方から軍勢を出し、鹿児島から兵船を調え下大隅に着いた。麦作を刈り、苗代を蹈ませていた時、敵勢が垂水衆を先として連なり合い、矢砲烈しく互いに手負いとなったが、足軽雑兵ともに馳せ合って、大手負いに射て、あたかも攻め崩し、敵を一両人討ち取って先ず先ず引いた。

島津氏と伊東氏は、日向真幸院（吉松・吉田・馬関田・加久藤・飯野・小林）をめぐっては永禄年中より抗争中であったが、五月三日、伊東加賀守（義祐の弟）・伊東新次郎・伊東又次郎・落合源左衛門尉などが、三千の兵を率いて義弘の守備する飯野城を素通りし、城主・川上忠智、義弘の夫人・宰相が守る加久藤城に夜襲をかけてきた。伊東勢は村落を焼き、その煙と炎は天いっぱいにみなぎった。そして、城の搦手にある鑰掛口に向かった。山伏の樺山常陸坊は鑰掛口に居住していたので、敵がきたと大声で叫んだ。加久藤城の一門はすみやかに対応できなかったが、常陸坊は子息二人とともに伊東勢を防いだ。鑰掛口は一進一退となり、伊東勢は進めなかった。加久藤城からは兵を出し、これを撃った。たまたま東方ではすでに明るくなってきており、輪番衆が来たので伊東勢は引き去った。

義弘は、夜の番をしていたところ、肥後民部がたまたま庭に出て加久藤に火が上がっているのを発見し、城にはいり義弘に報告した。義弘は、西の原の岡にのぼり見渡して、どうして失火したのかと尋ねると、すぐに一人変を告げる者があった。死苦村の藤元丹波で、たまたま人馬が進む声を聞き、これを察するに伊東勢であると告げた。この時、義弘麾下の軍勢は僅かに三百であった。境内《きょうない》が騒動したのはいうまでもない。

義弘は、すぐその場で軍服を身につけると、伊東勢は加久藤城を襲うので、すぐさま一軍を遣わせてこれを救わせんとした。また、五代友喜を遣わせて野間門に、村尾源左衛門を本地原に伏せさせた。鎌田官栖には、一手を卒させて加久藤城の前を通らせることにした。諏訪山および横尾八幡山には、多くの旗幟を張って疑兵とした。地理的に両所を拠り所として飯野城を攻められては、敵方に地利を与えてしまうからであった。そして、有川貞真を留めさせ、飯野城を守らせた。役割は定め終わった。

義弘は、自ら麾下、上井次郎左衛門・鎌田尾張守・細田武蔵守・赤塚右左衛門など四、五十騎を率いて西之原から大明司を抜け急ぎ加久藤城に向かった。途中、伊東勢が引き去ったことがわかると、二八坂から南の木崎原（現・えびの市）に向かった。伊東勢はまさに還ろうとしていたところで、飯野は防備されていると聞いているので、あえてもと来た道に出ず、白鳥山に向かっていた。白鳥権現社座主・光厳上人は民衆を募って、要害の地に立てこもって伊東勢を拒んでいた。伊東勢は山に上がれず、南木場に赴いた。そして、白衣軍数千人が道を遮ったので、伊東勢は引き返し木崎原に至った。

義弘は、これを見渡して、川をわたって進んだ。陣を布いたが、まだ整っていない時に、伊東勢は急に攻撃してきた。義弘の兵卒と隙間が数十歩というところとなり、後退させられたが、三隅《みすみ》（角）田《た》に至ってようやく止めることができた。そして、死を決する戦が始まった。

ここにおいて、伊東方は、伊東又次郎・落合源左衛門尉が、軍衆を率いて指揮し、島津方は、久富伴五左衛門尉・遠矢下総守の魁の衆兵が、すでに督戦《とくせん》した。そして、鎌田大炊助・野田越中房・曽木播磨守・富永刑部左衛門尉が戦った。義弘もまた、馬をかけ走らせ、戦功した。ちょうどこの時、遠矢下総守は、長峯弥四郎と戦い、竹下又左衛門尉・瀬戸口八郎左衛門尉がこれを助けた。そして、ついに弥四郎を斬った。弥四郎は、伊東軍の勇士でたまたま加久藤攻めの援兵として遣わされたところであった。敵は、必至に極める戦いをしたので、小勢の味方は防ぎ難かった時、加久藤に遣わせていた加勢の人数が追々続き来るのをみて、敵は色めき小木原の方へ引き行った時、鎌田官栖が鳥越から横合いに攻めかかり、先に配していた伏兵が一斉に起き上がり、伊東又次郎・落合源左衛門尉など数人を討ち取ったので伊東勢は敗走した。島津方は、勝ちに乗り、上江筋を追い打ち、田原陣（桶比良）を陥れた。そして、古陣原に、伊東新次郎・伊東加賀守・その子源四郎をはじめとして、軍兵三千余騎ばかりで堅めていたところを、飯野の軍勢は、本口から打ち出て有川貞真をはじめとして、究竟の兵三百余騎にすぎなかったが、まっしぐらに切り入った。激しい戦いとなったが、伊東加賀守は、五代友喜に討たれ、その子源四郎・伊東大炊助もまた討たれた。

崩れ落ち去った伊東右衛門・伊東権之助など軍兵二千（三千とも）余騎は、本知原に忍んでいたが、義弘は、これを攻めさせ、有川貞真・川上忠智・鎌田刑部左衛門尉などをはじめとして、究竟《きゅうきょう》の兵が我先にと切り懸かり、村尾の伏兵も起ったので、伊東方は散々に敗れた。島津方は、競いに乗じて、我も我もと切り懸けて切り崩し、その路三里ばかりを追い詰め打ったので、伊東の兵で名を惜しむ者達が、返し合い返し合い討ち死にした。伊東右衛門・伊東権之助は、小林に逃げた。

義弘は、少ない兵を率いて駿馬をむちうち、伊東勢を滅ぼそうと追い、かつ逃げる敵を追った。それから貝餅田（粥餅田《かゆもちだ》の渡し（現・小林市））に至って還った。

有川貞真・川上忠智・鎌田刑部左衛門尉が奮戚（勇み迫るカ）した際、義弘は、鬼塚原に至り、逃げる伊東勢に喚び返したところ、二人引き返してきて、一人は柚木崎丹後守と名乗り、もう一人（比田木玄斎）は答えなかった。義弘も名を名乗ると、どう思ったのか丹後守は、馬から飛び降り、弓を伏せて畏まったので、義弘は突き伏した。この時義弘の愛馬膝突き栗毛は義弘の槍が敵にとどくように前膝を曲げたと伝えられている。このことが名の由来になった。義弘は、二人を討ち取った。義弘は、恭しい態度を取った丹後守を討ち取ったことを悔いており、慶長五年（一六〇〇年）十月、名乗り出た丹後守の子息・次郎右衛門に亡父の勇敢に感じたとして三十石の領地を与え高岡に居らしめた。

島津方の戦死者は、鎌田大炊助・野田越中房・曽木播磨守・富永刑部左衛門尉などであった。

帰還途上、横尾に至ると、飯野の婦女が争って粥を持ってきて軍をねぎらった。義弘は、喜んだ。

伊東勢は、まさに加久藤城を攻めようとしていた時、使者を遣わせて、相良氏にも援軍を求めていた。ともに戦の時を約しており、戦の日球磨兵五百人がすでに彦山嶽に至って、南の飯野を見渡していた。すると白旗が野につらなっていた。白旗は木崎原から白鳥山にかけてつらなっており、球磨兵はこれをみておそれ、衆寡敵せずとしてすぐに引いて還っていった。球磨兵がみたのは白鷺の群れが蓋ったものであったともいわれている。

義弘は、使者を飯野へ遣わし、また狼火を挙げ、大口など諸城に報せた。新納忠元がこれに応じ、吉松より兵を率いて木崎原へ向かい、敗れ還る伊東勢と遭い、これを追撃した。そして、伊東右衛門・伊東権之助・長倉四郎兵衛など百六十余人を討ち取った。

これにはまず、癩病（ハンセン病）の子が死苦村彦六左衛門の家に寓していた。朝に出て暮に帰る。自らの言葉を道に書き写して帰る。夜は書を読む。彦六左衛門はこれを怪しんだ。外出するのを窺《うかが》い、後についていき、何をしているのかみると、あるいは道や村里の遠近を測り、あるいは地形険易を調べていた。彦六左衛門は怪しいとみなし、ついに殺した。その懐中を探ってみると、伊東義祐の密書を発見した。その密書には間諜のことが済めば土地を与えると書いてあった。その屍を調べると、身に漆をおおい癩病（ハンセン病）と偽っていた。その首を斬り、伊東義祐の密書とともに義弘に上らせると、義弘はその功を嘉した。また、藤元丹波を賞し、田百石を割いて死苦村の永代の土地とした。

木崎原の合戦の結果、勝利した島津氏は日向進出への足がかりを得ることになり、一方敗北した伊東氏は三山城にあって、歴々の名将・重臣を失い、衰退の一途を辿ることになる。三山と飯野の広野には、伏屍《ふくし》が幾多にしれなかった。伊東氏は、一国の猛勢であったが、義弘は真幸一院の領主であり、わずか二、三百騎での勝利であった。合戦後、義弘は、敵味方追善供養のため、木崎原の戦場に六地蔵の石塔を立てた。

義久は、大隅の敵である肝付兼続・禰寝重長・伊地知重興を攻め平らげるため、歳久を下大隅攻めのために遣わし、九月二十七日に歳久は早崎高巒（早崎城〔現・垂水市〕）に駐屯した。義久は舟で小浜に向かった。兵は、勇気を増し、奮発して先を争い走った。歳久は伊地知領である小浜砦を襲い、これを攻め落とし、守将・伊地知美作守を斬った。そして、獲得したその地を改めて前陣と名づけた。この後、彼のこれの敵城に向かい、しばしば挑戦したが、いまだ雌雄を決することはできず、義久・歳久は、新年を早崎で迎えた。

義久は、北郷時久を遣わせて肝付氏を攻めさせた。二十九日、時久は月野・泰野を攻撃してこれを破り、また梶山兵を遣わせて肝付氏の福島軍を攻撃させた。また、十二月二十三日には、種子島時堯の娘（母は忠良の娘）で義久の第二夫人が亡くなっている。義久の二女・新城、三女・亀寿の母であった。

大隅国の平定

大隅国では、肝付兼続や禰寝重長などが与党を組み、長年島津氏に敵対していた。

天正元年（一五七三年七月二十八日・元亀四年より改元）正月六日、肝付氏が軍勢を率いて末吉に攻め入った。北郷時久は子息である相久・忠虎と共に、諸住吉原で迎え打ち破った。

義久は、宝持院および八木昌信を遣わせて、禰寝重長に和睦を勧めた。さらに、新納忠元・伊集院久治・上原尚近を渡海させて重長と面謁し、説得し肝付氏と断絶させた。重長は命を受け入れ、二月二十一日、忠元など三人に直に誓紙を渡し、二十六日には、義久が重長に盟書を与え、喜入季久・平田昌宗・伊集院忠棟もまた、重長に盟書を与えた。三月、重長は、降参した。

三月十日、義久は、以久・忠長と薩・隅の兵を遣わせて、禰寝氏と連合して肝付氏を討伐することにし、島津方の軍衆は禰寝城に入った。義久は、指宿に宿営し背後を固めた。十四日、島津軍は肝付氏を攻めたが、春雨のため功はなく、高州を掠めとり、漁父などが周章《しゅうしょう》して悉く退散したので、多くの舟を奪って帰還した。十八日、肝付兼続を攻めようと、諸将は軍衆を率いて進軍して西俣に至ったが、敵の防御は堅かった。以久は、父・忠将の仇を討とうと、隅州の騎歩を率いて先ず進んだ。忠長は、領地である薩州南方の軍勢を率い、川上久信・樺山規久・上原尚近・肝付兼寛・野村兵部少輔・鎌田外記以下が力戦して挑んだ。肝付氏の兵も反撃してきたが、奔走させ、おのおの首功を得た。この横尾における合戦で、敵五十余人を討った。

そして、禰寝重長も同じく在陣中であり、凱歌を揚げて帰陣し、その後、指宿に渡り義久にまみえた。また、義久に従い鹿児島に至り、義久は、遊会を設け、重長を饗すること数日であった。禰寝重長は、一揆の与党を離れて島津方に属することになり、一揆党は、禰寝でゆきづまることとなった。

七月二十四日、長雨が止まず、守りが手薄なことを窺い知った肝付氏の兵が、密かに山裏の樵夫《しょうふ》の径路《けいろ》を通って早崎営を襲った。敵は、にわかに陣面（陣の前カ）を囲み、羽箭を飛ばし、鉄砲を放ってきたが、たちまち守兵が発進《はっしん》して堅く防御した。敵は、それを予知していたため、鋭勇（強く勇ましい）の士卒を分け、山裏で火を挙げながら攻め入り、数多の士卒が射殺された。

家久が太刀を取り、従者二、三人と共に、大敵に馳せ向かい挑戦した。八カ所の傷を負いながらも危急《ききゅう》であったが、力戦してこれをしりぞけた。喜入久続（季久の弟）も、二カ所の傷を負いながら、敵に向かい合い討ち取り、かつその余の敵をしりぞけ、衆皆感じない者はなかった。平田昌宗・平田光宗・木脇刑部左衛門尉に戦功があった。

九月二十七日、島津方は、肝付良兼の婿である伊地知重興を攻めるため、瀬戸村の向かいにある早崎の作花平に着陣した。ある時、敵が城から多勢打ち出てきたので、味方も大勢打ち出て矢軍を烈しくし、味方が次第に押したので敵を追い、城の本口で合戦した。島津方の兵が、我先にと岸に攻め上がるところを、敵方が切り突き払い落としたが、寄せ手の勢はことともせず塀垣を取り破り攻め戦った。伊集院源助は、真っ先にと進んだが、痛手を負い倒れたので、郎等達が肩に引っ懸けてしりぞいた。ここにおいて、肥後平三郎・桑波田孫太郎・河野玄蕃允などが、所々で戦死した。敵を百余人討ち取ったので、城の地頭・伊地知美作守は、未練を構えて逃げ落ちた。

ただちに、城を攻め落とし、そのまま取り拵え、両陣から牛根の城を取り巻いた。しかし、篭城の者達は、その対処法をよく知っていて、肝付からも種々の知略を設け、色々の謀を企んだ。伊地知・肝付の両勢に押し合って、互いに陣士（陣の路カ）を懸けて戦い、ある時、敵も味方も連なり合い、大勢となって烈しく戦い、味方が敗北となり、梅北国兼が押し負かされて逃げる始末となった。その後、ことさら烈しい戦があり、敵と味方の間に敵一人射伏せられると敵もしりぞくことができず、味方も打つことができず、牛角《ぎゅうかく》（互角）となったところに、赤毛の笠に三尺ばかりの薄磨（薄刃《うすば》カ）と、菖蒲の立物猪を着、熊の皮の大引き入れした長鞘を後ろ高にし、白胴服を着るままに、三尺余の太刀を正面にさしかざし、敵を討ってみせんと、烈しく敵の間に走り出し、ただちに、首を討ち取って刀の先に貫き「いかに、白胴服が敵を討ったのをみたか。若者ども何で敵を討たないのか」と陣中でわめき廻ったので、若者達は皆面目を失った。人の高名不覚も折によることであるので、他を笑うのもよく思案あるべきことである。

肝付の往々の通路である平床に陣を取ろうと評議があった。そこは、川よりに、市成・恒吉・廻または、肝付内場諸所への通路を塞ぐ在所であり、しかも難所を抱えた牛根の城より奥にあり、往来しがたい難所であった。よって、十一月中旬に、歳久・以久を大将として、平床に陣を取らせた。すぐに、往来にとってさらに大事である平床陣の後巻きを攻めようと、伊地知・肝付の勢三千ばかりが茶園尾に向陣を取って寄せ来たった。

島津家第十四代太守・勝久が十月十五日豊後国沖浜で他界した。七十一歳であった。般若寺から北郷氏を頼り庄内におもむき、鹿児島に帰ることを求めたが、かなわなかったため、母の実家である大友氏を頼り豊後におもむいていた。薩州家の実久と伊作・相州家の忠良・貴久父子との激闘を繰り広げ、守護職・当主・太守の座を追われ、故郷の地を遂に踏むこともできず、他国で没した。長命であったが、心情を察するに余りある最期であった。

肝付氏家臣安楽備前守が牛根城を守って固めており、十二月十四日、島津軍諸将は進軍し平常岡に駐屯して陣を結び、これに逼《せま》った。そして、数度戦ったが、勝敗は決せずに年を越した。肝付加賀守は佐土原におもむき伊東氏に援軍を要請し、それが適わなければ島津方に降伏すると迫った。

天正二年（一五七四年）正月三日、肝付氏は、高隈の大山を越えて牛根城を救わんと、まさに陣柵を結び、茶園尾を取ろうとしていた。これをみて島津方の壮士が、「陣柵を結ばれれば、わが軍の勝利はない。速やかにこれを追い退けるべし」といったので、忠長と川上久信は、兵を指揮して先鋒を争い、衆兵《しゅうへい》は、一心に志をさだめて必死に戦った。島津軍の先鋒の強さに、肝付軍は恐れ退き高山に遁れ、疲れて狼狽し下大隅にでて走り去った。忠長と久信は、茶園尾を占拠した。

十八日、平常岡の守兵は、浜辺に壁を構え、茶園尾の守兵は、牛根城下に近寄り、茶園尾の岸にしたがって経路を造ろうとしたので、城中の敵はこれを防ごうと、かわるがわるあるいは矢を飛ばし、石を投げ、あるいは枯れた竹に火をつけたものを投げ、間隙なかった。しかし、島津方の兵は、勇敢にこれを恐れず、険岸（険しい岸カ）を両日両夜掘り、三日目、城裏まで掘り遂げて牛根城とつなげた。城裏に子供を走卒《そうそつ》させたので、敵方は震懼《しんく》し叫呼《きょうこ》したのはいうまでもなく、ついに降伏を請うた。しかし、島津方の諸将は許さなかったが、強く請うことが止まなかったので、ここにいたって安楽備前守は降伏を許された。十九日夜中以降、羽箭は飛ばず闘戦《とうせん》は止んだ。

伊東氏は伊東権頭を遣わせて、その率いた兵を肝付・伊地知各氏に合わせて牛根城を救おうとした。しかし、途上で島津軍がすでに地利を得たと聞いて帰還した。十九日、伊東氏などは、転じて禰寝を攻め、村落を焼き、かつ小禰寝城麓に乱入し、攻責（攻め責めカ）におよび、禰寝重長はまさにもう少しで危急になろうとしていた。喜入季久および猿渡越中守・井尻伊賀守・平田新左衛門尉が川辺の騎歩を率いておのおの皆この大敵を防ぎ、岩戸口に追い迫り、百余人を斬ったので、敵兵は退散した。季久の武功により、城郭を全うすることができたが、弟の忠通・久続以下十有余輩が戦死した。重長旗下の兵の死者もその数多であった。

二十日、安楽備前守は弟の彦八郎を人質に出したのに対し、義久は新納忠元の子息・忠堯を人質として牛根城に送った。その後、二十二日、忠元は牛根城にはいった。二十七日、義久は、早崎より鹿児島に帰り、新納忠元・木村筑前守・逆瀬川久富・伴五左衛門尉の功労居多をたたえた。

八月一日、島津家譜代の家臣が八朔の慣例として、太刀を献じた。入来院重豊の使者村尾蔵人が東郷氏の使者の後に太刀を献じたいと請うたが、老中はこれを許さなかった。禰寝氏をもって東郷氏の後がよいという意見であったためであり、上井覚兼・本田親治が蔵人を諭した。蔵人は承知せず、太刀を献じずに退出した。東郷氏と入来院氏は同族の渋谷氏であり、一族間の序列から入来院氏は東郷氏の後に祝詞を述べ、太刀を献じたい意向であったからであった。

入来院重豊が鹿児島に参上したが、潜かに謀反を蓄えているという流言があり、謀反人と肩をならべることは恥じであると群臣《ぐんしん》が皆言っているという状態であった。

義久は、これに対し、軍隊を発して国中に乱を起こすことは、元より我の所願ではないとして、問いただださず、自らその真実を明らかにし、衆人《しゅうじん》の疑いを解くように仕向けた。重豊は、家臣の山口筑前守・東郷美作守を遣わせて、伊地知重秀・上井覚兼などをたよって領地の献上を請うた。本領入来を除き、義久が求めるだけ献上するということであったが、義久はこれを辞した。

重豊は、強く要請し、かつ山田・天辰・田崎・寄田を献上すると言いつくした。それを受けて義久は、「昔、貴久が入来院氏のために緑海の邑を択び、寄田を与えたので、どうしてこれを取ることができようか」と返答した。よって、寄田を除いた山田・天辰・田崎の地を受け取った。十六日には、重豊および家臣五人が血判の起請文を提出した。

信長によって京都を追われ、紀伊国に滞留していた足利義昭の使者・江月斎が鹿児島を詣でた。頴娃氏の別館に泊まり、九月六日には、義久が、内城に招き宴を催した。義昭側から、義久に助力を求める書状が多く送られている。

十日、肝付氏と伊東氏が志を合わせており、伊東兵が下大隅に乱入してきたため、義久は、北郷時久に盟書を与え、伊集院忠棟・平田昌宗・村田経定・川上意釣もまた盟書を与えた。十一日には、義弘も時久に盟書を与えた。

薩州家の島津義虎が、陰に謀反を企てているという流言が往来に持ちあがった。義虎は恐れ驚き、長文の書をもって喜入季久に遣わし、濡れ衣を訴えた。二十六日にもまた、上井覚兼・指宿周防介・知識弾正忠を遣わせて義久に訴えた。

また、義虎は天草大夫とお互いに怨みがあり、義久は両者の和解を未だ成せずにいた。

たまたま天草大夫が来迎寺を遣わして書をもたらし、太刀一腰・馬代三百匹・厚板物二端を献じた。二十八日に来迎寺が鹿児島を詣でると義久は、伊地知重秀・上井覚兼をして義虎におしえさせて、この三人に天草氏と島津氏の忠国（初め貴久・第九代太守）以来の旧好を受け継ぐことを請わせた。書状でこれを示し、写しをとることも許された。義虎は天草氏に少し領地を与えることで和解しようとし、最終的に天草氏もこれを慇懃に承った。

初め義久は菱刈重広（鶴千代改め孫三郎重広）に本城・曽木を宛行っていたが、しだいに、重広は、臣節を失っていた。たまたま使者を遣わせて鹿児島に詣でるというので十月五日、その使者を護摩所に呼び出し、上原尚近・上井覚兼が菱刈氏の罪を数えさせること数条、特に重広が野心を持っているという噂も世間にはあり、実不実はわからないが、きっと菱刈家のためによくないので、領地を繰替えるのがよいというのが義久の意見である、と申し渡すと、使者は大いに恐れて尤もであると罪を受け入れて去った。こうして重広に伊集院神殿村を与え、本城・曾木とかえた。

二十三日、以久が、義久の二女・新城を嫡男の彰久の妻として迎え入れたい旨を申し入れている。二人は夫婦となった。

十一月十一日、義久は、吉野におもむき自ら束ねた薪を背負い、福昌寺の僧厨を繕い葺く材料のもとでとした。元久（第七代太守）の故事に習ったのであろうとある。

閏十一月十八日、義久は江月斎に、餞別として白糸三斤、寄合中に銀百目をおくった。

十二月八日には禰寝重長が家臣の堀内弾正忠を遣わせて老中をたより、下大隅田上を谷山和田名もしくは川辺田之上名にかえてほしいと請うてきたので、重長に川辺田之上名を領地することを許した。

天草城主・志岐鎮経の使者として正興寺湯浦入道が来て、刀一枚・緞子二端をおくり、肝付氏に勝ったことを祝い、義虎と天草氏の和平の媒書（媒介の書カ）はそもそも交わされているのか、天草氏は、義虎が留守の隙を窺って久玉を手裏に入れ、また相良氏が大口を押領して島津氏の仇敵になった時も天草氏は大口に魚塩を贈った、と述べ、かつ、天草氏を討つことを勧めた。二十三日、義久は、鉄砲一枚・馬一匹をもって答えるとともに、使者として伊集院久治・上井覚兼を遣わし、天草氏と義虎の和平の催促はいまだしていない、天草氏が相良氏に味方して島津家に寇したことはよく知っていて、天草氏は相良氏の随一の士であり魚塩を贈って何が悪いか、志岐氏と島津氏は心を通じていて、鉄石のように簡単には変わらない、私の懇志は深い、志岐氏と天草氏は、ともに当国附庸《ふよう》の隣島であり、自他ともに長く和睦を欲してきた、私は元より戦争を好まない、と答え、天草のことは自分の預かるところではないと天草氏攻めを辞した。

この年、大隅国の有力国人領主・伊地知兼興が降伏し、垂水をはじめとする下大隅五カ所を献じた。これを受けて、島津氏と長らく争ってきたこれも大隅国の有力国人領主である肝付兼亮も遂に降伏し、廻・市成を献じた。そして、また盟書を献上し自今以後無二の奉公を誓った。義久からも兼亮に盟書を与え、無二の奉公と忠順をよろこぶとともに、自今以後は、患難《かんなん》を互いに恤《うれ》えようと誓った。また、鎌田政近を新城・高城地頭、軍配者（軍師）の河田義朗を垂水地頭、伊集院右衛門兵衛尉を牛根地頭、禰寝重武を田上地頭とした。こうして島津氏による大隅国の平定も成った。

義久の政事

天正三年（一五七五年）正月元日、義久は、神社にまみえて、老中にさかずきを与えた。三献である。伊地知氏は酒・食を献じた。二日に伊集院が、三日には河内が酒・食を献じた。四日に鹿児島の祈願所の大乗院（現・鹿児島市稲荷町・清水中学校）に朝賀を述べ、島津家の菩提寺である福昌寺に臨み、五日には、福昌寺・南林寺に、六日には、不断光院・浄光明寺に朝賀を述べた。家久が訪れ、寄合があった。七日、平田昌宗が酒・食を献じた。そして、平田歳宗を左近将監に、新納久顕を兵部左衛門尉に任じた。二人は年男であった。九日、義久は、歳久の仮屋を訪れて終日酒宴し、馬を進上した。

十一日、談合初めがあり、数条を下令した。上井覚兼・吉利忠澄・肝付兼盛がおのおの酒・食を献じた。覚兼は、月を祭った。義久は、内城を使って先例の三献礼を用いて覚兼にさかずきを与えた。ただ、削物があった。忠澄・兼盛の子息兼寛にも同様にさかずきをあたえ、削物も与えた。そして、諸大夫に座席を与え、酒五献を振る舞った。

二十八日、庄内より報せがあり、伊東氏が、兵船に乗った軍衆を催して、福島・志布志・串間にはいったということであった。よって、下大隅・新城・禰寝などに戒厳するように伝えた。

家久が、島津氏による三州統一を、大神宮・愛宕山その他諸仏諸神を参詣して祈願するため、上洛することになった。二月七日に義久に暇を申し上げて八日に串木野を門出し、それから支度を様々用意して二十日に旅行に入った。厳島神社を参詣したり、連歌師の里村紹巴などと交わったり、馬上で眠りながら通る信長を見かけたり、明智光秀に招かれたり、伊勢神宮に参詣したり、東大寺を訪れ大仏を見学したり、などして七月二十日に帰国している。

三月十五日には、年中行事である犬追物を行った。射者は十二人。義久は、第一位のところにおり、今にも出ようとするとき、対面所に臨み酒三献を行った。義久は、褐色藤紋の上着で、建物の下より馬に乗り出し、射て二十九匹に矢を中てた。歳久は十三匹、その他の者で多かったのが十一匹、少ない者で一匹という結果で終えた。義久は、棚屋（神棚もしくは霊屋《たまや》カ）に臨み、また作法にのっとり三献を行い、供え物を捧げた。また、射者にはさかずきを与えた。十六日（義久は見学、他の兄弟は参加せず）・二十五日（義久は検見、義弘・歳久参加）にも犬追物を行った。

琉球国よりあや船が来聘した（二十七日着岸）。使者である南叔和尚は興国寺に宿泊し、同金大屋子は徳永氏において宿泊した。老中は上原尚近・上井覚兼を遣わせてねぎらった。

義久は、老中に命じて書をつくり三司官に与え、この年の琉球の礼を失した行為を詰問すること数条に及んだが、未だ返答がないことを伝えた。四月一日には、尚近・覚兼を遣わせて、使者にまさに前書のこと（島津氏が発行する印判状を持たない船を許用しているとか、琉球において島津氏の使者への対応が悪いなど）を問おうとしたところ、使者は謝罪した。しかし、老中は今年の貢物が少なかったため、これをしりぞけた。使者が黄金三十両を増すことを請うと謝罪を受け入れた。しかし、義久が告げるには許さないということであった。命じてこれを停止させ、かつ金を求めることは義久の意でないことを諭した。

十日、義久は、使者を内城でもてなし、烏帽子上下を身につけ、対面所に臨んだ。使者は明の服を身につけていた。覚兼が賛唱し、茶の湯で終えた。そして、使者と宴となった。使者は琉球の服に着替え、義久は肩衣袴に着替えた。一王大夫が猿楽舞を行い、一方、琉球の楽童は酒を使った座興をなし、楽師は曲を唱えた。

琉球は長年、使者によって義久にまみえてきた。また、今回は宴を楽しめた。よって使者が言うには、「まさにこのような関係を琉球は長年待っていた」ということであった。

二十一日には、琉球の使者が犬追物を見物した。義久は見学、歳久が参加した。

島津氏と琉球王国の関係は、貴久の時代まで対等であったが、義久の代になり、島津氏の領国拡大にともない、島津氏が強圧的になっていったことが指摘されている。この頃、中山王から義久に宛てた書状もはなはだ慇懃なものであった。

八月二日、義久が、大乗院に書状を送っているが、「幼少より朋友之儀」とあり、この時代、友という概念自体なかったといわれているが、それをくつがえす一文ではないだろうか。

歳久も、家久に続いて、義久の使者である川上忠真・八木主水佑とともに上洛している。市来湊から乗船し、海路無事、京都に入り（二十日頃到着か）、歌道を伝習した。そして、連歌師・紹巴に興行一会を請い、青蓮院尊朝自書と尊道親王真翰色紙、また近衛前久自書を賜わっている。

十月、義久は、犬追物をおよそ二日行った。はじめ義久は、入来院氏から山田・天辰・田崎を受け取っており、入来院氏には、入来七十五町を領地させていた。

ゆえに本田紀伊守を山田地頭となしたが、山田と入来は交わるところであり、紀伊守は境界を定めることを請うた。たまたま、伊集院備後守・平田石見守・小野出雲守が川内を丈量していることを知ったので、三氏に山田・入来の境を定めさせた。こうして入来の地で、山田に入る地は二十余町におよんだ。

これをうけて十一月四日には、入来院重豊が天福寺・山口筑後守・阿久根若狭守・宮里播磨守を遣わせて、義久に訴えた。議したところ、この際これに乗じて二十余町の地を取ってしまおうという提案もあったが、義久は許さず、その地を返すことを命じた。

肝付兼続には、良兼・兼亮・兼護の子息があった。しかし、兼続・良兼は亡くなった。良兼は伊東義祐の娘（高城）を娶っていたが、女子しかなかった。兼続の妻は御南といい忠良の長女であった。良兼の娘を兼亮の妻とし、兼亮を肝付氏の嗣氏とした。兼亮は先に見たとおり島津氏に帰順し、また、盟書も上らせている。かつ、本府（鹿児島・内城）に参りたい、と言っている。しかし、伊東氏の影があったためにそれは果たせず、御南は、兼亮が家を保てる主ではないとして、これを逐《お》った。そして、幼い与一を後継ぎに立て、兼亮の妻を取って、与一の妻とした。与一は兼護の幼名である。兼護は兼続の側室の子で御南の血を引いているわけではなかった。

肝付氏は、永禄十一年（一五六八年）串間を島津忠親から取っていたが、兼亮は帰順したため、義久は兼亮に串間の領有を認め、判物まで与えていた。

これに対して、忠親の後を継いで、川内都名十町を加増されていた朝久が喜ばず「串間は元々豊州家の土地である。なんぞ、これを他人に与えるのか」と訴えた。御南が兼亮を追放したのに及んで、新納忠職・柏原権介を本田親治・上井覚兼をたよって遣わせてきて、串間の返還を求めた。

義久は、許さず「兼亮は追放されていなくなったが、肝付氏は存在しており、無二の奉公を誓っている、どうしてその領地を奪えるだろうか」と述べた。義久としては、朝久の気持ちもよくわかるが、長年にわたって抗争を繰り広げてきた肝付氏がやっと帰順したのに、ここで離反されても困るという思いもあったのであろう。

十一日、御南と高城は、牧瀬宮内少輔を伊地知勘解由・上井覚兼をたよって遣わし、兼護を立てることを申し上げ、かつ、伊東氏とはふたたび親しくしないことを言上した。十二月七日には、肝付氏室老《しつろう》・薬丸孤雲と飯熊山別当・巌龍寺を遣わせて、絶交を伊東氏に告げた。肝付治部左衛門は高城を奉じて志布志に處した。

伊東義祐は、河崎駿河・河崎紀伊に軽卒百余人を率いさせて遣わせ、高城を取ろうとした。十三日、伊東軍は串間に向かったが、薬丸孤雲は拒んで受け入れなかった。伊東軍は、陸路を絶たれ、船で志布志にも至ったが、肝付兼名の備えがあり、はいれなかった。退いて、波見村に駐屯した。

修理大夫忠良（勝久の長男）が豊後より帰り、肝付領の高山に處し、肝付氏をたよった。浄光明寺をたよって、島津領に身を寄せることを求めた。しかし、義久は許さなかった。十四日、上井覚兼・白浜重政に、浄光明寺に命じさせ、忠良を止め喩した。

二十三日、河崎駿河は衆を率いて引き去った。河崎紀伊は功がないことで罪を問われることを恐れ、波見村で命を待った。

二十五日、近衛前久が出水に至り、専修寺に宿泊した。二十七日には、肝付兼護が竹田笑我を遣わせて、義久に「前日、朝に軍勢を率いて、すでに進軍する時期にそなえていたところ、たまたま伊東氏が寇をなすと聞き止めた」と申し上げた。

日向国の平定

天正四年（一五七六年）三月二十九日、近衛前久が鹿児島に至り、宝持院に宿泊した。前久は、四月九日に犬追物を見物し、十二日にもまた同様であつた。歳久は、前久に和歌を求め、前久はすぐに詠んでいる。前久は鹿児島に留まること累月《るいげつ》におよんだ。義久は、前久のために、和歌および連歌会を催した。また、游観《ゆうかん》を設け、笠懸・関狩り・馬追い・観馬・矢魚などのことも催し、見物させた。老中四人および福昌寺・浄光明寺はかわるがわる前久を饗すること一日に及んだ。

近衛氏と島津氏との関係は、島津氏初代忠久の時代にまで遡る。惟宗忠久は近衛氏に仕える家人であったが、源頼朝に近衛氏が領家である島津荘の下司・惣地頭に補任され、また薩摩・大隅・日向三カ国の守護にも補任された。そして、荘園の名から忠久は島津氏を称することになる。

戦国期になると京都は荒廃し、朝廷の貴族などで没落する者も少なくなかった。そのような状況の中、彼等にとって各地の大名の援助は、己の身や体面を維持するためになくてはならないものであった。また、大名にとっても、位階や官途の面で、朝廷の権威は自己の正当化・家臣団統制・敵の服従化などに必要なものであった。近衛氏は島津本家だけでなく薩州家とも強い繋がりをもっている。

織田信長によって京都を追われていた足利義昭は、紀伊から明石に至り、宇喜多氏と与して京師（京都）に戻ることを謀ったが、成功しなかった。よって備後の鞆《とも》におもむき、毛利輝元に問い謀ったところ、輝元は義昭の命を聞きいれた。

十七日、義昭は、伊集院忠棟・川上意釣・平田光宗・村田経定に御内書を与え「寡人《かじん》まさに京師に戻ろうとしている、すでに毛利氏と謀を成し、武田・北条・上杉なども饗応した。なんじの君を義挙に応じるように進めるのがよろしい。あとは真木島昭光・一色昭秀が付加える」と述べた。昭光・昭秀も、また、忠棟・意釣などに書を送り、義久の義昭への馳走を進めさせた。

六月一日、忠棟・経定・光宗・意釣連名で書をなし、昭光・昭秀に報じて「誤って御内書を賜りまして、寡君《かくん》に義挙に応じるようにお勧めなさりましたが、寡君は謹んで命を聞きました。よって、白糸十斤を献じて、義師の興の賀としたい」と言上した。

二十六日、近衛前久が鹿児島を後にした。義久は、茶入・茶壷・琉球莚・沈香・紅糸・白糸・五色糸・蘇木・止宇寸・上布・精綿を贈った。前久は、九州の大名間の和議を図るため下向してきたのだが、義久は合点がいかなかったようである。また、義久は、前久から古今伝授を受けた。

霧島の連山は、大隅・日向の二国間にまたがる島津領内の名山であり、諸侯が領内の山川で祭りをおこなうのは、古今の通例であった。高原の城は、霧島山の東麓にあり、伊東氏が固めていて、兵を率いて山を越え、時々大窪・田口の村を侵していた。その祭りの日にあたって敵兵が馳せ至り、祭りをおこなえない者も多かった。これ故、義弘は、義久に高原を攻めることを問うたところ、義久は許諾した。そこで、市来美濃守（大口の士）・迫間甲斐守（栗野の士）・細田武蔵守・遠矢下総守（飯野の士で義弘旗下）、ならびによく高原の地勢を知っている鳥玉利大炊左衛門尉・同姓壱岐掾など意志を同じくする者を遣わせて、その地に赴かせて要枢《ようすう》を窺わせた。

伊東新次郎が高原城に立てこもった。八月十六日、義久は、五万の兵を率いて高原を攻めるため鹿児島を出発した。鹿児島・伊作・田布施の騎歩が馬廻りに扈従《こじゅう》した。この夜は、帖佐・餅田に一宿した。翌十七日は、栗野において一宿し、比志島式部少輔が三献を進めた。十八日には、未時（午後二時）飯野に至ると義弘が城下に出て待っていて、平伏して慶賀を述べて城の中へ招き、三献および太刀・馬代を進め、また龍蹄《りゅうてい》（ときの毛・印は流車）を献上した。義久もまた、太刀・馬を与え、その後、結陣の評議を定めた。申酉の頃（午後四時から五時頃）義弘は、真幸院・牛屎院・太良院・桑原郡・噌唹郡・大隅郡・薩摩郡・加治木・新城・隅州吉田・肝付・庄内の兵を率いて進発した。十九日の夜明けを待ち、家久と忠長は、串木野・鹿籠・東郷・入来院・下之城・鶴田・長野・山崎・境田・藺牟田・大村・知覧・市来・伊集院・神殿・吉利・頴娃・川辺・山田・阿多・加世田の兵を率いて進発した。義久も、鹿児島・谷山・日置・永吉・宮里・長浜・曽於郡・喜入・蒲生・北村・東俣・郡山・帖佐・山田・川上・向島（桜島）・田布施・伊作の兵を率いて発向した。

早く至ることを欲して急いだが、大軍の行路で不自由であり、未時（午後二時）高原城外に至り、義久は、高原の耳附尾に陣取った。そして、地取り鍬初め以下諸神を勧請し、軍配者（軍師）の川田義朗が鬨の声をあげた。高原は、四面原野で数万の軍陣を設けたが、狭い土地であった。今日の陣幕は、すでに成ったとしていたところ、軽鋭《けいえい》の勇子が高原城を攻めることを欲しているとのことであった。義久は、これを聞いて止めさせようとしたが、その令に随わず駆馳《くち》し、城外に潜み奔走して放火し、すでに門壁を破った者は、栢原将監・間瀬田刑部左衛門尉・浜田右京亮・長谷場兵部少輔・上井覚兼・伊地知伯耆守・長谷場織部佐・長野兵部少輔・福屋日向守などであった。門壁二重をすでに破却し、三重の門に進み、隔壁《かくへき》で合戦し火を散らせた。それ以来、昼夜攻めるは敢えて怠慢なかった。戦死者は、三原源三郎・入佐郷左衛門尉・中将房・曲田氏・野村右衛門尉・井尻早左衛門尉・四本半八郎・尾辻氏・宮原越中守以下であった。小川内口でもまた門壁を攻め破ったが、ただ、本城は堅固であった。地蔵院口でも合戦が止めがたく、夕陽を招く頃には攻め陥れたかったが、日はすでに暮れたので、義弘の命でおのおの陣所に退いた。将士は、進んで高原城を攻め、水を城へ引いていた道を断ったので、城中は大いに困った。義弘・歳久・家久・以久・忠長が軍功を抽《ぬき》んでた。義弘以下は、広野に楯を連ねて前面に鉾を立てて、敵兵が至るのを待ったが、無事であった。義久が、駕するところの馬は、称す瀧之平川原毛であった。夜、義久は、霧島山の麓・花堂村に陣を移した。

二十日、老輩などは、終日義久の陣舎で評議した。諸卒は、あるいは城裏に向かい羽箭を飛ばし鉄砲を放つ者、あるいは陣のから堀の堅い門壁を掘る者もあった。このように敵兵が島津方の陣を犯すのを待っていたが、明ける暁まで、一人も侵しにきた者はなかった。

伊東軍は高原城を救うため猿瀬に至ったが、敢えて進まなかった。二十一日、義久は、家久と忠長を大将として陣を築き、鎮守尾に駐屯させた。鎌田尾張守が閧の役であった。城裏では敵兵が、しばらく羽箭を発するのを止め、愚意を達したいことを言ってきたので、島津方は許諾した。伊東新次郎は日多木河内守を、伊集院久宣・本田親治・上井覚兼をたよって遣わせてきて、和を求めてきた。家久と忠長に、「すでに両日筋力尽きるまで防戦しましたが、今すでに水路を絶たれ、飢えと渇きを補うこともできず、生を保ち城を守りたいのですが、体が疲れて力竭き、実に防御の術を失いました。もし、人質を交換できれば当然城を献上します」と言ってきた。家久と忠長はすぐに親治・覚兼を遣わせて、老中の喜入季久に白坂で和議を結ぶことを請うたところ、季久はこれを許した。その後、念仏寺・覚兼・親治の三人は、城下に進み、念仏寺を遣わせて、約の首尾は成った。島津方は、親治および曽於郡副卒将の徳持舎人介を人質として送り、伊東方は、落合豊前守と日多木河内守を人質として送ってきた。

二十三日、高原守兵の将・伊東新次郎は城を献じて去った。まず妻子・下男下女、下城する者は百七十余人、甲冑を帯びて手には武器を持ち、勇敢な様子であった。飢渇により顔色は患い、はなはだやつれていた。童女下男下女殆ど八百余輩も悲嘆し退去した。その後、戸崎城主は一僧を遣わせて、高原の降人などが一人も傷死狼藉した者はなかったと礼詞を述べた。そして、島津・伊東、互いに人質を返した。

義久は、高原城にはいった。一覧鎖鑰《さやく》して三献を進めた。配膳は、三原右京亮・山田新介であった。深更におよんで近隣の陣塁に放火してすて去った。三山（現在の小林）・温水・須木などの七城は義久の風望に下った。二十四日、鎌田政年に三山を、宮原景種に須木を守らせた。そして、野尻城郭を窺《うかが》い、大軍を引率して跟瀬に至り、還った。敵兵はむやみに出発せず、わずかに歩卒などが羽箭を飛ばし鉄砲を放ったのみであった。義弘は、数カ所の衆を率いて三山城に入った。

二十八日、巳時（午前十時）高原を出発し、午時（午後十二時）三山に至り、本丸で泰平の閧があり、川田義朗が務めた。そして、三献を進めた。配膳は、山田有信（のち理安）・三原右京亮であった。義弘・歳久・家久以下諸将が高原の戦勝を祝った。皆、太刀を献上し、数年の軍労に感じ、その賞と称して三山は義弘に与えられた。島津義虎は、良馬（栗毛、印は遠雁）を献上した。夜、義久は、飯野に至った。二十九日、大風が林木を折り、大雨が通路を絶ち、ゆえに遠方の使節は進み来れなかった。晦日には、相良氏が書と腹巻を献上してきて、数カ所入手裏の祝詞を達した。そして、義弘・歳久以下を招き、饗宴して軍務の労苦を慰めた。九月一日には、天草氏も一僧を遣わせて太刀と腹巻を献上し、高原の勝ち戦を賀した。そこには、出水（薩州家・義虎）と天草の和解の仲立ちの謝礼もあった。すぐに対面して、天草氏に太刀・馬で答え、使僧には馬を与えた。また、白鳥権現を詣で、義弘・歳久が列に供奉した。酉時（午後六時）帰駕の鞭を揚げた。

六日、肝付兼護が来て、義久に飯野でまみえた。十日、義久は鹿児島に帰り、上原尚近を高原地頭とした。野尻は、元より伊東の要害であったが、福永丹波守にその国境を守らせた。

十月一日、肝付兼護は、薬丸孤雲・新納永看・肝付兵部などを遣わせて、伊東領である南郷を攻めたが、勝てずに麾下三百余人が戦死した。弧雲等は、散卒を収めて帰って福島城を保っていたが、伊東軍は、追い来って攻めて陣営を十三カ所に立て、降伏を促した。老中は、もし伊東氏が肝付氏を敵であるとして串間・志布志を取れば、形勢は大きく不利になるとして、十日、老中の喜入季久・伊集院忠棟と以久・鎌田政近がともに串間・志布志を守った。これによって、伊東軍は陣営を解いて立ち退き、二邑はすべて島津領にはいった。こうして、肝付氏は沈み衰え、領するところの諸邑はあちこちで離反していった。

また、北郷時久は肝付軍を敗っていた。義久が、これに語って言うには「肝付氏に勝った後は待て、かならず志布志をもって時久を賞しよう」。ここに至ってまさに時久に志布志を与えようとしていたところ、伊集院忠棟が止めにはいり、よって恒吉・永吉・内之浦百八十町の地を与えることになった。ここに肝付氏は、完全に降伏した。後にその所領はことごとく島津領となり、肝付兼護には、高山一カ所のみが安堵された。肝付良兼は、高原城攻めの時に兵は出したものの最初日和見していた。翌年の福島での合戦のときもその上層部は、伊東氏（肝付兼続の長男・良兼は、貴久の外甥であったが、伊東義祐の婿であり、伊東氏に背く意志はなかった。福島での戦自体は下層部が伊東氏と通じていることを知らされていなかったためよく戦った結果となった）と通じ、形だけの戦のようで不信感が拭えないこともあったためであろう。

十一月十八日、義久は下大隅に赴いた。遂に、新城・鹿屋・串良・大崎をめぐった。そして、志布志に至って、数日留まった。諸邑の地頭をはかって観察した。串間にも至り、十二月二十一日、鹿児島に帰った。

天正五年（一五七七年）三月八日、肥後の相良義陽が蓮花寺を遣わせて書をもたらし、義久に贈った。その内容は、国境の平定を祝い、かつ、永く隣好を結ぶことを請う、というものであった。十九日、義弘が前年に生まれた三男・米菊丸（後の忠恒）の病平癒のため一乗院に祈祷を頼んでいる。父義弘のやさしさが窺える。

十一月、義久は犬追物をおよそ二日行った。義久が検見で、下の三兄弟も参加している。

伊東義祐は、福永丹波守を野尻地頭となし、新城を守らせた。しかし、丹波守は義祐に怨みがあり、これを聞いた高原地頭の上原尚近は、竹内備前守・朝倉常陸守を遣わせて丹波守を誘い、密かに内応させた。日時においては、佳期を待って告げ報せるのがよいとした。すでに二、三カ月が過ぎた際、義祐は、丹波守が二心を懐くことをうかがい、その子息・藤十郎を人質としたので丹波守は、思いなやみ、ためらって内応するかどうか決められずにいた。尚近は、反間書《はんかんしょ》を作り丹波守に与えた。伊東大炊大夫はそれを得て、義祐に見せた。義祐は、丹波守が思ったとおり裏切ったとして、群下《ぐんか》を集めて丹波守を討とうと謀った。しかし、野村某が、丹波守を預かった。野村某はもとより丹波守と同じく、島津氏への内応を謀っていた。夜、人を遣い丹波守に危急を告げさせたのであった。

十二月七日、丹波守は四位若狭を遣わせて尚近に、まさに今夜城を献じる、と告げた。たまたま、尚近は曽於郡に行っていたので、いまだ帰っていなかった。朝倉某などが、諸所や飯野諸城に島津氏への内応を告げた。竹内備前守は、先鋒兵六十余人を率いて、猿瀬口から野尻南谷に至って（おそらく三町ばかりの距離）、池平山に登り、外郭に乗り入れて二重の城門を破却して新城にはいった。丹波守は、迎えてこれを労った。本城軍士《ぐんし》・山下弥右衛門と黒木宮内左衛門は、もとより内応していたが、いまだ動かずにいたので、備前守がこれを責めると、二人は開門して城を納めた。

義弘が夜明けに飯野から至ると、伊東の守兵三百余人は城を棄てて逃亡したので、ついに野尻を取った。八日早旦には、進んで戸崎城を攻めると守将・漆野豊前は、しばらく鉄砲を発し防御したが支えきれずに兵を曳いて逃げ去った。それから紙屋にいき陣営を定めて、軽鋭《けいえい》の士に諸所を見聞させたところ易からずであったが、瀬越の地で敵兵おそらく三百ばかりとあい対し、暫時羽箭を飛ばすと、たちまち紙屋地頭・米良越後守は島津軍を迎えて降伏した。そして、おのおの竹田町・過本城・都於郡に放火し、佐土原にも少々放火した。この夜の止宿は佐土原においてであった。この日、義久は国分にいて、義弘の使者が至り、すでに野尻・紙屋を下し、その余の諸邑も島津軍を迎え下ったことを報告した。

九日、義久は、八幡宮に拝謁した。そして、義弘は進んで富田城に向かったところ、守将・湯池出雲守は、迎え降伏し、鵜子七連を義久に献上した。十二日、義久は高原に至った。義弘は勝ちに乗じて破竹の勢いで進み、ついに佐土原にいた伊東義祐は、豊後の大友氏を頼って逃亡した。国中庶民は平安と去留はいまだ定まっていなかったため騒動した。野村加賀守が飫肥から佐土原にきて義弘にまみえた。こうして五日を経ず、悉《ことごと》く日向の地を島津氏が奪取するところとなった。

そして、樺山忠知に佐土原を守らせた。十六日には、相良義陽が普門寺を遣わせて、日州の勝ちを祝った。義久は、伊東氏の本拠であった都於郡に赴いて、十九日、福永丹波守に刀を与えた。

二十四日、日向日知屋地頭某・門河地頭某・塩見地頭某すべて城をもって降伏した。豊後佐伯入道宗天は日知屋地頭以下三人に書を遣して、「佐土原（義祐）は逃亡したが、三城はなおある。卿等は努力するべきである。自分はまさに豊後兵をもって助けるつもりである」と述べたが、三人は答えず、その書を義久に献じた。

二十六日、高城地頭野村源五など十人程が、島津軍を迎え降伏した。

こうして島津四兄弟は念願の三州統一を名実ともに実現したのである。

第二章

島津四兄弟と九州制覇

耳川の合戦

天正六年（一五七八年）正月二日、縣（現・宮崎県延岡市）領主・土持親成が一門の相模守・栄続を遣わせて、甲冑および刀を献上してきて、旧好を修めることを請うてきた。そして、肥前長崎の宇久純幸は、伊集院忠棟をたよって太刀を献上してきた。また、六日には、天草氏が鎧を献上してきて、日向の統一を祝った。

十七日、山毛地頭・米良弥次が、義久にまみえて太刀および刀を献上した。日知屋地頭福永新十郎も太刀を献上した。

義久は、伊東氏の家臣で島津方に内応した福永丹波守を許し、野尻の地を、花押書をもって与えようとして、左券（左契とも。後日、約束の証拠のため二分したわりふの左半分）まで与えようとしたが、丹波守は辞退した。強引に与えようとしたが、固辞して受け取らなかった。二十三日には、門河地頭某と塩見地頭某が義久にまみえた。そして義久は、豊州家の島津朝久に宮崎三百町を与えた。

二十五日、志岐兵部入道（麟泉・志岐城主）は、永福寺を遣わせて、書を献上して日向の統一を祝った。義久は、土持親成に日向石塚など百余町を与えた。また、御手洗村十町を栄続に与えた。二月一日に、土持栄続は、甲冑を献上してこれを拝領した。

五日、肥州栖本下野守が太刀を献上してきて、日向の統一を祝った。九日に、本田親成・上原尚近を日向飫肥の曖とした。十四日には、山田有信を高城地頭に、川上忠智を財部《たからべ》地頭とした。

三月三日、伊東氏の家臣・長倉勘解由左衛門が敗残の兵数百人を収容して、日向の辺地《へんち》・石城に立てこもった。主君の恨みに報いようと欲することがあってのことであった。精衛《せいえい》の海を鎮めようとするのに似ていた。長倉の篭城は、退くわけがなかった。十六日、義久は都於郡を出発し、十八日には鹿児島に帰還した。

三城地頭は島津方に叛き、縣を攻めた。土持氏は、都於郡から急を告げた。

夏四月に、大友宗麟（義鎮）は、軍勢を率いて縣を抜いた。土持親成は、豊後に逃げたが戦死した。子息の弾正忠は長門国に逃げた。

五日、琉球王は、妙厳寺を使者として書を贈り、義久に紅泉三斤・太平布五十端・焼酎二甕を献上し、山東臣服で祝った。義弘にも、紅糸二斤・上布四十端・綿十把・織物四端を献上した。

秋、大友宗麟は、豊肥筑前後六州の兵衆二十余万（誇張カ）を動かし、日向に攻め入ろうとして、まず、縣に駐屯した。七月六日、島津忠長・伊集院忠棟は、大将として数千の騎歩を率いて石城を攻めようとした。石城の前面には大河があり、水勢は石を転がすほどであった。かつ渡るための舟もなく、乗るいかだもなく、諸軍は、甲冑を着て、手には武器を持ち、徒《かち》でその川を渡ったが、首まで濡れる者もなく、溺れる者もなかった。島津方の軍士は、門を破り、垣を越え、ひたむきに進み挑戦した。敵方の死者は数十人、島津方の士卒の死者は、わずかに三～五人であった。この時、忠長は、左臂《うで》に矢傷を負った。かつ、また石城の固い鉄門は通りがたく、全軍勢をとりあえず退かせるにしかずということになった。古にいう、善戦は必ず進むでなく、退くもまた進であると。諸軍は、退いてしばらく佐土原に駐屯した。伊集院久信・山田有信に戦功があった。

二十日、義久は北郷時久に盟書を与えた。

八月一日、義久が、天界寺ゆかりの円覚寺に書を与えていうには、

かたじけなくも青磁花瓶を賜り、よろこび慰みとなりました。昔、少年であったことを憶えています。師に従って学をうけ、感謝する気持ちはやんだことがありません。今、金扇子十本を贈ります。少しもこれで礼が済んだと思っていません。

三日、義久は、北郷忠虎にも盟書を与えた。そして、毛利輝元・吉川元春・小早川隆景が、室町幕府を立てなおそうと謀り、五戒坊を遣わせて義久に助けを求めてきた。

五日、大友宗麟は、梓山矢ヶ峯を越え、無鹿《むしか》（現・延岡市）に着陣して薩摩入りの評定をした。

九月十一日、幕府は、御内書を五戒坊にもたせ、義久に告げていうには「まさに、輝元等と恢復《かいふく》を図る。諸国の士卒は様子をみて、饗応せよ」ということであった。が、ただ恐れることは大友氏が島津氏を後ろから蹋《ふ》みつけることだけであった。義久の考えとしては、まず、明年春をもって（輝元などが）防長兵を遣わせて、豊筑を討つことが望ましい。願わくは将軍がこれを助けて欲しい。後は、輝元・元春・隆景に加わるということであった。また、この日、一色昭秀・真木島昭光は、伊集院忠棟・喜入攝津守に書を与えた。それはまた、御内書と同様の旨を伝えていた。

義久は日向に赴き、十三日、野尻に至った。

十五日、豊後諸勢は、耳川（現・日向市）を渡り、百丁原の北残付山に陣取って六カ国の諸勢を待った。

十七日には、島津以久を大将として遣わせて、伊集院忠

棟・平田光宗・上井覚軒を副将として、再び石城を攻めた。忠棟は大木を伐って橋梁となし、諸軍を並進させた。そして、陣を三処に分けて、数重に昼夜攻め囲み、雷のように鉄砲を放ち、雨のように羽箭を発した。

十九日、義弘は、飯野より駆けつけ、野尻で義久にまみえた。

石城は、十余日囲まれていたが、兵糧はすでに尽きて、また水を汲む道も絶え、晦日になると、城主の長倉勘解由左衛門は、城を棄てて去ることを島津方に請うてきた。諸将は、城中の者が餓死におよぶのをみるに忍びず、勘解由左衛門の求めに応じて囲みを解き、勘解由左衛門に酒食を与えて城に遣わすと、勘解由左衛門は豊後に奔った。

十月四日、義久は野尻を出発し、飯野に至り五日間留まって鹿児島に帰った。

二十日、大友宗麟は、まさに伊東義祐を佐土原にいれようとしておそらく兵十万（実際には多くても六万程カ）を遣わせて、高城（現・宮崎県児湯郡木城町）を攻め囲み、城外の村舎《そんしゃ》百有余をひと火に焼いた。地頭の山田有信は、五百余の士卒を率いて、末弟の家久・吉利忠澄・鎌田政近・比志島国貞などと軍を合わせること健将（強い将カ）勇士一千余人で城を閉ざし、固く守った。城の入り口の将は、家久であった。

敵兵が高城に攻め入ろうとしたが、城門は開かず、旌旗も立っておらず、無人のようであった。敵陣では、旗を立て、弓矢をつらねていた。そして、自らたのんで強いて必ず、日向を呑もうと欲していた。将士の習熟した歩射は、幾百千と知れなかった。加えて、秦青遏雲の曲を唱え、右軍《ゆうぐん》曲水の盃を掲げた。高城の諸将士卒は、その敵の先鋒にはげみ、刀の刃を収め、天のみが知る運を待った。かつまた、城は小さく軍は多かったので、蔵の財を消耗した。それだけでなく、大友軍は、高城への水を汲む道を絶ったので、城中では苦しんだが、たちまち古垣隠者が湧泉を発見し、それはこんこんとして竭《つ》きることがなかったのでことなきを得た。

また、大友軍は、伊東氏の旧邑を巡って島津方に叛かせた。二十三日には、日向の三納人が叛き、夜、砦の柵を壊し、地頭・伊地知式部太輔および麾下数人を殺した。また、平野城を陥れ、八代・本荘・綾などを平らげ焼いた。翌二十四日には、都於郡を攻めたが、守将兵を出してこれを撃ち、三納人軍は敗走した。これを追って川原田道場光大寺に至り、五百余人を討ち取った。その他のもろもろの民で荷校《かこう》され囚に就いた者は、おそらく百余人であったが、いまだ殺戮はしなかった。

二十四日、家久は、捷書《しょうしょ》を鹿児島に遣わせて、破陣（陣を破るカ）の謀を義久に報せた。義久もまた、忠志（忠の志カ）の士からたよりがあったように、その謀を大将の陣営でおよそ幾多日にわたって決していた。その謀は、捷書とほとんど一致するがごとくであった。

二十五日、義久は、数十万の兵衆を率いて、高城を救うため高津浜より舟に乗り、濱市（浜之市〔現・霧島市浜之市〕）に赴いた。たまたま、ほとりで報せが至っていうには、三納がそむいたということであった。舟中では皆おそれる様子であった。翌日まさに義久は、高原に至ろうとしていたからである。しかし、また前述のように報せがあり、すでに島津方は三納に勝ったことを伝えてきた。よって、道路はまた困難なく、軍中《ぐんちゅう》は平安であった。また、二十六日、義久は、戦について霧島社に祈った。

二十七日、紙屋に至り、まず伊集院忠棟・上井覚兼を遣わせて、佐土原を守らせた。前年十一月、すでに樺山忠知に佐土原を守らせていたが、ここにいたって多分、忠棟・覚兼を遣わせて忠知の助けとしたのであろう。

十一月一日、義久は、薩隅の軍衆を率いて佐土原に至った。義弘もまた真幸の騎歩を率いて同じく佐土原に至った。数十万の島津衆が城下に宿泊するため、宿舎に容れきれず、野宿する者もあった。

四日、義久は、また霧島社に勝ちを祈った。その際、法華経万部を高城一邑をもって上げて賽《さい》とした。五日には、高城より上床主税助・土橋某を遣わせて、義久に急を告げたので、翌六日、義久は、大友軍を討とうと欲したが、俄《にわ》かに大雨が降り、平地でも水深数尺という状態であったため止まった。

九日、義弘は、以久・伊集院忠棟・上井覚兼などと進み財部に至った。そして、計策をめぐらせて四千人の兵を分けて道路要所三方に伏せさせ、十日、まず軽卒六百余人を敵陣辺りに遣わせて戦を挑んだ。大友軍は、これを逐《お》ってきたので、伏兵が皆立ち上がり、大いにこれを破り、三十余人を屠殺した。この由に敵陣は騒動して、雲霞のごとく進発してきたので、伏兵がまた起き上がり五百余人を斬戮《ざんりくカ》した。かつ、松山の陣を放火し去った。その火煙を見て佐土原・都於郡に駐屯していた軍衆が高城城外に馳せ進んだ。十一日、たまたま、義久は、大軍を率いて大旆《おおはた》を揚げて佐土原から至り、根白坂の上に駐屯した。伊集院久治が数百の兵衆を率いて先鋒となった。島津方は、扼腕《やくわん》してひたむきに進み、大友氏の松山陣を衝いた。陣中には数千の兵がいたが、こちらの先鋒に当たる者は一人もなかった。陣は、たちまち潰れて、すぐに一面の囲いは解かれ、久治は高城に入り得た。夜、火箭を放って射たところ、大友軍は驚き乱れた。また、筑後・高良山座主が河原陣にあって、松山一陣が攻め落とされたのを見て、高城に和を請うてきた。城中では議して、武徳は戈《いくさ》を止めるのが貴いとして、すぐに比志島国貞を河原陣に至らせて和親の策をめぐらせた。

　十二日黎明、大友の将は、数万の甲兵を率いて本営を下り、野外に駐屯していた島津方の数万の兵と一戦して勝ちをくらべることを欲した。この戦で、大友軍は、驍勇《ぎょうゆう》数百人および本田親治・北郷久盛などを殺し、勝ちに乗じて追い進んで来た。義弘は、出軍してこれを防ぎ、歳久と伊集院忠棟の軍もまたこれを援けた。義弘は、手には戈矛《かぼう》を持ち、兵を統率して大友軍を待ち、勇往《ゆうおう》してこれに対し、その武威を示した。かつまた、以久・忠長が、軍衆をもって横を攻めた。島津方の軍中の諸将は、おのおの鼓譟《こそう》踊躍《ようやく》して先を争いこれに向かった。島津方の諸将は、五万人をもって攻撃し、大友軍にふさがった。義久は、五万人を率いて根白坂を下り、大友軍を迎え撃った。

　家久と山田有信は、高城より出て、兵を率いて大友軍に応接し、大いにこれを破った。家久は、単騎大軍に突入して十有余人の将帥《しょうすい》を討ち取った。そして、耳川まで七、八里間（約二十八～三十二キロメートル）追って帰還した。

　義久は紙屋に至って宿を取った時、夢中で、

　　たつたのかわのもみじかな

という句を得た。目覚めて、これに次を補って完成させた。

　　うつてきわ云々

すなわち、

　　打敵はたつたの川の紅葉哉

　近臣は恭しくこれを聞き、決勝の兆しであるとした。ここにいたって大友軍は敗走した。耳川は深淵《しんえん》であり、大友氏の諸軍と島津方の士がすでに兵刃《へいじん》を接する時、人も馬も、右に行くことを欲し、左に行くことを欲したので、避ける地がなく、やむをえず深淵に入ったので、水に落ちて死ぬ者数え切れない状態であった。乱れるさまは落ち葉が波に漂うようであった。高城は二十日余りの篭城を耐え抜いた。

　十三日、義久は、以久以下諸将を遣わせて、耳川を渡らせた。そして、日知屋・塩見・門河・山毛・坪屋・田代などの地を収容した。また、義久は北郷忠虎に盟書を与えた。耳川の合戦で、義弘と家久は戦功が居多であった。義久

は、義弘と家久に書を与えて、その戦功を褒めた。また、家久を佐土原領主に封じた。

大友宗麟は、秋から冬に渉って縣に駐屯していたが、耳川での敗戦により去った。宗麟は、すでに去り、縣人は役人を島津方に要請してきたので、兵を遣わせて縣を守らせた。そして、すぐに長門国に逃げていた土持弾正忠を呼び戻し、縣に住まわせた。二十九日、義久は、鹿児島に帰還した。

十二月一日、五戒坊が、鹿児島に至った。十日、義久は、一色昭秀・真木島昭光に書を与えて、

> 幕府から、毛利輝元の使僧が来て、辱《かたじけな》くも御内書をいただきました。大友氏を討伐したので、謹んで命をお聞きします。まさに、龍造寺（隆信）とこれを謀ろうとしています。そもそも前日、大友氏と日向国において戦い、五万余人を討ち取りました。豊筑軍士は、気を奪われ、胆を落としました。再び、振起《しんき》できないでしょう。思いすごしではないと思います。

と述べた。

また、輝元・元春・隆景に書を再び送り、同様の旨を伝えた。

島津の躍進と大友の没落

天正七年（一五七九年）二月二十五日、田原鎮忠が、伊集院忠棟に書を遣わせていうには、

> 耳川の合戦以来、豊薩（大友と島津）は、怨みを構えており、かならずまた干戈《かんか》を用いることになる。そうなれば、二国は、等しくその害をこうむることになる。どうして、おのおのその怒りを戒めて、同姓の好を修めないのか。

ということであった。

島津氏は、初代・忠久が源頼朝の長諸子であったとして源姓を称していたこともあり、また、大友氏も源頼朝の末裔と称していた。

天草大夫・鎮尚は、義久にしたがい叙爵を求めた。三月二日に、義久は鎮尚に書を与えて、尾張守に任じることを告げた。また、義久は、日州水田三町をもって彦山社領とした。耳川の合戦の時、彦山政所坊が戦の祈祷をおこなったからであった。二十一日には、書で奉行中に告げていう

には「奉行中のために武運長久を祈っている。どうして、怠ることがあろうか」ということであった。

二十七日、老中・山下筑後を遣わせて琉球を訪問させ、三司官に書を贈り、旧交を修めた。また、五月十六日に義久は、日州水田二十町をもって伊勢太神宮領とし、御炊大夫に判物を与えた。六月十四日には、義久は、泰平寺を遣わせて、天草鎮尚に太刀馬を贈った。

はじめ大友氏は、菊地氏を滅ぼし、肥後を取った。耳川での敗戦より以後、威名《いめい》はしだいに損なわれていった。国人は離叛し、ここにおいて、伯耆（名和）顕孝が宇土に、隈本城主の城親賢が隈本（熊本）に立てこもった。そして、飽田・託麻・河尻などの地を侵略した。そうして、親賢が鎮将（鎮める将カ）を島津方に要請してきたので、秋、義久は、佐多久政・川上忠智を派遣し、隈本城を守らせた。

九月二十三日、天草尾張守入道紹白（鎮尚）は、太刀・馬代・段子をもって、叙爵《じょしゃく》を謝した。それに対し、十月九日、義久は、天草尾張守に書でかえした。二十三日、義久は、北郷時久に書を与え、以前のように数城を領させることを確認した。

天正八年（一五八〇年）四月十六日、伯耆顕孝が、伊集院忠棟に書を遣わせていうには「敝邑《へいゆう》方で、城親賢とともに阿蘇氏を討ちました。隈本鎮将が自分でみたところであります。すみやかに兵を挙げ、応援を要請します」ということであった。

高城が囲まれていたとき、相良義陽は、この間に大口を侵そうとしたが、地頭・新納忠元の備えがあることを知って止まり、豊後軍が敗れたことを尋ね聞いて帰還した。忠元は、まさに水俣（相良氏領）を攻めようとしていた。そして、敵方は、宝川内城を盾でおおい、大口軍と向かい合った。大口軍は、まず宝川内城を取ろうと欲した。義久は、また、平田又次郎を遣わせて、これに赴かせた。

五月十三日、忠元は、菱刈・牛屎両院の軍兵三千余騎を催して宝川内城を攻め、新納忠堯がまず登り、平田又次郎は討ち死にしたが、十五日、これを陥れた。早水金右衛門・山下伊賀などに戦功があった。そして、ついに岩牟礼・釘之野の二つの塁も下した。

八月十一日、義久は、上井覚兼に、日州・海江田八十町を与え、薩州永吉郷と取り替えた。覚兼は、日向宮崎の地頭を命ぜられて宮崎城に移り、佐土原に在った家久を補佐し、日向の諸地頭を指揮して同国の経営に専念した。

翌十二日、城親賢が、伊集院忠棟に書を遣わせて、義久に肥後討伐を勧めた。親賢がいうには、「今の時におよんで兵を挙げ、北征《ほくせい》してください。成功は、旬日《しゅんじつ》の間にあります」ということであった。

織田信長が、義久に書を遣わせて、大友氏との講和を勧めてきた。かつ、いうには、

大坂本願寺は遠くへ逃げ、紀州雑賀《さいが》は隠れた。畿内は静謐《せいひつ》である。まさに、明年、芸州（毛利氏）を討伐することを議している。願わくは、君（義久）我（信長）を助けてほしい。ともに天下の功を立てよう。

また、近衛前久に、義久と大友氏を和平させようとした。二十八日、肥前佐賀城主・龍造寺山城守隆信が、伊集院忠棟に書を報じていうには、「敝邑と願わくは、貴藩と好を結びたい。手を取りあって助け合おう。ともに大友氏を討伐し、九州を図ろう」。

近衛前久は、伊勢貞知（友枕斎・如貴）を遣わせて、織田信長の書を送り届けた。九月十三日、また、義弘にも書を贈り、義久に大友氏との連和《れんわ》を説かした。

中村一太夫は、宇土半島南側の矢崎城（現・宇城《うき》市三角町郡浦）に、中村二太夫は同北側と思われる網田城（現・宇土市下網田町カ）に立てこもった。皆、阿蘇氏の党であった。義久は、新納忠元・鎌田政年・伊集院久治に、矢崎および網田を攻めさせた。佐多久政・川上忠智・上原尚近・宮原左近将監が隈本よりこれに合流した。十五日、矢崎城を下し、翌日、網田城を下した。二十九日、諸将は隈本に帰還した。

十一月二十三日、佐多久政は、新納忠元・川上忠智・上原尚近・比志島国貞・肝付兼寛などを率いて、合志親重を肥後・合志城に攻めた。そして、久保田千町を焼いた。親重は、大津山源左衛門を遣わせて、まさに四千騎でこれを防ごうとした。伊集院久治は、自らの名を大きい声で叫んで陣に臨み、源左衛門を斬った。久治は、顔に傷を負い、危急になったが、島津方の衆軍（軍勢カ）は勢いに乗って進み、百三十余人を討ち取った。合志軍は敗走した。そして、諸将は隈本に還った。

十二月二十二日、琉球王は、普門寺を遣わせて、義久に書を贈った。山下筑後の琉球への訪問に対する返答であった。

この年、歳久を封じて、祁答院・宮之城および十二村の領主とした。

相良氏の被官化と肥後国南部の領国化

天正九年（一五八一年）正月二十七日、伊勢貞知が、義久の元へやって来た。三月九日、義久は、伊集院久治に感

状を与え、軍功を賞した。五月三日、義久は、朝廷より宣旨をうけ、正五位下から従四位下に叙せられた。七日には、琉球王に書を贈り、普門寺の訪問に返答した。

伯耆顕孝は、義久に盟書を上らせた。義久は、六月二十日、書で顕孝に答えていうには「自今以後、誓にそむくことはない。神明に上らせたのであり、言をいつわることはない」。そして、二十八日には、伊勢貞知にも書を贈り、いうには、

上様（信長）が、辱くも御朱印を賜い、豊後（大友氏）と和議を講じさせてくださいました。鬱憤も多々ありますが、謹んで命令を聞こうとおもいます。よって、太刀一腰・馬一匹を献上します。伏して、御家門様（近衛前久）が調護してくださることを祈ります。

また、村田経定も伊勢貞知に書を贈り、「御家門様と信長様が、豊薩（大友と島津）の調停をしてくださいますならば、寡君（義久）は、謹んで命令を聞きます」と述べた。

八月十七日、義久は、島津義虎を大将として、北郷氏・喜入季久・上原尚近などを副将として率いさせ、肥後国・水俣城を攻めさせた。敵は、肥後南部で球磨・葦北・八代の三郡を領する肥後最大の戦国大名相良氏であった。島津方は、井川比良に陣取り、義虎旗下の切通主馬・島津出羽が歩卒を率いて水俣城下に進んだところ、敵兵がたちまち城門を出て、防戦はなはだ激しかった。出水の士卒は前進できずに前川の渡せに退き去った時、敵兵は競い進み、両輩を屠殺《とさつ》した。義久の兵がその場に馳せ至り、傷を負った者を引き連れて陣中に入った。

十八日、義久も大軍を率いて大口・小川内に至り、陣柵を設けた。翌十九日、諸将は、芦北に至り、八景之尾に本営を築いた。そして、義久は、弟の義弘・歳久・家久に五十カ所の軍衆を率いさせて遣わせ、三兄弟は、銭亀尾に陣取った。また、往還の障りを無くするため、島津以久・川上久隅（久信より改名）・新納忠元に三十カ所の衆を率いさせて熊牟礼に陣取らせた。攻めることははなはだ激しかった。

義久は、小川内の多久美尾に登り、芦北を臨んで諸下知をなした。ようやく水俣城の傍らに逼《せま》り、軽石尾と称する地に近陣を築き、樺山・加治木・頴娃の諸氏に二十カ所の士卒を率いさせて守将とした。かつまた、間垣（隔てる垣カ）を二重に結んで、日夜攻めること更に止まる時なかった。

二十日、義久は、小川内から芦北に至り、義虎が守将となっている井川比良の陣に入り、諸将を率いて水俣城を攻

めた。銭亀尾・熊牟礼・軽石尾・井川比良の各陣から水俣城を囲んだ。

その際、和歌句を書き、これを矢に結び、城中に射た。曰く、

あきかぜにみなまたをつるこのはかな

城中の人は、これに返して曰く、

まさごぢをなきたつかりのみねこえて

衆軍が、大きい声で叫んでいうには「汝沈め、我浮ばじ」。日夜攻撃は続き、城中では苦しみが増した。相良義陽は、使を遣わし、水俣・津奈木・佐敷・湯浦の四城を割いて、講和することを請うてきたが、義久は許さなかったので、葦北七浦と、かつ二子を人質とすることを加えたので、これを許した。比志島国貞に、水俣城を受け取らせた。

二十六日、ここにおいて、相良義陽は来て、佐敷で義久にまみえた。前のあやまちを陳謝し、津奈木・佐敷・湯浦・日名子・高名などの諸城を献上した。ここに、島津氏による相良氏の被官化と島津氏の肥後国南部の領国化が成ったのである。

義陽の二子は隅州・桜島に留めておくことになったが、後、鹿児島に移した。義陽は、義久に長子・四郎太郎の元服を請うた。四郎太郎は名づけて忠房とよぶことになった。後に二子は球磨に送られ、人質を解かれた。

十一月五日、義久は、琉球王に書を贈り、いうには、「去年以来、九州ではことがありましたが、すでに平定にいたりました。ここにわずかだけですがお知らせします。よって、冑二枚・腹巻二領を贈ります。不宣《ふせん》」。

相良義陽は、義久の恩に感じていた。阿蘇氏を攻撃することで、その誠意を示そうと欲した。

十二月二日、五千ばかりの兵を率いて、甲佐・堅志田《かたしだ》・御船・隈荘（現・熊本市南区）などの場所を焼いた。御船城主・甲斐宗運（阿蘇惟将《これまさ》・阿蘇大宮司家の家老）は、軍勢を潜かに相良軍の後ろに出して掩撃し、義陽は戦死した。球磨・八代では、これを聞き、混乱していた。義久は、新納忠元を遣わせて、大口・羽月・平泉・曽木・本城・馬越の衆を率いさせて八代に駐屯させ、これを鎮撫させた。

十二日、義久は、相良忠房に書を贈り「父上の行為は、他の人ができることではなかった。義陽は、寡徳《かとく》の人であった。感激は尽きない」と悔やみを述べた。

初め、相良義陽の弟・大膳亮は、津奈木地頭であったが、義陽と争いがあったため、津奈木を去り、肥後国・谷山に

居た。後に、島津方に従い、飯野に処した。義陽の死を聞き、馳せて球磨に還った。はからずも上球磨に攻め入ったので、郡中が騒動した。これを聞いた義弘が使節を遣わせて、召して大膳亮の逆乱《ぎゃくらん》を止めた。

義弘の八代在番

天正十年（一五八二年）春、八代人が、義久と和解し、いうには、

八代の地は、大膳亮の侵略する所となり、その外は、龍造寺・大友氏の攻撃する所となりました。まさに、四郎太郎が治めることができなくなりました。願わくは、君（義久）に、これ（八代）を献上したい。君、これを取り、勢いに乗じて、御船（甲斐宗運）を下してください。そうすれば、多くの敝邑でもまた、死者（相良義陽）の無念をそそぐことになります。

義久が答えていうには、「どうして、おとろえるに乗じて人の領地を取るであろうか」ということであったが、強い要請であったため、義久は、これを受けた。そして、義弘を八代に在番させ、相良氏の旧領をことごとく附けた。また、相良忠房を、以前のように球磨一郡に領地させた。

義久は、南林寺（現・松原神社）を貴久の菩提所とした。三月十六日に、新たに禁牌《きんはいカ》を建てた。二十日、相良忠房が、義久に、太刀一腰・馬一匹を献上した。また、忠房は、義弘にもまた、同様の献上をし、本領安堵の恩を謝した。

六月二日、明智光秀が京都・本能寺において織田信長を弑《し》いた。

七月、義久は、大友宗麟・義統父子に書を返し、同じく太刀一腰・馬一匹を贈った。はじめての、大友氏との和平であった。やがて、島津氏は、龍造寺氏（隆信・五州二島の太守と呼ばれた肥前国佐嘉《さが》城主）とことを構えることになり、当時の九州は、島津・大友・龍造寺三氏の鼎立《ていりつ》の情勢であった。龍造寺氏は、豊薩の不和を見て島津氏と好を通じていたが、やがて肥筑の間に島津氏が進出すると利害を異にした。大友氏は島津氏と和平するに至っていた。島津氏は豊・肥の二氏を巧みに牽制しつつ、各個に撃破するのである。大友・龍造寺両氏が、対立して同盟を結ばなかったことが島津氏には幸いした。

九月十七日、義久は、祁寝重張（重長の子息）に盟書を与えた。十一月二日には、幕府が義久に御内書を与えた。そこには、「織田氏が滅びた。この機会に乗じて、京師（京

都）に返るのがよい。願わくは、君（義久）は、これを助けよ」とあった。

隈本鎮将の吉利忠澄・新納忠元・伊集院久宣および、家久・伊集院忠棟・川上久隅・上井覚兼などが、義弘に八代において会し、肥後攻めを謀った。たまたま、肥前有馬城主（日野江〔島原・原城〕）・有馬鎮貴（晴信）が、龍造寺軍に攻められていたので、八代に助けを求めにきていたところであり、島原肥後守・峯左近将監を遣わせて、舟を準備してこれを迎えていた。

諸将が言うには「まず、有馬を救うべきである」と。二十日、川上久隅を遣わせて、諸軍を率いさせ、有馬を守った。

御船城主・甲斐宗運は、家久をたよって降参を請うてきた。家久は、受け入れなかった。二十二日、宗運は、使を遣わせて、網田・郡浦・甲斐頭・小川を返還したいと求めてきた。諸将はこれを聞き、家久に対し「宗運は、よろしく地を献上して、降参を乞うてきた。それなのに更に地を求めるのは、あまりではありませんか」と述べた。家久は、そこで、延命院・本田城介に、宗運の降参を受けなかったことを謝させた。宗運は、また、延命院をたより、請うていうには「あえて地は求めません。願わくは、宇下に、寄ろうと思っております」。家久は、「必ず汝の子を人質とする。それを避けたいのならば、隈部《くまべ》氏を撃ち、その信をあらわすのがよい」と答え、それに対し宗運は、「願わくは、隈部氏を撃つことは遅速《ちそく》ただ一つの命であります。必ずやり遂げます」と答えた。

晦日、幕府は、布施治部少輔を遣わせて、義久に御内書および鐙を贈り、日州鷹を求めた。

肥前の龍造寺隆信は、軍勢を遣わせて、筑後国田尻城主・田尻鑑種を攻めた。鑑種は、助けを八代に求めた。十二月二日には、盟書を義弘に上らせた。

川上久隅は、千々岩塁を攻め、これを破り、敵三百余人を斬った。七日、久隅は、有馬より帰還し、兵を留め、これを守った。十一日には、新納忠元・伊集院久宣・吉利忠澄が、日比良を抜き、城主・小森田氏を討ち取り、安楽寺塁をくだした。

はじめ、家久は、甲斐宗運の子を人質としていたが、よしとせず、間もなく人を義弘に使いさせ、同姓の貴人を人質とすることの了承を得た。ここにおいて、御船・隈荘は、おのおのその人質を隈本に納めた。

肥前兵一、二千人が、安楽寺故塁に立てこもったが、二十三日、城親賢が攻撃し、これを破った。二十五日、合志親重が、八代に書を献上し、いうには「すでに、隈部氏を滅ぼしました。まさに、阿蘇氏とともに、軍功を立てましょう」。翌二十六日には、御船・隈荘が盟書を義弘に上らせた。二十八日にも、また合志親重が、「すでに隈部氏は滅ぼしました」と告げた。宇土・隈本・合志・御船・隈荘は、みな義弘に応じた。義弘は諸将と謀り、肥後を慌てて取ってはならない、鹿児島に至り、神の筴《めとぎ》を引き、廟算《びょうざん》を決するべきである。その後、これを討つべきである、とした。また、遊行上人が鹿児島に至った。

龍造寺氏との和平

天正十一年（一五八三年）正月三日、諸将は、佐多宮内少輔を遣わせて、元日を賀した。そして、肥後攻めを中止することを要請した。家久は、佐土原に、義弘は真幸に、上井覚兼は宮崎に、島津義虎は出水に、それぞれ帰還した。

二月十日、義弘は、頴娃久虎（兼堅の子息）に盟書を贈った。三月、命じて、南蛮僧を追い払い、いうには「この仕置きは、先君の禁じたところである」として、すみやかに、その人を追い、有馬に送った。十日には、義弘は、鹿児島に参上した。ちょうどその時に、秋月種実が使者を遣わし、義久に、龍造寺隆信との和親を勧めた。義久は、義弘に訪ねていうには「もし、龍造寺氏が国を挙げて自分にたよるならば、そうしてもよい」と話した。

幕府の使者・布施治部少輔と近衛家の使者進藤筑後守が、一緒に鹿児島を詣でた。供が多く、費用は多端であった。十六日、法令をくだして段銭を徴した。段は二十文であった。

相良忠房およびその弟・長寿丸（長毎《ながつね》）が参上した。二十日、義久にまみえ、太刀・弓・征矢・鎧・鞍・馬および酒を献上した。そして、古体の三献をおこなった。忠房は、その酒を飲んだ。また、忠房は、盟書を義久に献上して「旧好に背くことはしない」と述べた。義久も忠房に同じ内容を書で答えた。

二十六日、義弘も、忠房および長寿丸を対面所でもてなした。忠房に刀、長寿丸に短刀を贈った。この日、義久に病があったので、義弘が代役を務めた。

二十九日、義久は、北郷忠虎に代えて、島津忠永に隈本城を守らせた。忠永は、島津義虎の子息である。

遊行上人が、鹿児島に至り、都於郡の光台寺・光照寺を借りることを要請してきた。四月二十五日、伊集院忠棟・本田親貞（親尚の子息）は遊行上人に、書を遣わせて「掛錫の間は、施しとして先の二寺にする。去る日には、持ち主に返し、また我々にまみえるのがよろしい」と述べた。

五月、肥前国の深江・安徳が島津方に背いた。兵をおき安徳を守らせていたが、すでに、深江は、謀反しており、有馬氏は、難を義久に告げた。義久は、新納忠堯（忠元の子息）・川上忠堅（忠智の子息）を遣わせて、有馬を守らせた。六月十三日、忠堯と忠堅は、深江城を攻めた。忠堅がまず登ったが、股に傷を負い還り、忠堯は戦死した。

義弘は、八代に在番して一年経とうとしていた。伊東右衛門佐・宮原伊賀守を、伊集院忠棟・上井覚兼に陪臣《ばいしん》させて、いうには、

八代・土田が、もし打量（打つ量カ）を経れば、まさに真幸は滅びる。私はついにこの領地を守ることができなかったことになる。願わくは、義久などは、自分のために、（八代在番を）辞めさせてほしい。

ということであった。忠棟と覚兼は、「時をみて、義久に話してみます」と答えた。

七月、義久は、平田光宗に八代を守らせた。十一日、永興寺を合志親重・甲斐宗運に遣わせ、太刀・馬を贈った。二氏は、従ったからであった。

八月、再び、家久・伊集院忠棟・上井覚兼を遣わせて、平田光宗と八代で会させ、有馬氏の救援を謀らせた。

九月、本田刑部少輔を、御船および隈荘に赴かせた。その去り際についての様子であるが、甲斐宗運は礼に欠いていた。刑部少輔は、怒って去ってきたのであった。

伊集院忠棟は、豊福口に、平田光宗・上井覚兼は宝満越に出て、十八日、堅志田（熊本県下益城《しもましき》郡美里町）を攻めたが、勝てずに帰還した。

はじめ、阿蘇氏は、島津方と交通しており、書のやり取りもあった。すでにして果てていなかったが、二十日、阿蘇氏と断絶した。義久は、肥後の阿蘇惟将およびその領分に対して斟酌《しんしゃく》していたが、それは阿蘇大神の神敵となることを甚だ憚っていたからであった。

竹宮地頭某は、隈本に詣でて降り、その身をもって質とし「もし、小邑を兵燹《へいせん》から免れさせてくだされば、君（義久）の望む通りである」といった。義久は、鎮将・北郷忠虎に、八代の諸将を訪ねさせ「地頭某を隈本に止めよ。人に竹宮を窺わせて、もし三船と通じていなければ、その降を受けてもよい」と述べた。

十月七日、島津以久・島津忠長・伊集院忠棟・平田光宗・上井覚兼は、兵を合わせて再び、堅志田を攻め、坊市を壊して帰還した。

翌八日、宇都城主・伯耆顕孝は、兵を遣わせて隈荘を攻めたが、功なくして帰還した。監軍・野村備中守の部下兵が、これを譏《そし》った。宇都兵は、これを恥じ、まさにまた、

隈荘を攻めようとした。備中守がこれを止めて、「すでに、日暮れである。やめたほうがよい」と制止したが、嘉悦飛騨守は聴かず、衆を励まして進んだ。しかし、かえって敗れるところとなり、筑麻左近など死者は三、四十人にのぼった。

翌九日、北郷忠虎は、城一要と竹宮を攻撃し、これを破った。秋月種実は、僧を遣わせて、城一要をたより、再び伊集院忠棟・平田光宗・上井覚兼に説いていうには、

大友氏は、耳川より以来、常に報復の志があります。今、和親していますが、終には必ずこれに背きます。豊後（大友）と断絶した時、薩摩（島津）のために討る者がもしいなければ、肥前（龍造寺）と交わってください。敝邑（秋月）も願わくは、肥前とともに大友氏を滅ぼします。そして、薩摩を九州守護として推します。

ということであった。あえて腹心を広げた種実の言に、義久は、執事《しつじ》にこれを図らせた。そこで、上原尚近を遣わせて、義久が告げていうには「可」ということであった。遂に、肥前と和平が成った。

義久は、伊地知雅楽助を遣わせて、諸将を慰労した。島津忠長・伊集院忠棟・上井覚兼は、衆を統率して花山塁を築き、堅志田に逼った。十一月、諸将は、軍勢を中止し、帰還した。

沖田畷の合戦

天正十二年（一五八四年）三月、義久は、肥後・佐敷に宿営した。義弘も、真幸から佐敷に至り、歳久も至った。相良忠房も、弟の長寿丸と来て、義久にまみえた。

義久は、家久に島原城を攻めさせ、有馬を救わせた。前年、義久は、肥前・龍造寺氏との和平が成っていたが、肥前軍は、島津方と長年和平を結んできた有馬氏を攻めたため、義久は、島原を攻め、有馬を救ったのである。兵法でいうところの「必ず救いたいところを優先せよ」であった。

家久は、島津彰久（以久の子息）・島津忠長・平田光宗・新納忠元・川上久隅・川上忠智・川上忠堅など、千五百余騎を率いて、島原に向かった。有馬鎮貴は、千五百余騎を遣わせて、家久と会った。

二十四日、家久は、あわせて三千余騎を率いて島原城に向かった。龍造寺隆信は、六万余騎を率いて、島原を救おうとしてきた。家久は、まさに戦をしようとしていた。子息の豊久にいうには「国の大事は、正に今日にある。なん

じは、この戦で死せよ」。豊久は、時に十五歳であった。また、家久は、軍士にもいう「卿、曹《そう》、努力せよ。今日は勇士、命をすてて、名を留めるの秋である」。味方無勢であり、勝利を得ることははなはだ困難であったが、海路を隔てて遁れる方はなく、大将以下に至るまで死を一方《いっぽう》に思い切り、衆は皆、踊躍《ようやく》して、先を争い進んで、肥前軍と戦となった。沖田畷《おきたなわて》（現・長崎県島原市）の合戦の始まりである。

大将をはじめとして侍以下皆一同に打ち出て、川田義朗が三度鬨の声を上げれば、新納忠元は、霞の策で輪々と円《まる》く廻って面を振らずに懸かった。味方は無勢であったが、真ん中に討ち入り四方八方に当たり懸け合い懸け交じり死生を知らず戦ったので、敵は多勢であったが、早くに引き崩れて敗軍した。しかし、大軍であったので、返し合い返し合い執々《とりどり》に差し忍んで戦った。

そして、忠長も忍んで戦い、鎌田出雲守・上原尚近・稲留新介・二階堂帯刀なども殊なる働きをした。弓手の方をみれば、山田越前守が合戦し、飫肥の住人の上原彦五郎・宮原越中・竹内備前介・長谷場兵部少輔も比類なき分捕りをし、新納駿河守・久永九郎左衛門が討ち死にした。又四郎彰久は、十七歳であったが、少しも臆せず翔け入って一時ばかり戦い、顔に浅手を負い引いた。家久父子も馬を翔け入れ、前後左右に当たり合戦比類無かった。

戦は、辰時（午前八時）から午時（正午）に至って、島津方は、策をめぐらして浜辺から突出し、肥前軍の横を攻め、酒瀬川奉膳兵衛尉・前田志摩守・四本主税助がさきがけとなって、諸兵は督戦した。川上忠堅が単騎、その中を堅く衝き、隆信を索《さが》した。そして、八人舁《かき》の輿に乗り百騎ばかりで静々と退く一団をみつけた。

隆信が叱っていうには、「隆信ここにあり、汝それなのに、どうして遁れようとするのか」。忠堅は、続け兵と透間《すきま》もなく懸かり、味方の兵も我劣らじと馳せ続いた。敵もしばらくここを専度と戦ったが、あるいは手負い、あるいは落ち失せた。しかし、究竟の武者とおぼしき者三十騎ばかりが大将を守らんと、忍んで白眼《はくがん》合い、半時程勝負が決しがたかったが、忠堅は直に前で隆信を刺した。梁瀬兵右衛門尉・萬膳仲兵衛尉・出石五郎兵衛尉が、その首を斬った。曽木権介が首を給わった。それからも前後左右に交わって死生知らずに戦い、おもいおもいに太刀打ち分捕りした。豊久も、新納忠元の後見で一人を討ち取った。

敵方が、島原よりも切り出そうとしたが、その城の押さえには、川上久隅・平田光宗と相良加勢の島の人々を加えて入れ置いていたので、烈しく矢軍したばかりであった。浜の手でも敵軍が島原を取ろうとしたが、味方の兵が二、三百騎面も振らず切りかかってしばらく戦ったので、遂には切り崩されて敗北した。酒瀬川奉膳兵衛尉・四本主税助など数輩が、討ち死にした。

一人首を鋒に掲げて、馳せて我が軍に入る者があった。叫んでいうには、「勝ちを献じます」。たちまち家久の右に出て、これを刺した。いまだ身に至らず、家久はこれを斬った。これこそ、隆信麾下の士・江利口正右衛門であった。

島津彰久・島津忠長・川上久隅・平田光宗・新納忠元・山田有信・鎌田政近などと、勝ちに乗じて進み、叫ぶ声は、天地を動かした。大いに肥前軍を破り、首を斬ること三千余級であった。ついに、島原城を抜き、有馬の囲いを解いた。はじめ、隆信は、義久が佐敷に宿営していることを聞き、これを攻撃しようと欲していた。しかし、軍勢を出す日、塲圃《じょうほ》（畑）に死んだ蛇が多く、二、三段にわたっていたため、不祥であるとして止まった。また、家久が島原を攻めることを聞き、道を離れて、これに赴いた。小敵であるとして侮った結果、敗れた。

家久が陣に臨むにあたって、軍配者（軍師）の河田義朗は、「兵気甚だ盛ん。今日の戦は勝ちです。必ず大将を獲るでしょう」と宣言した。結果、隆信を討ち取ったのである。義朗は、立昌の玄孫であった。隆信の首は、佐敷に至った。義久は、八代にいた。

龍造寺氏の帰服

天正十二年（一五八四年）四月、島津忠長・伊集院忠棟・上井覚兼は、神代・井福・森山・西郷など、数城をくだした。そして、ついに、神代氏に諫早人を招誘させた。たまたま、宇土の使者が神代に詣でていて、北郷忠虎・吉利下総守・伊集院下野守が肥後を侵略し、六十余人を討ち取ったことを伝えた。

伯耆顕孝が、義久に八代でまみえ、太刀および鎧を献上した。義久もまた顕孝に鎧を与えた。義久は、八代に滞在すること二十余日にして帰還し、義弘および伊集院忠棟・平田光宗などが、これを守った。

二十二日、伊地知伯耆守・鎌田政近に命じて、有馬鎮貴に神代・井福・森山・西郷など、数城を領させた。

二十四日、秋月種実が普光寺・内田九郎左衛門尉を遣わせて、書をもたらし、

去年、種実は、龍造寺を勧めて公（義久）と和平させました。ことすでに、和諧《わかい》したと思っていました。しかし、後に隆信は、約に背きました。これは、種実が、

前もって見通しをつけていたところではありません。伏して、諒察を祈ります。

と謝した。

二十八日、彦山坐主・舜有が、龍造寺政家（隆信の子息）のために、義久に書を献上して、いうには、

秋月種実は、龍造寺を勧めて、公（義久）と和平させました。隆信は従わずに、ついに、大国の禽となりました。その子・政家は、愿れて引き、罪を謝します。そして、再び種実をたよって和平を乞います。

ということであった。義久は、よく考えて執事の者にこれを図らせた。

義久は、諸将に有馬氏救援をやめさせた。有馬鎮貴は、再び守兵を留めることを要請した。十二月に、上井覚兼が、八代の諸将を訪ねた際には、皆いわく「可」ということであった。

五月三日、川上久辰（久朗の子息）・吉田美作守に、鹿児島衆および島津義虎・種子島氏・天草衆などを統べ率いさせ、島原・三会に駐屯させた。二十二日には、義久が、舜有に書で、

秋月種実は、かつて寡人（義久）を勧めて肥前（隆信）と和親を結ばせた。しかし後に肥前は約に背いた。このゆえに、高木《たかき》の役があり、天の霊を頼り、ついに、その君（隆信）を獲た。種実は、再びその子（政家）のために和を求めるか。

と答えた。

二十八日、大友義統は、義久に書を遣わせて、島原の勝ちを賀し、定家の墨蹟と新勅撰一冊を贈った。甲斐宗運は、和解を求めてきたので、これを許した。六月十九日、義久は、大日寺法印を遣わせて、和解を確認し、太刀馬を贈った。二十一日には、真言僧に命じて、誦法華千部を読ませ、国を安んじ、民を利するを九日間祈った。

有馬鎮貴は、太刀馬および南蛮笠・水精花瓶・唐墨十錠・眼鏡を献上した。島原の出兵への礼であった。ここにおいて、伯耆・赤星・合志各氏などが、太刀馬などを献上し、勝ちを賀してきたが、助けを望んでのことであった。

七月、義久は、高城地頭・山田有信に命じて、大施餓鬼会を二日間行わせ、耳川の合戦での亡卒《ぼうそつ》の福をたすけた。

九月四日、幕府は、柳沢新右衛門尉元政を遣わせて、義久に御内書を贈り「まさに、幕府の復興を図る。願わくは、

君（義久）は、我（足利義昭）を助けよ。太刀一腰・鞍一口を贈る。余りは、真木島昭光・一色昭秀に託する」と述べた。また、義弘にも肩衣袴および御内書を贈り、同様の旨を伝えた。かつ、元政を義久に勧めさせて、大友氏を討たせようとした。

義久は、龍造寺氏の降を受け入れず、ついに、諸将と肥後討伐を謀った。平田新左衛門尉・稲留新介を遣わせて、義弘にも告げた。たまたま、義久に病があって、義弘に、諸将を率いさせて、肥後を討たせた。

龍造寺政家は、再び秋月種実をたよって和を求め、かつ盟書を義久に献上した。種実は、使を遣わせて、政家を助け、また盟書を上らせることを要請してきた。義久は、これを許そうと思った。町田久倍（忠梅の子息）・税所新介を遣わせて、義弘に告げて、諸将と議論させた。諸将は、馬越に会した。皆、いうには、

前年、隆信とは、講和していました。なお、隆信は、肥後を献上させようと思っていました。まして、今、政家は、弓折れ、矢尽き、膝を屈し、降を乞いています。肥筑を献上しようと言います。いいではありませんか。詐を挟んできたら、必ずこれを討ちましょう。

義弘は、これに従い、五日、進んで八代に駐屯した。僧を遣わせて、秋月種実の使者とともに龍造寺政家を詰問した。

隈部・小代氏の帰服

天正十二年（一五八四年）九月八日、島津忠長・伊集院忠棟・上井覚兼に命じて、肥後において禁約（禁の約カ）を掲げさせた。一に、寺社に入り竹樹を切ってはならない。二に、田疇《でんちゅう》（田畑）をふみ、稼穡《かしょく》（農業）を傷つけてはならない。三に、小さな怒りを逞《てい》して、私闘を作ってはならない。もし、違える者があれば、罪を法のごとく裁く、というものであった。

義弘は、吉松に至った。二十一日、隈部親泰は、城一要をたよって降り、木場某をもって人質とした。使僧が肥前から帰り、

龍造寺政家は、肥後を献上して降ることを請うています。はじめ、大友氏は、島津方と和親したといえども、耳川の敗戦を恥じとしました。龍造寺隆信は、島原で死におよんでおり、思うには、その子・政家は、まさ

に、復讎《ふくしゅう》の志があるのが当然であります。大友氏は、使を遣わせて、ともに薩摩を討つことを要請しましたが、政家は同意せず、ついに島津方に降りました。

と反命した。

二十四日、義弘は、進んで、筑後国・高瀬に駐屯した。大友義統は、その将・戸次道雪・高橋紹運などを遣わせて、坂東寺に駐屯し、梁川に逼った。義弘が、高瀬にいると聞き、使を遣わせて、旧好を修めることを請うてきて、かつ、龍造寺を攻めることを勧めてきた。義弘は、諸将と謀った。思うに、政家は、すでに盟書を上らせていて、また、肥後を献上している。どうして再び攻めようか、という結論にいたり二子に謝した。

臼間野氏が、小代に駐屯したが、二十六日、島津以久がこれを撃ち破り、数百人を討ち取った。翌二十七日には、義久が、龍造寺政家と同盟を結んだ。

十月一日、小代伊勢守が降った。旧邑を、以前のように領させた。隈部親泰・辺春某が、義弘に拝謁し、甲冑を献上した。そして、高瀬において軍務の余力があったので、忠長と上井覚兼は、金創《きんそう》（金瘡・刀きず）医術（金属性の武器で受けた傷を治療する外科医術）を義弘から伝えられた。多勢を率いて戦場に赴くのに、この術を知らなければ、危急を救う拠りどころがないため伝習した。義弘は、医術にも通じていた。十五日には、龍造寺政家・秋月種実・筑紫広門が、おのおの使者を遣わせて、義弘を詣でて、和議を拝した。政家はまた、龍造寺家晴・鍋島直茂とともに盟書を献上した。

戸次道雪・高橋紹運率いる豊後軍は、筑後国の黒木某を攻撃し、黒木某は降った。すでに、ひそかに義弘に告げ、坂東寺を攻めさせた。龍造寺政家もまた、これを勧めた。そして、豊後国・宇佐八幡宮社衆が、秋月種実をたよって、義弘に書を遣わせて「大友氏は無道である。神明《しんめい》は悪を討つ。必ず勝つ」と伝えた。義弘は、再び諸将と謀った。諸将は、皆、

今は、軍糧《ぐんりょう》まさに、尽きようとしています。別に、調度《ちょうど》もありません。深く敵国に入れば、曠日《こうじつ》は長びきます。計れることではありません。かつ、公（義久）は、大友氏と和親以来、いまだかつて違言はありません。今、それなのに、命をもっぱらにして、これを討つ。それは、よいのでしょうか。

と述べた。これを受けて、義弘は、ついに政家などに陳謝した。

十八日、善哉坊・金乗坊を遣わせて、道雪・紹運に、

　龍造寺氏は、すでに島津方に降っている。よって、坂東寺を攻撃することを勧める。寡人（義弘）は、豊薩（大友・島津）の同盟を破棄する。ついに、高瀬の陣もやめる。なんじ二、三子もまた、君（義統）の軍隊を率いて国に帰れ。もし命を用いなければ、両国の好となる。

と告げた。これより、島津・大友間の同盟は絶たれた。

翌十九日、義弘は、高瀬から帰還し、北郷・喜入・樺山・肝付の各氏および佐土原・都於郡・穂北・高城・根占の衆に横島を守らせた。

二十四日、義弘は、龍造寺政家・同姓家晴・鍋島直茂に盟書を与えた。

十二月、義久は、縣城主・土持弾正忠の名に、久の字を用いることを許し、弾正忠は、久綱と名をあらためた。龍造寺政家は、使を来聘《らいへい》させ、太刀・甲冑および馬を献上した。彦山座主も、使を来聘させ、太刀一腰・織筋三端を献上した。秋月種実もまた、使を来聘させ、甲冑を献上した。皆、龍造寺氏が、帰服したことを祝ってのことであった。四日、龍造寺氏・秋月氏および彦山の使者が、義久にまみえた。

そして、幕府の使者・蔭涼軒が、鹿児島を詣で、千寿院を宿所とした。六日、義久は、上使を詣でた。諸門に逆って（上座から）上使は義久に詣でて、諸廁《かわや》に逆って御内書を義久に授けた。その後、飲宴《いんえん》となり、時がたって終わった。八日、小代下総守が来朝し、太刀・甲冑および黄金三十両を、隈部親泰が太刀・甲冑を、大津山氏・臼間野氏が太刀・馬を献上した。また、二十三日には、琉球王が、天王寺祖庭和尚を来聘させた。

義弘の肥後国守護代就任

天正十三年（一五八五年）正月、義久は、秋月種実に書を与え、

　迎春万福、去る冬、豊後衆を許して国に帰らせました。近頃なお、高良山に屯していると聞きました。無礼甚だしいです。そうであるので、高良山座主某・蒲地某・黒木某は、密かに内応しています。もし、緩急《かんきゅう》あれば、三子の者とこれを図ってください。

と述べた。老中も、また秋月・両津江・宮成・時枝の各

氏に、大旨、皆義久の書と同様の書を遣った。十九日、義久は、再び、種実に書を与え、「甲冑を贈られて、感佩《かんぱい》は尽きない。馬一匹をお返しとする。不具」と述べた。

二月、天草氏が、来朝した。そして、土持久綱が、使を遣わせて、久の字を賜ったことを拝した。また、城一要が太刀・織筋を、大野氏が甲冑を献上した。十二日、毛利輝元が、再び五戒坊を遣わせて、柳沢元政の接伴《せつぱん》使とし、かつ龍造寺氏の降を祝い、縮羅二十端を贈った。十二日、柳沢元政が、従者二十余人と鹿児島に至った。平田豊前守が、これらを堅野で出迎え、入来院氏を宿所とした。鎌田政広・吉田美作守に命じて、館待使《かんたいカ》とした。翌十三日、田之浦某が来朝し、太刀・織筋を献上した。十五日、義久が、柳沢元政を詣でた。元政は、これを庭で出迎え、太刀および刀を贈った。義久が辞して出ると、元政は門外まで送った。十八日、元政は、内城（御内）を詣で、義久は廁で出迎えた。元政は、御内書を義久に授け、太刀・鞍を町田久倍に授けた。また、太刀・馬を贄《にえ》とした。吉田美作守が、賛唱した。義久は、元政を享した。酒三献。橘隠軒が侍った。元政が辞して出ると、日州まで送った。

二十日、五戒坊が、義久にまみえ、轡および杉原紙を贄とした。そして、有馬鎮貴が来朝し、太刀・馬・甲冑を献上した。また、大村氏の使者も来て、太刀・緞子を献上した。

二十四日には、義久が、柳沢元政を内城で宴した。有馬鎮貴は、任官および久の字を請うてきた。義久は、「君家（有馬家）は、世世（代々）幕府の義の字を賜り、拝してきた。今吾が家の諱字を君（義久が）許せば、むしろ僭《おご》りではないか」と述べた。これに対して、鎮貴は、

どうして、憂えることがありましょうか。彼の一時（短い時間）です、この一時です。今日、敝邑は、大国に仕え服することになり、まことに、洪恩《こうおん》をいただきました。もし、諱字を賜れば、竜となり、光となり、これより大きいものはありません。

と述べたので、これを許し、名を久賢とあらため、左衛門大夫に任じた。

二十七日、有馬久賢は、太刀一腰・黄金二十両・鈍金二端を献上し、諱字を賜ったことを、そして、太刀一腰・白糸五十斤・南蛮頭巾・加波牟（合羽）を献上し、任官を謝した。また、樽酒三十担・白鳥・鶴・鮭などを献上し、久賢はまず義久に酒を勧め献じた。義久は、久賢に酒を勧め返した。久賢が、刀を献上すると、義久は佩刀《はいとう》を解いてこれを与えた。

二十九日、義久は、有馬久賢を待ち迎えた。即日、久賢

は、内城を詣でて謝し、太刀および刀を献上した。久賢には、甲冑および馬を贈った。また、五島領主・宇久純玄が、貞方右衛門佐を来らせ、肥州での勝ちを賀し、太刀・馬および諸品若干事を献上させた。四月十三日、義久は、宇久純玄に書で答えて、太刀・介冑《かいちゅう》を贈った。

十六日、義久は、真木島昭光・一色昭秀に書を与えて、

幕府よりかたじけなくも、御内書および太刀・鞍を賜り、感激尽きません。そもそも、まさに京都に復《ふく》そうとしていると聞きました。敝邑は、僻遠《へきえん》にありますが、どうして尽力しないことがありましょうか。よって、黄金百両・馬三匹・鷹一連を献上します。

と述べた。義久は、それを自分のために申し上げたのであった。そして、一色昭秀にも書を与えて、「太刀一腰・鞦《しりがい》十懸を与えられました。云々で答えます」と述べ、真木島昭光にも書を与えて「打刀《うちがたな》を与えられました。沈香二十斤で答えます」と述べ、それぞれの贈りものに対して礼を述べた。二十五日、義弘の次男・久保と、三男・忠恒が元服した。また、翌二十六日には、宇土氏・小代氏の使者が来た。

二十九日、義久は、再び柳沢元政を内城で宴し、五月二日、元政および五戒坊を送った。琉球王の使者・祖庭和尚が鹿児島を詣でて、八日、対面所で義久にまみえた。その際、焼酒二甕・食盒一枚・唐盤一束・紅花百斤・白糸十斤・織物三十端・絹子二十端・蚕碧糸五十把・太平布百端を献上した。また、織物十端・香七品・盆二枚・唐墨二錠・唐紙二百枚をもって私見の贄とした。

はじめ義弘は、八代を辞し真幸に帰還し、義久は、諸将を遣わせて、かえて八代を守らせた。その後、薩摩兵の勢いは、ますますさかんで、肥前・肥後・筑前・筑後・豊前・豊後の六州を三とすると、その内の二を勢力下におくほどであった。義久は、鹿児島に居り、形成から隔絶していて、撫馭《ぶぎょ》がおよびがたかった。よって、義弘を肥後の守護代とし、再び八代に居らせて六州を領せしめた。この時、義久から義弘へ守護職（当主）の地位が譲られたとするのは誤りである。上井覚兼のように、義弘が家督を相続すると認識していた者もあるが、あくまで家督相続候補者となっただけである。

肥後国の平定

六月十六日、義弘と上井覚兼は、盟約を結んだ。この月、

義久は、琉球王へ書を与え、前年十二月二十三日の書に返答した。そして、七月十一日、羽柴秀吉は、関白となった。当初、秀吉は、征夷大将軍になることを欲し、足利義昭に養子にしてくれるように謀ったが断られた。また、菊亭右大臣晴季と謀り、晴季がいうには「将軍より貴い者が関白である。秀吉は、関白になるべきである。なんで将軍になろうというのか」ということであった。たまたま藤原昭実が関白を辞し、ついに秀吉がその職に就いたのであった。二十五日、薩州家の義虎が亡くなった。

阿蘇氏が、大友氏に応じ、八月十日、七月三日に死んだ宗運の子息・甲斐相模守に花山塁を攻めさせ、これを陥れた。守将である木脇祐昌および鎌田政虎（政近の子息）など三十余人が戦死した。祐昌の辞世は、「うつ敵とうたる丶我ももろともに憂世の夢を見はてけるかな」であった。義弘は、まさに阿蘇氏を討とうと、令を出して「有足無足皆会せよ」と軍士を募り召した。

辺境伝言によると、羽柴軍方が四国に至り、まさに薩摩にも寇しようとしているということであった。義久は、成覚坊を遣わせて佐土原城（現・宮崎市佐土原町）主・家久および宮崎地頭・上井覚兼に国境を巡って間諜を捜索して捕らえよと命じた。

二十二日、義弘は、八代にいたった。二十九日、八代から兵を遣わせて豊福口を攻撃し、六十余人を討ち取った。閏八月十日、義弘は、小川（現・熊本県宇城市小川町）に宿営し、翌日、伯耆顕孝および島津忠長・伊集院忠棟・上井覚兼などと隈荘を攻撃し、その有司甲斐治部・甲斐帯刀を捕らえ、二百余級の首を斬った。たまたま、御船から四千ばかりの救兵が至り、原上に駐屯した。島津方の衆は、これを攻撃しようと欲したが、日暮れになったため義弘は許さなかった。十三日、義弘は、法連寺尾に登り、軍営処を見ると、軽兵が疾驅《しつく》しており、堅志田麓に至って民居を攻撃して焼き、ひきつづき甲佐・萩尾の二塁を下し、数百人を殺した。この戦で平田新四郎（増宗）が傷を負い、始良新次郎が戦死した。十四日の夜、御船・木山・津守などの敵は見捨てて去った。

十五日、梅北国兼の使者が至って、御船城の守兵が潰えたので、速やかにこれを取るのがよいと告げた。島津忠長・伊集院忠棟・上井覚兼は、これに応じようと欲した。そして、隈荘がいまだ下っていなかったので、先だってその城下に逼り、僧を遣わせて「すでに御船諸城を下した。まさに城におよぼうとしている。今もし人質を納めて降伏を乞えば、命は保証する」と告げたが、城主はいまだ応じなかったので、忠長・覚兼は、まず御船に赴くことにした。敵の残りの衆のうち、なお留まる者があったが、追い出して、洒《あら》い掃《はら》い整頓し、義弘を出迎えた。翌日、隈荘・田代皆、その人質を納めた。小代伊勢守・隈部但馬守・伯耆顕孝・城一要・田代宗典など十余人が、続いて御船を詣でて戦勝を賀した。

はじめ義弘は、阿蘇氏が花山塁を陥れたのを聞き、まさにこれを討とうとしていたが、ここに至って、荘厳寺を矢部城に遣わせて、これを降伏させようと「阿蘇神の顔を見た。特になんじの罪を赦す」と告げた。阿蘇氏は降伏し、甲斐美作入道を人質とし、また、二十七日、その家宰の子弟五人も人質とした。二十九日、小代下総守が、義弘に太刀・馬を献上した。

九月一日、島津忠長・上井覚兼は、その兵衆《へいしゅう》を遣わせて、興呂木新介・蔵岡讃岐を殺した。新介は、飯田山に居て、不逞《ふてい》の人を聚めて群がっており、その乱れを恐れられたためであった。讃岐は、田代宗伝を欺き、島津方が卿を殺そうとしていると矯命《きょうめい》妄言したため、皆が殺したのであった。

義弘は、御船城に入った。合志親重が、甲斐宗運と交通書を得ていたことが発覚した。群臣は、親重を誅することを請い、「反状はすでに露見しています。この者を誅しなければ、何をもって、人臣たる者を懲らしめるのですか」と訴えた。義弘は、忍びず新納右衛門佐・本田刑部少輔・稲留新介を使いさせ、その父・宣頓に命じて、親重を放逐した。宣頓は、哀訴したが、聞き入れられなかった。五日、新納右衛門佐・稲留新介は、合志城を取った。

六日、義弘は、山田有信・伊集院久信・猿渡信光を遣わせて、宇土・隈本・大津山・和仁・辺春・小代の衆を引率して筑後・三池に向かわせた。そして、「宇津・久我に入り、山下里目を焼き、江浦堀切を抜くのがよい。そうすれば大友氏の軍は、自ずから退くであろう。秋月氏が望むならば、止めよ」と下知した。秋月種実の居城・秋月城は大友氏の領国のすぐ隣であったためである。八日、内空閑鎮房は、義弘に降伏した。

秀吉の影

日向国・高知尾の人は、多く佐土原城主の家久に応じて人質を送り降伏を乞うた。家久は、義弘に使者を遣わせて、ついに大友氏を討つことを請うた。福島地頭・伊集院久治、飫肥地頭・上原尚近、都於郡地頭・鎌田政近、曾井領主・比志島義基など皆も時を失ってはならないというのであった。十一日、義弘は、家久に神のお告げをくじで探して後、これを決しようと述べた。翌十二日、山田有信・伊集院久信・猿渡信光は、掘切城を陥れ、三百余人を討ち取った。十五日、有馬久賢が、義弘のもとに参った。翌十六日、上蒲池氏が、新納忠元をたよって降伏し、豊後南郡人五十六人も降伏を乞うた。そして、山田有信・伊集院久信・猿渡信光は、降伏させようと江浦城を招いたが、承知しなかった。義弘は、平田豊前守・田代刑部少輔を遣わせて鹿児島を詣でさせ、大友氏を討つことを請うた。義久は、広徳寺に、他日諸将を会し、しかる後これを議そうと答えさせた。

これより先、出田助九郎（城一要の子息）が、旧邑を求めたのでこれを許し、二十日には、義弘を詣でて任官を求めてきたので、宮内大輔に任じた。これに対して、助九郎は、太刀・刀・織筋を献上してこれを謝した。

翌二十一日、有馬鎮貴が、義久に盟書を求めてきたが許さず、「南蛮宗の人と盟しているそうだが、日本の神祇を辱めることではないか。よって、約言《やくげん》一通をなし、これを与える」と返答した。また、阿蘇氏家相・甲斐親英が、御船を詣でて任官を請うた。

翌二十二日、義弘は、御船を出発し、島津忠長・上井覚兼が留まり守ることとなった。たまたま、日州人の奈須弾正忠が遣わせた間諜が、豊後国から帰り、

大友義就が、城を小国界に築き、阿蘇氏と軍勢を合わせて兵を挙げようと欲している。阿蘇某は、なお幼く、政事は甲斐親英にたよっており、その還りを待ちいまだ出発せずにいる。今もし、親英を止めることができれば、大友氏の謀は自ずからはばまれることになる。

と伝えた。忠長と覚兼は、これに従い、二十五日、甲斐親英を八代に送り、これを止めた。

忠長・覚兼は、新納右衛門佐を遣わせて、堀切および江浦を見させ、また内空閑氏・伯耆氏・城氏に書を与え、江浦城を攻めていた山田有信・伊集院久信・猿渡信光を助けさせた。覚兼は、忠長および御船地頭・新納忠元と謀って「図書頭（忠長）は、今にも帰ろうとしている。某《それがし》が、筑後の報せ（有信・久信・信光の江浦城攻めのこと）を待つ。しかる後、ここを去る」と伝えた。二十九日、忠長は、御船を出発した。

新納右衛門佐の使者が至って、筑紫広門（勝尾城主〈現・鳥栖市〉）が宝満および橘を抜き、高良・北野に駐屯していた大友軍が潰えたことを伝えた。

十月一日、覚兼は、御船を出発した。二日、関白・秀吉は、義久に書を遣わせて

まさに、関東を悉く平定したが、鎮西は、いまだ安寧《あんねい》していない。薩（島津）が豊（大友）と、日に干戈《かんか》を

用いて土地を争っている。天子（天皇）は、これをお聞きになり、秀吉に鎮西の乱をやすらかにして豊薩の戦いを止めさせよと、お告げになった。よって、特に使を遣わせて、告諭《こくゆ》する。兵争《へいそう》をやめ、天子の心に従うのがよろしい。もし、命令を聞き入れなければ、今にもなんじの罪を討とうとするであろう。

と告げてきた。秀吉によるいわゆる天皇の権威を背景とした惣撫事令である。また、細川（長岡）藤孝（幽斎）なども、書をなして義久に大友氏との休戦を勧めてきた。六日、諸将は、鹿児島に会し、大友氏を討つことを謀り、明年春をもって師期（出陣の時期カ）とした。十六日、山田有信・伊集院久信・猿渡信光は、軍勢を引き上げ帰還した。

　道々には、秀吉がまさに薩摩を討とうとしている、まず、間諜を遣わせて、島津方を誘おうとしているという流言が飛び交った。義久は、諸領主・地頭に各盟書を献上させ、秀吉と交通しないと誓わせた。二十四日、上井覚兼も、盟書を上らせて前記の旨を誓った。十一月六日には、義久が、新納忠元に感状を与えて軍功を賞した。

　高知尾人は、すでに島津方に降伏していて、大友氏と断絶しており、その信をあらわすことを欲して、十二月六日、大友軍を討ち勝利した。

　十三日、義久は、真連坊を遣わせて毛利輝元に書を贈り、去春の柳沢元政の来聘を謝すとともに、豊筑のことを謀った。

秀吉への返答

　天正十四年（一五八六年）正月、義弘は、頴娃久虎に盟書を与えた。十一日、義久は、つかさに臨み、島津忠長・伊集院忠棟・町田久倍・平田光宗・上井覚兼・本田親貞が左右に列侍（列なり侍りカ）し、右筆の八木越後守が義久に代わり試筆《しひつ》し、一に曰く、寺社の造営を修める、二に曰く、農事を励ますことを勧める、三に曰く、貢賦《こうふ》の納入を徴する、であった。義久は、花押を書き、老中は三拝した。これを吉日に試筆することから吉書といったようである。

　義久は、大友氏を討つことを謀り、再び群臣を召して会議した。どの道を進むかを問い、あるいは一路を進むのがいいのか、あるいは両路がいいのか議論した。二十二日、再び護摩所で会し、談義所で仏の筴を抽んでさせたところ、両路を進むのがよいとでた。こうして、義久は、日向から攻め上がることになり、義弘は、肥後から攻め上がることに決まった。要束（要を束ねることカ）はすでに定まった。議者は、また「秋月・筑紫・龍造寺・新附、皆いまだ人質を納めていません。遽《にわ》かにその地を渉るので、一旦変があればどうしようか」と指摘した。義久は、もっともであると認めて、伊集院忠棟を遣わせて、人質を三氏に求めた。また、義弘を真幸に帰らせて、時期を待たせた。

二十三日、高森入道が異心《いしん》により、新納忠元以下騎歩が、彼の館に馳せ向かい、即時に誅戮《ちゅうりく》し、甲斐宗摂もまた、その地に発向して高知尾の士も高森入道の首を得、その外敵人切り捨て数不分明であったが、一処に首二百ばかり実見できた。

義久は、まさに関白・秀吉に書で答えようとしていた。群臣に答辞の宣を議論させたが、あるいは「羽柴秀吉は、関白ではあるが、出生が明らかでなく、たぶん微賤《びせん》であります。よって、どうして関白の権威をみなすことができましょうか」、あるいは「秀吉は、すでに関白であります。その官をもって貴いとするのがよいでしょう。その出生を問うのはよろしくありません」という両端の意見がでていまだ決しなかった。あるいは、「かつ、細川藤孝に答えるのがよろしい」という意見がでて、義久は、これに従った。

鎌田政広・僧の文之（大龍寺の僧で、外交僧として活躍した。その著作・南浦文集に含まれる鉄砲記は、天文十二年〔一五四三年〕の鉄砲伝来を語る唯一の史料である）を遣わせて、細川藤孝に書で、

関白の旨を承り、寡人（義久）を大友氏と和解させようとのこと、どうして命を受けないことがありましょうか。その上、なお当然であるという者もあります。昔は、織田信長が、かつて寡人と豊後（大友氏）と和解させようとしました。寡人は謹んで命を聞き、それ以来いわれにより、いまだかつて隣好を破りませんでしたが、大友氏はすばやく動いて我が北田舎を寇しました。日向・肥後の地を掠めて侵しましたので、時にあるいは兵を出して、これに応じました。寡人が、どうして戦を好みましょうや。やむをえなかったのであります。自今以後、もし大友氏が、厥《その》心を悔いて、再び旧好を修めるというのであれば、善いことです。そうでなければ、敝邑は、また今にも首を低くし、手を束ねようとすることはできません。斃れるのを待てというのですか。あえて腹心《ふくしん》を布きました。願わくは、善く我がために説き聞かせてください。

と答えた。

秀吉の領土配分案

はじめ、大友義統は、豊後国南部の人・入田宗和《にゅうたむねかず》（義《よし》実《ざね》・直入《なおいり》郡津賀牟礼《つがむれ》城主）の邑を奪ったので、宗和はこれを怨み、島津方に降伏してきた。宗和は、その怨《うら》みから今にも大友氏を追い払おうとしたが、大友軍がこれを襲い、宗和は六千人の衆で搖木城を保った。そして、豊後人・志賀道益（道易・道択・親教とも）が、義統に罪を獲《え》たので、宗和をたよって降伏してきた。二月、入田宗和は、上井覚兼に書および豊後地図を贈り、当春中に軍衆を発向できれば、豊後を容易に手裏に入れられると、大友氏を討つことを勧めた。右の人に限らず、豊後の国衆は、儀々《ことごと》が区々《くく》となり正体ない由であった。

三月、伊集院忠棟は、肥後国にいき、三氏に人質を求めた。秋月種実と龍造寺政家は皆命を聴いたが、筑紫広門は応じずに再び大友氏に従った。

四月六日、義久は、龍造寺政家に盟書を与えて「自今以後、誓に背きません。斯言《この》をかえるようなことがあれば、諸神は、罰し殺すでしょう」と述べた。伊集院忠棟は、肥後から、隈部親泰・親安父子の野心が顕然であり、軍衆の発向をためらうなかれ、と注進した。飯野衆は進発し、日州衆も続く予定であったが、十二日の評議で延期となった。二十二日、高知尾から佐土原に飛札《ひさつ》をもって危急を告げて、豊後士卒が同意して志賀・入田両氏に逼るを欲すること実に急であり、高知尾の士卒は増勢すべく彼の地に赴き、日州の士卒を恙なく警衛するため、高知尾に入れることを請うた。

鎌田政広が、大坂に至り細川藤孝をたよって関白・秀吉にまみえた。秀吉は、

> 吾は、九州は、大半島津殿に服していると聞いている。今日は、ぜひ宰《さい》をする必要がある。筑前は、我が直轄領とし、肥前は毛利氏に、豊後に加え、筑後および肥後半国・豊前半国を大友氏に、その余りを島津殿に配分する。これで平均なり。

と言い渡した。島津氏は、すでに、九州の内で三州の他に筑前・筑後・肥前・肥後・豊前をほぼ平定しており、秀吉の領土配分案に従うと薩・隅・日三州に肥後半国・豊前半国を加えるにすぎなくなってしまい、とうてい承服できるものではなかった。

そして、秀吉は、政広に「今年七月以内に必ず命に答えよ。そうでなければ、まさに国（島津氏）を討つ」とも言い渡

した。政広は、交渉のため、四度秀吉にまみえ、刀・打掛《うちかけ》および盤纏百匹を賜わった。五月、政広は、反命した。はじめ、義久は、今春大友氏を討つかどうか議論した。秋月種実・龍造寺政家・筑紫広門に人質を求めたが、いまだ答えていない。しかし、ついに今秋をもって師期とした。広門は、ついに人質を納めることに応じず、大友氏と通じたため、まず広門を討つことにした。秋月種実は、義久に進言したいことがあったが果たされなかった。六月十三日（十八日とも）、義久始め義弘・歳久以下諸将の大軍は出陣した。

六月、義弘は、真幸の今宮神託をもって、今年七月以内に大友氏を討つのがよいことを報せるとともに、以前に、堅志田・御船で勝ったのも、皆神託《しんたく》によるものであり、神託を信じないことがあってはならないと述べた。たまたま、入田宗和・志賀道益も使者を遣わせて、上井覚兼・新納忠元に大友氏を討つことを勧めさせた。そして、義弘は、再び至り、神託は、多端であり、敵の主はいないと報せた。秀吉も国分けを申し、その外種々難しいことなどの意趣であり、御神慮《しんりょ》と申し、豊後退治は目出度いと一同言い、義久も同然の由であり、去る春の談合のように肥後口・日向口の両口から進発することになった。

川田義朗の日取りによると、出陣は、十六、十七日が大吉とでたが、遠方であり無理なため、その日に調伏の矢を射初めさせて然るべしとなった。日州口は、十七日は年日《としび》であるため、十六日に射させることが肝要であると、義久は思っている由であった。十四日、上井覚兼は、家臣の奥右京亮・鳴海舎人助を遣わせて、調伏の矢を帯びさせ県に赴かせ、両人は、必ず十六日に豊後の地にゆき、射届けると申した。二十四日、両人は帰り宮崎に来て、国見を過ぎ、城腰と称する地の辺りに射置いたと報告した。しかし、飯野からまたまた申す趣は、今宮の御神託は、その後もあり、区々である由を申したので、義久は、義弘の言に疑惑し、また、この度中国に登らせていた善哉坊が帰着したので、その意趣などを聞き合わせ、山田有信・善哉坊を遣わせて、霧島社を詣でさせ、神に告げて筬を抽《ぬき》んでたところ、まず、筑紫氏を討つのがよいとでたため、義久はこれに従った。ここにおいて、上井覚兼は「余々に《あまりにあまり》掌を返す様の御談合、笑止の由存じ候へとも、是非も無く候」と、吐露し、そして、「迷惑至極に候へとも、力およばず候也」と入田宗和の使者に陳謝させて、龍造寺・秋月にすべて話し、まず筑紫氏を討つのがよろしいと伝えた。寡君は、議論の違いが重なったため、これに従った。上井覚兼は、「我々は、筑紫表の御行き一向納得仕らず候、殊に御日取りも来朔（来たる一日）と候、是又軍衆着合い間敷く候、莵角《とやかく》愚慮の外の由とも也」と不満であった。家久以下日州衆も同然であった。入田宗和は、すでに大友氏と断絶しており、その信を島津方にあらわそうと欲しており、十一日、大友軍を攻撃し、これに勝った。新納忠元は、肥後国・野尻の境に駐屯して声援をなした。上井覚兼は、入田宗和の使者に筑紫行きへの変更を伝えた。大友氏への攻撃は、秀吉への対決を表明することになるため義久はそれを避けようとしたのであった。

　七月、義久は、八代に宿営した。島津忠長・伊集院忠棟を遣わせて、島津忠隣（義久長女・御平と義虎の子息で、歳久の婿養子）・北郷忠虎・新納忠元・川上忠堅・喜入季久などを率いさせ、筑紫広門を攻撃させた。諸将は、筑後の高良山《こうらさん》（現・福岡県久留米市）に駐屯した。六日、鷹取城を陥れたが、川上忠堅が戦死し、忠隣が傷を負った。そして、日当山城を陥れ、進んで勝山城（勝尾城〔佐賀県鳥栖市河内町〕）に逼り、寨柵《さいさく》を壊した。十日、筑紫広門は、勝山城を渡し、降伏を請うたので、これを許し、諸城を皆下した。独り宝満城だけいまだ下っていなかった。筑前岩屋城主・高橋紹運が、子息・直次を遣わせてこれを守らせていた。十二日、諸将は、天拝嶽に駐屯し、今にも宝満城を攻めようとしており、十四日、移って筑前国・武蔵に陣営をおいた。伯耆顕孝は、義弘に太刀・織筋《おりすじ》を献上し、筑紫氏に勝ったことを賀し、義弘は二十一日、書でもってこれに答えた。

秀吉への弁明

　はじめ、筑前宝満城主・高橋顕種は、姉夫の吉弘某の子息を養い嗣子《しし》とした。すなわち紹運であり、すでにこれを悔やんでいた。そして、秋月種実の子息・元種を嗣子とした。顕種は、元種に遺言して、種実に紹運を殺させて元種を立たせようとした。種実は、許諾し、義久に助けを求め、義久はこれを許した。ここに至って、種実は、龍造寺政家・豊前国の城井《きい》友綱・長野惟冬と兵を率いて、忠長・忠棟などに武蔵において会した。草野宗養・原田伊賀守・筑後の星野九左衛門尉なども また来て合力した。

　上井覚兼は、やむをえず遅参したが諸地頭を率いて、日州より至り、ともに高橋紹運を筑前国岩屋城に囲み、昼夜これを攻めた。日州衆がこの任に当たったのは、遅参したためであった。夜、間諜を捕らえて、中国人・神田宗四郎が紹運に宛てた「善く汝の城を守りなさい。京都・中国の救兵が今にも至ろうとしている」という内容の書を得た。再三使僧を遣わせて誘ったが、紹運は肯んじなかった。

二十七日、諸将は、進んで岩屋城を攻め、樺山久高・長谷場兵部少輔が最初の首功《しゅこう》を上げた。久冨木摂津介が傷を負い、その他山田有信・上井覚兼・宮原左近将監・中馬太右衛門尉・江田宮内左衛門尉の軍功が諸兵の第一等であった。その時に臨み忠長は単騎で敵兵に「今我は義兵を起こし来た。弓を袋に入れ、甲を脱ぎ降参するにしかず」と言った。敵城の健将勇士はこれを聞き、剣を撫《な》でて忠長をにらみ戦い、永長長介が馳せて来て、力を添え、この時、忠長の鑓は半分折れて身もすでに危うく、従軍の士卒も石打に遭い、戦傷・戦死者は幾多《いくた》であった。しかし、諸将は、士を鼓して城に登り、紹運は防ぐことができず、井楼《せいろう》に登り、自ら首を切って自刃した。紹運麾下一千余人も戦死した。高橋直次は、岩屋城が陥れられたことを聞くと、即日宝満城を開城して降伏し、人質となった。また、義久は、毛利輝元に書で答えて旧好を修めた。

八月三日、義久は、甲斐宗摂に島津方に誘う書を与えて「方角廻文《ほうがくかいぶん》を示したのでみよ。もっとも、君に背かないとみえるに足りる。珍重である」と述べた。

幕府は、義弘に御内書を与えて、義の字を義弘に与えた。これを真連坊に託して、真連坊は、飯野に至ってもたらせた。義弘は、初名・忠平であったが、十七日、名を更めて、義珎（珍）と名乗ることになった。

諸将は、すでに岩屋・宝満の二城を下しており、僧を遣わせて、降伏させるため立花山城（現・福岡県糟屋郡新宮町）主・立花宗茂（統虎・宗虎、紹運の嫡男で戸次〔立花〕道雪の養子）を招いた。宗茂は、

降伏はしない。汝は、今にも城を攻め滅ぼそうとしている。立花宗茂は、高橋紹運の子である。先人は、自ら首を切って城上から勇士の節を著しました。宗茂が、どうして城を棄てて生存を図り、先人に恥じをかかせることがありましょうか。

と降伏を拒絶した。

城中には、内応する者がおり、領地をくれるならば城主を殺し、降伏する旨を伝えてきて諸将も皆これを許すことを欲したが、義久は許さず「人臣に、その君を弑させて、これに領地をもって賞する。どうしてこれを君が勧めるだろうか」と述べた。忠長・忠棟は、再び総持院を遣わせて、宗茂を説いて降伏させようとしたが、下らなかった。

秋月種実は、使者と共に、早良郡・荒平城（現・福岡市早良区）をもって立花山城にかえようと要請させたが、許されなかった。秀吉に立花名字を名乗ることを許されたことに加え（大友宗麟からは、経緯があり禁止されていた）、

すでにこの地は秀吉のものであり、中国からは救兵の約があり、人質も出しており、二方へ付くことはできない。鉄砲以下の兵器も贈られていて今更下城はできない、というのが立花宗茂の返答であった。秋月種長が、諸将に「この城（立花山城）は、にわかに下すのは難しい。草野・星野・原田・宗像などと徐《おもむ》ろにこれを図ったほうがよい」と述べた。薩摩衆は、戦場で苦労して働くこと久しかったので、今にも帰還することを請い、諸将は、これに従った。二十四日、総持院を遣わせて告げ知らせ、軍勢を引き返した。筑紫広門は、高良山で忠棟に会し、女子を人質として出したが、肥後に送ろうとしたところ逃れ帰った。二十七日、一嶽を取り、翌日には、勝尾城を取った。義久は、上井覚兼に再び豊後に針を埋める（豊後攻めから筑後攻めに方針転換したため、その間豊後の大友氏の動きを封じ込めようとするまじないの一種かもしれないという説がある）ことを命じた。

はじめ、義久は、広門の降伏を聞き、諸将に命じて討たそうとしたが、果たせなかった。そして、また広門を八代に帰してしまい、果たさなかった。ここに至って、義久が、諸将を責めて「私等は、本は可人であったが、図らずもことを誤り、ここに至ってしまった」と述べた。

立花氏は、兵を遣わせて若杉塁を陥れ、守将の星野鎮胤兄弟が戦死した。九月、義久は、星野氏に書を与え「鎮胤兄弟が、筑州若杉の戦で戦死してしまったが、子息の長虎丸には、優恤《ゆうじゅつ》を加えるのが当然である」と述べた。

諸将は、義久に勧めて、大友氏を攻撃させた。てだてとして、入田・志賀両氏が内応しており、今におよんでこれを攻撃するのが、事態を安んずるという諸将の意見であった。義久は、再び筑紫広門を討つことがよいということを告げ、諸将も皆、広門は我々に謀反したと口を揃えた。義久は、思うに、龍造寺氏を頼んで援とする。まだ、攻撃してはならないと言い渡した。そして、「大友氏もまたまだ討つに難しい。必ずこれを神に聴かなくてはならない」とも言い渡した。六日、吉田美作守を霧島社に拝謁させて、神に告げ、筴を抽んでたところ、豊後攻めがよいとでたので、従い、ここにおいて、義久は、再び大友氏を討つことを議論した。義久は、鹿児島に帰還した。

二十七日、高野山木食上人の弟子で義久側近の長寿院（盛淳カ）・大善坊を遣わせて、秀吉に書で「今春、辱くも嘉命を賜り、速やかに報答《ほうとう》するのがよいと思いましたが、肥筑の凶徒《きょうと》のため困難でした。このゆえに、遅緩し今日に至りました。侍者の方も諒察してください」と答えた。再び、秀吉の弟である羽柴秀長にも書を送り、近頃は、肥筑の凶徒が、我が辺境をみだしたので、これを討ち、余国に至りました。いまだかつて、その地に干渉したことはありません。ひとえに関白殿の命に従います。その他のことは、長寿院・大善坊に付託してあります。願わくは、我がために説き聞かせて下さい。よって、生糸三十斤を贈ります。聊か微忱を示したまでであります。不具

と、述べた。また、石田三成にも書を贈り、

寡人（義久）、筑州においてことあり、謀反人（筑紫広門）を誅しました。すすんで大命を奸《かん》したわけではありません。隣国を討つ時に道で聞くには、関白殿は、中国・四国の兵を出発させて我が敝邑を討とうとしているということではありませんか。寡人は、敝邑に何の罪があるのか知りません。願わくは、あなたが我がために、弁雪（説きそそぐカ）して下さい。以前に鎌田政広を遣わせて、濡れ衣を訴えました。関白殿は、命を賜い、政広に汝必ず来報するとおっしゃいましたが、今日政広は病あり、長寿院・大善坊を遣わせて命を報せました。二人は年少であり、まだ仕事を経ていませんが、あなたが、導きみせてくれることを請います。よって、沈香《ちんこう》三斤・南蛮笠一枚を贈ります。聊かもって礼儀であります。不備

と懇願した。政広を遣わせなかったのは、時間稼ぎであった。

戸次川の合戦

十月、義久は、義弘・家久に大友氏攻撃を命じた。兵を分けて、肥後口・日向口の二道から、進軍することになり、肥後口を進む義弘は歳久以下三万七百余騎を率いて、阿蘇郡より豊後国・南軍に向かい、日向口を進む家久は一万余騎を率いて、日向・豊後両国の境界である梓山から三重に向かった。義久は、もはや大友氏との主戦派を抑え切れなかった。

はじめ、家久は、長田播磨・田中筑前をいつわり馬売りの仲買人として、三重の商人・紹把を誘い、紹把はこれに応じた。ここに至って、紹把は、その子弟・家臣など数十人を率いて箪食《たんし》を用意して、島津方を迎えた。こうして、家久は、松尾城を取り、平田宗応・新納久時にこれを守らせた。また、伊集院久治・本田親貞・上井覚兼・伊集院久

宣を遣わせて、緒方城を抜き、甲斐右京亮にこれを守らせた。家久は、盤東寺に駐屯して兵を分け、地を治めた。

義久は、自ら大友氏を討つことを欲していたが、祀場内（鹿児島氏瀬社の祭祀で期間中は外出が禁じられていたため）でいまだ出発せず、十八日、鹿児島を出発し、日向国・塩見に至った。

二十一日、義弘は、阿蘇に至って野尻に駐屯した。翌日、豊後国南郡・高城を攻め、これを下し、入田宗和・志賀道益が千余人で来迎《らいげい》し、神原城（宗和居城）を開いてこれを納めた。そして、松尾・鳥嶽の二城は、自ら焼き、去った。また、その翌日、片加世城を陥れると、柏瀬・一万田・鎧嶽・久田見・滑・瀧田などの諸城は、情勢をみて降伏した。独り、戸次源珊は、津加牟礼城に立てこもり、まだ下っていなかった。志賀道益《どうえき》（親孝《ちかたか》）の父・道輝《どうき》（親守《ちかもり》）も道益の子息・親次《ちかつぐ》とともに岡城（現・竹田市大字竹田）に拠っていて、病と称して至らなかった。

諸将は、入田宗和・志賀道益と、兵を引率して津加牟礼城を攻め、戸次源珊は降伏した。義弘は、津加牟礼城に入り、今にも岡城を攻めようとしていたが、その地は険固《けんご》であり、にわかに下るはずがなかった。そこで、志賀氏は、入田宗和・赤星備中守と瓜葛《うりくずカ》の関係であるので、両氏に道輝に人質を送らせて和平させようとした。道輝は、ほぼ応諾した。

家久は、丹生島《にうしま》城（現・大分県臼杵市）を攻め、これを陥れた。浜田民部左衛門尉が、城主・柴田入道礼能を切り、伊地知松上が礼能の子息・治右衛門を切った。松上時に歳十五であった。家久は、また、利満《としま》城を攻めてその外郭《がいかく》を破ったため、守将は人質を送って和を乞うてきた。そこで、攻めるのを緩めさせて、救兵の至りにおよんだ。

十一月七日、正親町天皇が、位を後陽成天皇に譲った。

十二月四日、幕府は、一色昭秀を遣わせて、義久に御内書を与えて、関白・秀吉と和解させた。また、義弘・家久にも同様の御内書を与えた。

秀吉は、仙石秀久・黒田孝高などを遣わせて、秀吉の領土配分案に従って九州の国境を正した。筑前の城井・長野・秋月・高橋などの各氏は、薩摩に心服していたため、仙石・黒田両氏の言を容れなかった。大友義統は行き、秀久・孝高に、豊前国で会した。義統は、九月、秀吉に使者を遣わせて、援兵を乞うていたので、秀吉は、仙石などを派遣したのであった。

家久は、秀吉の援軍がすでに九州に上陸していることを聞くと大いに驚き、ただちに、馳せて豊後国の拠点（松尾城〔現・豊後大野市三重町〕カ）に帰還した。十二日、義統は、仙石秀久（讃岐高松城主）・長宗我部信親（元親〔土佐国主〕の嫡男）・十河存保（讃岐十河城主）・尾藤甚右衛門尉などと兵を合わせて、家久軍を利満城下で攻撃した。戸次川《へつぎがわ》（大野川）の合戦のはじまりである。家久軍は、城の麓の林間に潜み隠れて敵兵が川流を渡り、進み来て兵刃《へいじん》を接する佳期があるのを待った。漸くすでに悉く川を渡り、まさに城中を通ろうとしたので、この時をもって佳期《かき》を得たとして出発し家久の軍衆は合戦して火を散らせた。初め京勢（秀吉方の軍勢）は、勇気あたかも鉄壁を貫くに似ていたが、家久は、伏兵を設けて大いにこれを破り、仙石・長宗我部軍はついに慌てて武器を捨て先を競って敗走した。川流の浅さ深さを測らず川に落ちて溺死する者は、無数であった。そして、長宗我部信親・十河存保を討ち取った。大友義統・仙石秀久・尾藤甚右衛門尉は、かろうじて身をもって免れた。歩卒はなおさらであった。高田は里門まで、府内は祇園川原まで攻め、逃げたのを追い、伏屍《ふくし》は幾百千と知らなかった。家久は、進んで延岡に駐屯し、篝《かがり》火《び》を焚いて鬨の声を発した。十二月なので霙《みぞれ》に交じって雪が迫り、手足ともに凍って寒かったが、ただ勝軍の勇だけがあり、一人も寒気に屈する者はなかった。大友義統は、薩摩の軍衆が居城を陥れるのを懼れ、翌夜府内を棄てて高崎（現・大分市高崎）に奔った。家久は、府内（現・大分市）に入り、この地において越年した。義統は、暫く高崎も支えられず豊前国・竜王に奔った。

二十二日、義弘は、志賀道益の城にはいり、城仁城主・志賀道運も降伏し、一万田・滑・瀧田が皆下った。二十四日、朽網《くたみ》（久住山南東麓）に軍を移して、この地において越年した。

はじめ、豊後国鶴崎城（大分市南鶴崎）主・吉岡掃部介が死に、その妻・妙林尼《みょうりんに》（妙麟とも）が城主となり、驍勇善戦した。この年、伊集院久宣・白浜重政は、これを攻めたが勝てなかったため、城中の人を誘って内応させ、ついにこれを抜き、妙林尼は降伏した。そして、伊集院三河守・犬童休意は、菅迫城を鎮め、城主・志賀播磨介は、その二人の子供を納めて人質とした。また、これを奈良木右京亮宅に置いたが、大友義統は岡城主に命じて、これを奪った。

第三章

島津四兄弟と豊臣秀吉

秀吉出兵

天正十五年（一五八七年）正月七日、岡城主は夜、その将・戸高兵右衛門を遣わせて、奈良木右京亮宅を囲んだ。右京亮は三百余人でこれを防いだが、勝てず、囲いを抜け出て、従者・広瀬悪左衛門を遣わせて、菅迫城に救いを求めた。志賀播磨介は、鎮将・伊集院三河守および犬童休意と計り、兵を敵軍の帰路に伏せさせて、戸高兵右衛門を撃ち破り、七十余人を討ち取った。

諸将は、すでに豊後に入り、賞を求めて封を求めたが、闘志があるわけではなかった。家久は、思うに将は驕り、兵卒は怠けているので、ともに功は成し難し。そこで、長官は、軍隊を引きもどして議し、樺山忠助（忠知改め）を帰還させて、三重（現・豊後大野市三重町）の松尾城を守らせることになった。曰く「この城は、守兵が少なく弱い。もし、敵軍が取るところとなれば、我が軍勢は、帰路を絶たれることになる。故に公(忠助)を遣わせてこれを守る」。

十九日、義久は、塩見から南光坊を遣わせて羽柴秀長に書を贈り、

寡人（義久）、前に大友氏と和議を結びましたが、大友氏は聴かずに、朝夕憾んで我が敝邑に矢を放ちました。吾、これをもって日向の役がありましたが、ただ自分を救いたかったためで、敢えて関白殿の命を奸したのではありません。そして、仙石殿・長宗我部殿がまた、大友氏と兵を合わせて、我を討とうとしました。吾、これをもって利満の戦があり、天の霊を頼り、軍勢は功あって、数千人を討ち取りました。しかしながら、これもまた、ただ自分を救いたかっただけで、敢えて大国の人への報復ではありません。よって舎弟・中務少輔（家久）に、大船三・四艘を準備させて、京師（京都）・四国の衆を送り還らせます。願わくは、公（秀長）我がために弁解してください。

と頼んだ。また、石田三成にも書を与えて同様の旨を伝えた。

二十日、樺山忠助は、松尾城に至ったが、城の状態は、はなはだ悪かった。守将の平田宗応・新納久時は、皆城外に居住しており、城中にはただ草屋《くさや》一間があるのみで、人夫を居住させていた。果ては、家久が料するところにふさわしいように、忠助は、室屋《むろや》を造り、守備を修めて、二人とともに入ってこれを守った。

初め、義弘は、津加牟礼にあったが、家久がすでに府内に入ったのを聞き、諸将を召して会議した。あるいは府内にいき、家久と勢を合わせるのがよい、あるいは今南郡（大野・直入《なおいり》両郡）を棄てて、去ったほうがよい、という意見があったが却下された。たまたま、秋月種実が、使を遣わせて玖珠《くす》郡（現・玖珠郡玖珠町）を取るのを「ただ、我が敝邑の幸でなく、高橋氏もまた、まさに難を逃れられます」と勧めた。玖珠人もまた、これを請うこと、しばしばであった。霧島でくじ取りをして神慮を得たので、義弘は、川上久隅・町田久倍・新納忠元を遣わせて、兵を率いさせて玖珠郡に入れた。ここにおいて、小国の北里某・野上・岐部・恵良・切加布などの邑は、様子をみて下ったが、独り下荘某がいまだ降らなかった。二十六日、義弘は、また霧島へ伺い神慮を得たので、進んで玖珠郡野上（現・大分県玖珠郡九重町）に駐屯した。義弘は、気分任せの陣替えではなく、種々談合し、神慮を重んじた結果であることを義久に説明している。二月、諸将を遣わせて下荘某を攻めたところ、下荘某は降を請い、義弘はこれを許したが、なお城に拠っていまだ下らなかった。

　十八日、岡城主は、兵を引率して小牧・鍋田の二城を襲って、これを陥れ、小牧鎮将の甲斐右京亮および高知尾人の甲斐肥前・甲斐弥太郎・坂本飛騨・福永四郎三郎などを殺した。死者は、およそ二百三十余人にのぼった。樺山忠助は、松尾城に居たが、十三所衆が謀反し、また、小牧・鍋田の二城がすでに陥れられたのを聞き、家久に助けを求めた。ここにおいて家久は、府内から還り、松尾城に入った。たまたま日州三城の士卒が、まさに南郡守兵と代わろうとして三重に至ったので、家久は、これに叛者を討たせた。十三所衆は、遠くに逃げ、四面五、六里間再び敵の塁はなくなった。

　三月一日、関白・秀吉は、自ら大軍を率いて九州に出兵した。

　初め義弘は、家久と道を分けて大友氏を攻撃し、至る所でたやすく勝ってすでに豊後に入り、国中饗応して城邑《じょうゆう》は皆降伏した。しかし、関白自ら将として大友氏を救おうと出兵してくると聞いて、皆謀反した。

　初め歳久は、白仁に駐屯していて、まさに家久に府内で会おうとしたが、たまたましびれの病（風疾《ふうしつ》・中風《ちゅうぶ》、リウマチ、痛風などの総称）になり行けなかった。また、得た所の城邑が、皆謀反して関白に応じて、白仁に逼っていることを聞き、軍隊を引きもどして議し、長野隠岐を遣わせて、義弘に告げた。七日、歳久は、白仁を出発し、大野（樺山）久高・弟子丸右京亮などがこれを護送した。中途、敵と幾十度と遭遇したが、切り通し追い退け、歳久は免れた。

また、大野久高などは還り、坂梨城を保った。

関白・秀吉は、赤間関に至り、勢いは遠近に振るった。秀吉軍十万は九州西部、秀吉の弟秀長ら十万は九州東部を南下した。計二十万の大軍である。

秀吉軍九州上陸

義弘は、関白の先鋒・羽柴秀長が、すでに豊前に至ると聞き、十一日、野上から軍を二つに分けて帰還した。自ら一軍を率いて府内に赴き、以久に、町田久倍・新納忠元などを率いさせ、一軍も率いさせて日田から秋月を過ぎ、上筑後に出させた。この日、義弘は、健軍に宿をとった。翌十二日、関白の先鋒は、すでに湯嶽に至り、黒田（孝高）・迫間両氏と兵を合わせて、来攻《らいこう》した。義弘は、これを敗り撃ち、府内に至った。十四日、敵船が進み来て沖洲と萩原の両村を放火したが、島津方の騎歩がその地に馳せ到って挑戦し、数多の敵兵を切り獲った。岡城主・志賀氏は、十一所衆を率いて神原城を攻め、その寨柵を壊し、城主・入田氏は城を棄て奔った。ついに、義弘に身を寄せ、義弘は用いた。義弘は、また赤塚重堅に歩卒五十人を率いさせて菅迫の増勢として遣わせて、菅迫城主・志賀播磨介を薩摩に迎えるため、加勢衆五十人・鎧・鉄砲を送った。播磨介は、鎧・鉄砲は受けたが、加勢衆は辞し、翌日まさに出発しようとしていた。岡城主は、大森弾正を遣わせて千四、五百人を率いてこれを攻めた。播磨介は、兵を統率して力戦すること辰（午前八時）から申（午後四時）におよび、戦死を遂げ、傷を負う者数多であったが、走り漸くこれを破った。十四日、ついに宗人道益・伊集院三河守・犬童休意などと菅迫城を去り、新納忠元などと軍勢を合わせた。

豊後瀧田城鎮将の佐多久政は、敵の攻めるところとなり力戦して死亡し、宗人の家臣の死者は、五十二人であった。一色昭秀（足利義昭の家臣）と高野興山上人（木食上人・応其《おうご》）が、府内に至り、義弘に関白との和解を説いたが、諸将は聴かなかった。還って要害の地を守り、関白の軍勢をふせぐことを議し、義弘は、これに従った。十五日、歳久以下の諸将は、肥後路を経て退去した。

十五日夜、義弘は、府内から三重に行き、途上清田の嶮難《けんなん》を経て前後敵と遭遇したが、たやすく破り撃った。伊勢弥九郎・久富木摂津介に戦功があった。戦死者も多数あった。伊集院久宣と白浜重政は、鶴崎城を去ったが、妙林尼が兵を道に伏せさせて攻撃し、二人は死亡した。

十六日、義弘は、三重に至り家久と松尾城で会した。

十七日、義久は、伊住院久治に感状を与えて、歳満の軍功を賞した。家久は、義弘とともに松尾城を出発し、長谷川内から梓山をこえた。中途で敵と遭遇したが、たやすく破り撃った。阿多筑後守・大寺大炊介が長谷川内で戦死した。家久は、佐土原に帰還し、義弘は、十八日夜、縣城《あがたじょう》（現・延岡）に入り、十九日、新納院高城に至り、二十日、都於郡で義久に会った。以久は、上筑後に赴き、豊後切加布城鎮将の伊集院久信とともに帰ろうと欲したが、久信がすでに去ったことを聞いて帰還した。ちょうどその時に、岡城主・志賀氏は、大森弾正を遣わせて宮地に駐屯させ、大野久高・弟子丸右京亮・犬童休意などを坂梨城に幾重に囲んだ。運を天に任せて防御を怠けず、三～五日を経た。久高は、急を以久に告げたので、町田久倍・新納忠元・伊集院久信を遣わせてこれの救援にあたらせた。城中は勇気を得て翌朝城門を開き大軍に向かい、筋力尽きるまで防戦し、敵軍は漸く敗れ、切り得た敵首は百有余であり、久倍・忠元などは久高などを城から出し救い、肥後表へ帰国した。

四月三日、義久は、書を為し真木島昭光に「辱く御内書を賜わり、秀吉と和解させせようとなさいました。謹んで命を聞きます。よって、太刀一腰・馬一匹を献上します。善く私のために話してください」と述べた。

六日、羽柴秀長は、日州に至り、財部と高城の間に陣取った。精兵二十万（十万カ）騎、陣営をなすこと五十一カ所であった。義久・義弘兄弟は、都於郡にあって薩隅の援兵を待った。秀長の陣営は、日ごとにその勢いを増した。それに対して、高城地頭・山田有信は、三百余騎を率いて高城を守った。秀長は兵を遣わせてこれを囲み、また、鳥取城主の宮部善祥房（継潤《けいじゅん》）・木下平太夫などを遣わせて、一万五千騎を率いさせて根白坂に駐屯させた。宮部などは、空堀を深く掘り、堅い壁を設けた。

町田久倍と新納忠元は、津守城にあって、関白軍がすでに肥後に至ったと聞き、まさに隈本を守ろうとしていた。隈本および宇土が皆謀反したので還り、八代に去った。隈荘鎮将・宮原景種に城を捨てて帰って来させようとしたが、隈荘（現・城南町）人は謀反して景種を殺害した。

根白坂の合戦

十七日、義久は、義弘・家久などと二万余騎を率いて、高城を救うため根白坂陣営（伯耆の南条小鴨の陣）を夜襲で攻撃したが、勝てなかった。歳久の養子で義久の孫・島津忠隣が戦死し、士卒の死者は三百余人にのぼった。義久は、秀長軍には立ち向かったが、秀吉本人との戦は避けたのであった。

一色昭秀・木食上人および安国寺恵瓊が、再び義久に講和を勧めた。義久は、これに従い、二十一日、伊集院忠棟を人質とした。

高城は、数日囲まれていたが、山田有信は、固く守り下らなかった。義久は、羽柴秀長と和解しており、使を遣わせて有信に降伏させせようとしたが、承知しなかった。また、町田久充を遣わせて、諭したところ、有信は降伏し、その子息・有栄を人質とした。有栄は、やっと十歳になったばかりであった。

初め、松浦筑前守は、罪があって出亡《しゅつぼう》し、京都に出奔《しゅっぽん》していたが、遂に関白・秀吉に仕え、ここに至って、この先路《せんろ》となった。肥後・谷山城に拠り、新納忠元・伊集院久信が、これを攻め陥れ、還って関城を保った。高来の有馬氏も謀反して鬪艦《とうかん》に乗り八代に出て、比奈古を焼いた。高田鎮将・島津忠永（忠辰）は、懼れるにおよび邑を棄て奔亡《ほんぼう》した。

関白軍は、宮之原に至り、舳艫《じくろ》は海を蔽《おお》って下った。関・八代人はこれをみて、皆畏色（畏れた様子カ）があり、忠元などは関城を去り、以久・町田久倍と八代城で会し、十八日夜におよんで遂に随いともに出て球磨に走った。坂本に至るころ、東方はすでに明るくなっており、翌十九日、関白軍はすでに八代に至った。翌二十日、以久などは人吉に至った。ここにおいて、球磨領主・相良忠房は、島津軍の助けとして日向にあった。その家臣・深水宗芳に城を守らせていたが、宗芳は病と称して出なかったため、諸将は、ただちに城中に入り、表裏ないことを確認したので、宗芳に行かせて球磨川をわたらせて堅固に送り、その後、これを許した。伊集院忠棟が人質となった日、忠元は大口に帰還した。関白・秀吉は、舟に乗り佐敷から出水に至り、領主・島津忠永は迎えて降伏し、川内まで案内した。野田・高尾野・阿久根・多木（高城《たき》）・水引（現・薩摩川内市）・東郷も皆下城した。

二十五日、秀吉を乗せた舟は川内に至って流れに従って上がり、泰平寺（薩摩川内市大小路町）に宿営した。鹿児島と離れること十三里（約五十二キロメートル）であった。川内川には舟橋を渡し、平地のように行き通ったので、高江・隈之城も人質を出して降参した。

五月一日、義久は、義弘と都於郡を出発した。義久は鹿児島に帰還し、義弘は真幸に帰還した。羽柴秀長は、移って野尻に駐屯した。関白が川内に至ったので、高城水引の諸邑は様子をみて下ったが、独り平佐城（現・薩摩川内市平佐）主・桂忠昉《ただあき》（神祇祐・のち忠詮）のみが城を閉じて固く守った。秀吉は、小西行長・脇坂安治・九鬼嘉隆を遣わせて、これを攻めたが勝てなかった。義久が、人に忠昉を諭させると降伏し、二日、秀吉に泰平寺でまみえた。

義久は、河野通貞を遣わせて泰平寺にいかせ、講和を正し、通貞は反命した。六日、義久は、鹿児島を出発して行き、伊集院（現・日置市）に至って母の菩提寺である雪窓院で宿をとり、祝髪して、法名（斉名）・龍伯と名乗ることになった。供の者達も出家した。八日、義久は、水引に至って佐々成政・堀秀政をたよって小姓一人を伴い、秀吉に泰平寺でまみえた。秀吉は、「これへこれへ」と招き、「腰の回りの淋しき」と自ら佩刀二枚を脱ぎ、小袖とともに義久に与えた。その後、秀吉は、義久の供にお手前で茶を与えて「義久がこの度腹を切れば供をするつもりであったか。義久あれに目をよく懸けよ、我には左様の時腹を切ってくれる者は一人もいない」と殊の外感じていた。この日、義久の家臣で秀吉にまみえた者は人数も名も判然としないが（忠長と伊集院忠棟は含まれるか）、一人は長寿院盛淳であった。姓は畠山氏で、父・頼国は、中務少輔に任じられ、河内守護職であり、兼て紀伊・大和二州を領していた。細川・斯波氏とともに、室町幕府の三管領と称されていた。享禄（一五二八～一五三二年）以降、幕府は衰微して将軍・義輝は害に遭い、頼国も尽く世守《せいしゅ》の地を失った。京都に仮住まいして、自ら橘隠軒と号し、その後は、近衛氏をたよって義久と通じて、遂に薩摩に客した。義久は、その名家の血統ゆえに、礼しこれを敬い、臣と見なさなかった。頼国は、沈淪流落《ちんりんりゅうらく》して、その先祖を辱めたことを憾んでいた。つねづね歎いて「私の子孫のすべてのため、家臣として使ってほしい」と訴えたが、寧《むしろ》、子孫を使うことなく、ついにその男子を僧にさせ、女子を尼にさせた。男が盛淳であり、高野山に行き、端坐《たんざ》三歳、苦行八年、また、根来寺にも行き、仏理を研鑽して究め、戻って鹿児島安養院の住持となった。盛淳は、生まれつき賢く参謀となった。義久は、時に国事を相談することもあり、黒衣の謀臣と号した。これをもって、今日六人とともに秀吉にまみえたのである。義久の降伏により、抵抗を続けていた者も大方降伏した。

家久の死

翌九日、秀吉は、義久に花押書を与えて「九州の国分けを去年計ったが、下知に背き、所行猥《みだ》りにより、誅罰のため薩摩まで出兵して討ち果たそうとした時、義久は一命を捨てて走り入ったので、赦免する」と薩摩一国を以前のように領地させた。義久が、泰平寺から戻り伊集院に至るころ、秀吉は追って人質を求めたので、三女の亀寿（持明夫人）を人質とした。義久は、鹿児島に帰還して群臣は朝賀《ちょうが》した。石田三成と細川幽斎が、島津氏の「取次」となる。

十八日、秀吉は、泰平寺を出発して平佐に宿をとった。秀吉が川内の泰平寺まで来ていながら鹿児島まで来なかったのは、二十万の大軍による遠征であったため兵糧不足に悩まされていたからであった。戦が長引けば島津方勝利もあったかもしれない。義弘は、当初五月初め、歳久などと篭城の構えを取り、要所を固め、防戦するつもりでいたが、義久の降伏の報せを聞き、翌十九日、義弘は赴き、羽柴秀長に野尻でまみえた。また、赤塚重政・佐谷田重正を人質とした。

二十五日、秀吉は、義弘に朱印状を与えて、大隅一国を宛行《あてが》ったが、肝付一郡を割いて伊集院忠棟に授けさせた。また、義弘の次男で亀寿の婿（長男・鶴寿丸は早世）・久保に日向諸県一郡を与えた。初め、義弘は、真幸院を封じており、飯野に城を築いて居していた。ここに至って、封じられるところを大隅に移されたのは、秀吉が思うには、義弘が飯野城を去ることが好む所ではなかった。そこで、久保を諸県郡に封じて、義弘に以前のように飯野に居らしめたのである。翌二十六日の朱印状によると、義弘の在所が定まらず困惑するであろうとの配慮である。しかし、農民出身の秀吉は、譜代の家臣を持たず、諸大名の子息たちを積極的に側近くに置いて厚遇し、将来に忠実な臣下となることを図っていることが指摘されている。久保に対しても同朱印状で秀吉は、義弘に「久保は側に召仕り自分の部屋栖みにするので真幸院を与え、その上、上方で扶持方なども与え、（中略）久保が不便なので人質にしないので、別の者を人質に差し出せ」と命じている。しかし、事実上の人質でもある。

また、同朱印状で、

（前略）島津以久・島津家久も皆その子を人質として納めたので、食邑《しょくゆう》は皆以前のようにした。北郷某は、領地に拠りいまだ下っていないが、もし一人を人質として納めるか、また一人を遣わせて人質として侍らせれば食邑は以前のようにする。そうしなければ、まさにその領地を屠る。

と言い渡した。

義久は、北郷時久（一雲）をうながして下らせた。時久は、領地を含む大隅が、長宗我部氏に与えられると聞いて長く抵抗していたのであった。義久に、「是非とも我等が在所庄内へお越し下さい。一戦仕りお家の御運を開きます」と言っていたほどであった。秀吉は、北郷氏の遅参に怒り、出頭しなければ征伐を加える。人質を出せば大隅の領地を安堵する。また、日向の内千町ばかり領地しているが別国なので、人質の外時久の実子一人を久保と同じく在京させて公事《こうじ》に務めさせれば与える。

と伝え、義久の説得により、時久およびその子息・忠虎は、降伏して赴き隅州・宮内に至り、石田三成・安国寺恵瓊をたよって罪を謝し、時久は、その第三子・三久を人質として侍らせ、三久の弟・忠頼を人質として納めた。ここにおいて、時久に以前のようにその邑を食ませた。そして、三久に日州・三俣院千町の地を与えた。義弘は、久保とともに秀吉に鶴田でまみえて、大隅および諸県郡を拝領した。

初め、新納忠元は、祁答院領主・歳久と秀吉軍を討つことを謀った。密かに、義久に、「秀吉は、大兵を連れ立って我が領土を侵略しました。全然、一人も抵抗する者もなく、天下では、まさに国に一男子なくといわれようとしています」と諸路に迎えてこれを討つことを請うたが、義久は許さず「すでに、女子（亀寿）を人質として納め、どうしてこれを棄てることを忍ぶことができようか」と返答した。忠元と歳久は、重ねて請うて、

国を謀る者は、家を顧みてはならない。かつ、人家《じんか》男女往々夭折多し。願わくば、所愛《しょあい》を割き、夭折でさえなお模範としてください。どうして、一女子の死をもって、国の大事を廃するのですか。

と訴えたが、義久は固く許さず「人と和を結び、約はすでに成った。約に背くのは不義である。かつ、吾は、社稷《しゃしょく》の洗礼をもって祝髪して罪を謝した。卿（秀吉）などは、私に負けさせないのがよいとして下さった」と説得すると、忠元と歳久は止まった。ここにおいて、忠元は、知学寺に投じて祝髪して自ら拙斎と号し、赴いて秀吉に曾木・天堂《てんどう》尾（天堂ヶ尾・関白陣（現・伊佐市））においてまみえた。秀吉は、長刀一枚・道服一領を与えたので、忠元は再び拝して退いた。秀吉は、呼び戻して「武蔵、汝再び我と隔てるのか」と問いかけた。忠元は声に応じて「ただ寡（義久）の君命によります。もし、寡君が殿下（秀吉）にことするを得らざらしめば、臣として命を逃れる所はありません」と返答した。秀吉は、善と褒めた。秀吉は、とりわけ感賞《かんしょう》してかねて聞いていた忠勇に少しも違いないとして、長刀一柄を与えたが、忠元は、拝伏したまま拝戴して面を挙げなかった。秀吉は、なんとかして忠元の顔色を見たいと思い、またまた道服一領を与えたが、先に同じように拝領し

て始終面を挙げなかった。その時、秀吉（あるいは細川幽斎）が、

鼻のあたりに松むしぞなく

と発句すると、忠元は笑い、その時初めて頭を挙げて、

上ひげをちんちろりんとひねりあげ

と答えたので、秀吉は感じ入った。

翌日、秀吉は、肥後に赴き、忠元は羽月郷園田の辺りに至って送った。秀吉は、馬を道の側に止めること、秀吉から離れること数町。秀吉は、騎士を遣わせて忠元を召した。忠元は、ただちに至って下馬して拝した。秀吉は、自ら扇子一柄を与えて去った。

家久は、根白坂から佐土原に帰還したが、羽柴秀長は、兵を遣わせてこれを囲んだ。家久は、城を回らして堅く守った。藤堂高虎が家久に、「今、孤城をもって大軍に当たれば終に必ず破れます。降伏するしかありません」と説いたので、家久もこれに従い、城を高虎に授けた。家久は、すでに娘を人質とした。また、秀長に従い京都に行き似合いの扶持をうけ仕えることを秀吉に請うたところ、秀吉は嘉として、佐土原（二万八千六百石）を以前のように領地させた。ここにおいて、家久は、赴いて秀長に野尻でまみえたが、六月五日、急に佐土原で亡くなった。四十一歳であった。法名・長策号梅天。家久の死因については、『旧記雑録』には、秀長にまみえた際「鴆毒の食事を出されて計らずも食べてしまい重病となり、療養を加えたが、能わず亡くなった」とあり、秀長が、家久を鴆毒（鴆という鳥の羽にある猛毒）で毒殺したとし、『島津国史』にも「毒を身に受けて病となり」「衆皆これを恨む」とある。家久の毒殺については、豊臣方によるとする、または島津方によるとする両方の説がある。豊臣方によるとする説は、家久の武勇を恐れた秀長によるとするものであるが、家久は、前述したように島津家からの独立を計り、秀長に仕え上方に上ることになっていた。秀吉も「神妙」と評価しており、豊臣方に家久を毒殺する理由はないようであるが、家久が上方で活躍し、島津氏が勢力を拡大することを秀長は危惧したのかもしれない。そして、家久が島津家から独立すれば、家久を習い島津氏からの離反者が出ることになり、島津氏による領国経営が機能しづらくなるため、豊臣方が単独で、もしくは島津方の同意を得て毒殺したのかもしれない。島津方によるとする説は、家久の独立による連鎖を食い止めるためであるとするものであるが、義久以下兄弟が

弟を毒殺するとは到底思えない。義久は、五月二十六日付の家久宛ての書状で家久の上洛を容認しているようにも取れる。また、家久は、天正十四年一月疱瘡を患っており、それからも戦が絶えず忙しかった時期でもあり、しっかり療養できたかも疑問であり、死因は病気だったのかもしれない。

十一日、義久は、宛所不明の書状で、日向国一円もしくは同国半国もしくは同国三分の一下されれば金子を進めると言っている。日向諸県郡は久保に与えられたが、島津氏の旧領である日向国は、出来るだけ少しでも確保したかったのであろう。また、義久は、同じ書状で、家来の者で日向国において直に知行などを万一下される族があっても、これは義久に下されたものと考えると述べている。豊臣政権から直に知行などを与えられる者があれば、義久の家来であっても島津氏から独立した勢力になりかねない。義久にとって日向国を統治経営するため、かつ当主の領地宛行権を保つためには必要な考えであった。

十二日、義久は、上井覚兼に書を与えて、

今日、伊集院に居らしめていて定めて窮困《きゅうこん》のことと思う。しかしながら、君（覚兼）日向を守り、豊後に入った功があったことを寡人（義久）は、敢えて忘れない。まさに邑をもって封じる。

と領地替えを命じた。覚兼は、伊集院地頭となり、同地に隠棲して三年後に亡くなった。著した『上井覚兼日記』は、二十七冊であった。その期間は、天正二年八月から同十四年十月までであり、欠損部分も多いが、戦国期島津氏を研究する上での一級史料である。その記載は、政治・軍事・経済・宗教・文芸・民俗などの各分野に亘っている。覚兼は、武人ながらも文芸その他の教養を豊かに身につけていた人であった。天正元年に、奏者、同四年に老中職に就いていた。同八年、老中職在任中に宮崎地頭になり、島津氏の日向国経営に従事して九州制覇に従った。

十五日、義久は、京都に赴いた。亀寿・久保・彰久・忠長も人質として上洛した。

秀吉は、帰路筑前・博多に至って数日留まり、自ら九州の封域《ほういき》を定めた。大友義統には、以前のように豊後を領地させ、また、黒田孝高には豊前・中津を、小早川隆景には筑前を、筑紫広門には筑後・山下を、蒲池主計助には筑後・三池を、立花宗茂には筑後・柳川を、伊東祐兵には日向の飫肥・曾井・清武を、高橋元種には日向の縣・三城・宮崎を、秋月種実には日向の高城・財部・福島を、相良忠房には肥後の球磨・芦北を、佐々成政には肥後・隈本を、それぞれ領地させた。肥前の龍造寺・松浦・大村・有馬各氏は、皆本領安堵となった。

十九日、羽柴秀長が上井覚兼に唐犬を求めているが、書状が届かなかったのか、渋ったのか献上が遅れている。二十五日、義久は、秀吉に博多でまみえた。七月、義久は、難儀して京都に至り、秀吉に聚楽第でまみえ、秀吉は、長刀・鞍・馬を与えた。八月、義弘は、名を義弥（珍）から義弘に改めた。そして、米苞《べいほう》一百を霧島権現社に毎年のごとく献上して、二十四日、座主坊に告げて、永代繁栄の祈祷を頼んだ。また、二十七日には、伊集院久信に、馬一匹および感状を与えて、切加部・坂梨の戦功を賞した。羽柴秀長が日向国諸県郡を島津方に与えることに同心していないなか（後に秀吉の意向であるとして賛同）、飫肥郡志布志大崎などでは違乱があり、豊臣方から秀長が定めた豊前・豊後・日向の領地方目録に従うように義弘に警告してきた。

義久は、秀吉に重陽の賀儀として小袖二つを献上したところ、九月八日に朱印状で返答があった。義久は、京都にあったが、資用《しよう》は与えられていなかったため、秀吉は米・五千石を与えた。十月十四日には、花押書を与えて「君（義久）に、禄一万石を与える。明年、まさに地をもって授けるが、今日はかりに所入（収納した年貢）の半分（五千石）を与える」と述べた。秀吉は、久保を縁重（義久養子カ）ならびに家督候補者とした。前述のように義弘も家督候補者となっていたが、最初秀吉に歯向かった過去があり、戦に出陣していない久保を家督候補者とすることを秀吉は望んだのである。亀寿の婿である久保が家督を継ぐことは、義久の意向とも合致していたと考えられる。

佐々成政は、政に暴虐多く、民は命に堪えられず、肥後人は皆謀反した。成政の罪状はいくつかあり、秀吉は、九州の諸侯に命じて、佐々成政を討たせることにした。十二月二十日、義弘は兵を率いて、飯野を出発した。赴き、大口に至って、道を芦北に借りようとしたが、許されなかった。佐々成政は、球磨領主・相良忠房の姉を娶っており、忠房は、成政の党であったからであった。たまたま、安国寺恵瓊が留まっていた筑後から肥後に至って肥後人を鎮撫し、佐々成政を京都に連行した。

義久は、秀吉に歳暮の賀儀として呉服三つを献上し、二十八日、朱印状で返答があった。

関白との折衝

天正十六年（一五八八年）正月二十一日、義久は、山田有信に書を与えて、高城における前後（大友氏・秀長軍に対して）の防御の労を賞した。二月三日、義弘は、北郷時久・忠虎父子に盟書を与えた。十一日、秀吉は、義弘に花押書を与えて、肥後への出兵をやめさせ帰陣させた。秀吉は、石田三成に命じて、義久に一王雅樂入道に領地を与えさせた。翌十二日、義弘は、雅樂入道に書を与えて「関白殿は、義久に命じて卿に領地を与えました。赴きまさに、これを授けます」と述べた。十六日、義弘は、顓娃袈裟寿（久虎の子息）に盟書を与えた。

十九日、義弘は、秀吉に黄金十両を献上して、石田三成・細川幽斎に書を遣わせ、

　前日、兵を遣わせて隈本を討とうと、道を芦北に借りようとしましたが、許されませんでした。帰りは、舟に乗って宇土に至りました。阿蘇など諸邑は、皆降伏して人質を修めて信としました。道で通れない所は留まりました。

と報告した。福島正則・浅野長政・加藤清正は、詐って経界《けいかい》を治めると称して、肥後に赴き諸謀反人を討った。甲斐掃部助（御船城主）・弟の相模守・甲斐上総介（隈荘城主）・宇動左衛門尉（山鹿城主）・隈部親泰・内古閑鎮房・木山左近将監・林兵部大輔・田代宗伝・津守光永などが殺された。小国某・下荘某・北里某・伯耆顕広は逃亡した。顕広は、出水に至ったので、正則・長政・清正は、島津忠永に命じてこれを殺した。義弘は、秀吉に太刀一腰・黄金十両を献上して、肥後の平定を賀した。四月二日、朱印状で返答があった。二十四日、義弘は、刀一腰を白鳥山権現社に献上して、座主坊に義久様・義弘・久保のために平安を祷って下さいと述べた。義久は、秀吉に端午の賀儀として帷子五つを献上し、五月五日、朱印状で返答があった。翌六日、義弘は、軍配者（軍師）の川田義朗に書および鳥目百匹を与えて、京都での仕合が諸事上手くゆくこと・国家平安・家内安穏などを祷らせた。十七日、法華嶽寺でも祷らせた。二十六日、義弘は、上洛した。老中の一人も供をせず、その上、事前の準備も不十分で、乗船の船頭などまで慌てて雇うなど、財政不足がどうしようもないという状態であった。老中に京都での借銀の協力を求めている。佐々成政が摂州・尼崎に至って罪を謝し、赦しを求めたが、秀吉は許さず、閏十四日、切腹を命じた。朱印状で成政を殺したことを義弘に告げた。

二十三日夜、義弘は、和泉堺浜浦に上着して北の神明町経王寺に寄宿すると、すぐに久保が来見して対面を喜んだ。二十五日には、義久がやって来て旅宿において貴賀《きがカ》し、拝面を遂げて喜んだ。

六月四日、義弘は、秀吉に大坂城でまみえて、十五日には、侍従に任じられた。七月五日、秀吉は、義久に封じて摂津・播磨の界にある十九村合わせて一万石を加増した。この月、海賊船取締令と刀狩り令を出している。秀吉は、義弘に豊臣姓・羽柴氏を与えて、義弘の名は、羽柴薩摩侍従豊臣義弘となり、二十六日には、従四位下に叙せられた。そして、八月五日、秀吉は、朱印状で義弘に封じて日向諸県郡真幸院・救仁院・救仁郷・綾・田尻・嵐田・八代・深歳・向高・穆佐院・須木・入野名・紙屋・野尻・漆原・浦之名・飯田千四百四町を加増した。また、朱印状で豊久に、日州の都於郡・佐土原・三納・那賀・広原・新名爪など九百七十九町を与えた。豊久は、母（樺山善久次女）と京都にあった。日向国においては、秀長が、秀吉の意向に任せて領地を定めていたが、高橋・秋月・豊久各氏に違乱があり、島津領である諸県郡も支障事が出ていたため、代々の日向国中の境界が明らかである目録に拠って、改めて領地目録の朱印状を与えたのであった。

十二日、義久は、大慈寺を遣わせて、書をもたらせて琉球王に贈って、

今日、天下一統。国内の動向です。琉球が独り貢物を供えていません。関白はまさに水龍《すいりゅう》を命じて、まさに国を屠ろうとしています。今の時におよんで使を遣わせて罪を謝し、貢物をささげてつとめを修めるのがよい。そうすれば国は永寧である。これを特に告示します。よって、扇子百本を贈り、用いて微忱《びしん》を述べます。

と伝えた。

秀吉は、義久を帰国させた。義久は末の娘・亀寿との別れを悲しみ、和歌を作って細川幽斎に贈った。

二世とは契ぬものを親と子の別れん袖の哀をも知れ

幽斎は、これに、

馴々し身をばはなたし玉手箱二世と懸ぬ中にはありとも

と答えた。そして、ついに義久の和歌を秀吉に告げると、秀吉は、これを憐れんで亀寿とともに帰ることを許した。九月三日、義久は、京都を出発して大坂に至った。義弘は、秀吉に重陽の賀儀として呉服二重を献上し、八日、朱印状で返答があった。十一日、秀吉は、義久を茶亭での宴に招き、縮羅百端を贈った。即日、義久は、大坂を出発し、十

月十四日、鹿児島に帰還した。義久と義弘が領国を留守にしている間は、新納忠元が代わりを務めていた。義弘は、十一月十二日付の書状で忠元・山田有信に拝領した諸県郡の移衆の急ぎの配当を命じた。落ち度なく拝領した領地の統治をしなければ、没収される懼れもあった。十二月十二日、義久は、北郷忠虎に盟書を与えた。十八日、秀吉は、義久に花押書を与えて「緞子《どんす》二十巻・猩々皮蓑一枚を贈り示し、殊に厚意に感じている」と述べた。義弘は、秀吉・北政所に歳暮の賀儀として呉服一重を献上し、二十五日、朱印状で返答があった。また、この歳、琉球王・尚永が亡くなった。

義久は、長寿院盛淳を老中として、盛淳は、義久に随い伏見にあった。石田三成は、素よりその人を知り、義久に「盛淳は、人材として用が足りています。どうしてこれを登用して執事臣としないのですか」と問うたので、義久は「吾もまた知っています」と返答した。そして、盛淳に命じて還俗させようとしたが、辞したため、強く命じると命を聴いたので擢用《てきよう》した。

秀吉の野望

天正十七年（一五八九年）正月二十日、秀吉は、義久に朱印状を与えて、大仏修造の材を献上させた。豊臣政権は、義久・義弘の参勤や人質の上坂だけでなく、方広寺大仏殿の材木および巣鷹（巣にいる鷹の雛）の上納、刀狩り、海賊船の取り締まり、琉球使節上洛の要請、明の勘合の提出、後には小田原参陣、朝鮮の役の軍役などの負担を次々と要求した。島津氏方は、これらの要求に苦しんだが、豊臣政権が「御油断においては、御家滅亡です」などと恫喝して命じてきたため従うしかなかった。対応については、義久と義弘には温度差があり、義久は、降伏前の体制をできるだけ維持しようとして、要求に必要最低限で応じようとして、家臣団の多くも支持して従ったが、義弘は、要求に積極的に応じなければ島津氏の存続が危うくなると強い危機感を抱き、率先して軍役を負担しようとしたので、家臣団は、相当の負担が強いられることに反発し、義弘は苦しい立場に立たされた。この対応の差については、現代において義久が非難されがちであるが、財政基盤が貧弱であったことや、家臣への負担をできるだけ少なくしたかったという事情を考えると一概には言えない。後に起こる梅北国兼の反乱のように、家臣団の暴発も懸念していたであろう。もちろん義弘の態度が島津氏を存続させたことを考えると賞賛すべきである。豊臣政権による軍役などで島津氏の家臣団支配は危機に頻したが、豊臣政権の権威により島津氏の地位は確固としたものに至るのである。

義久は、秀吉に鉄砲で撃った鴈《がん》二十・鴨五十を献上し、二月十二日、朱印状で返答があった。義久は、秀吉に端午の賀儀として帷子五を、義弘も同様に献上し、朱印状で返答が義久には五月二日にあり、義弘には三日にあった。

義久は、宛所を欠いているが、秀吉に近い者に宛てたと思われる書状で、

下向して、国許の様子を見て驚き入りました。近年中には安寧におよばないでしょう。私と義弘が、一年交代で在京することは本意でありますが、余りに当国が乱れているため、ここよりは、私・義弘・久保が交代で一年に一度ずつ上洛することを大望します。連々御執り合いのことを庶幾《しょき》します。

と述べている。

七月二日、義久は、伊集院抱節（久治の法名）に書を与えて「魯笑（抱節の父・久通）以来奉公代わりなく、今日また盟書を献上し、尤も忠誠が見える」と述べた。義久は、秀吉に七夕の賀儀《がぎ》として帷子三を献上し、六日、朱印状で返答があった。そして、義久は、秀吉に盆の賀儀として帷子五を、義弘も同様に献上し、十四日、朱印状で返答が二人にあった。八月十日、秀吉は、義弘を帰国させた。二十一日、義久は、大慈寺に書を与えて、寺産課役（寺への課役カ）を十年免じた。前年の豊後の役から琉球への使者におよぶ労を賞したためであった。義弘もまた、大慈寺に同様の旨の書を与えた。二十四日、義久は、京都に赴き、九月、秀吉に聚楽第でまみえた。義久は、秀吉に重陽の賀儀として呉服一重を献上し、九月七日、朱印状で返答があった。秀吉から義久に、久保に島津家の家督を相続させる意向を伝えたようである。また、この歳琉球王・尚寧が位を嗣いだ。

天正十八年（一五九〇年）正月六日、義久は、京都から大坂に赴いた。二十七日、久保は、再び京都に赴いた。二月八日、秀吉が、大坂から京都に赴いたので、義久は赴き京橋口でまみえた。十六日、再び京都に赴いた。二十八日、秀吉は、琉球王に書を与えて「土産数事（すうじカ）至った。親善を尽くしている。二、三年内に吾は、まさに明を討伐する。王は兵を発してこれに会せよ」と命じた。三月、

久保は、秀吉に従い、騎歩四百五十人を率いて、北条氏討伐に出発した。家久の忘れ形見・豊久も出陣した。久保は、初陣であり、秀吉の太刀役を任じられた。秀吉以下諸大名が、駿河富士川の辺りに着いたが、その頃大雨が降って川の水は増し、大石が水底を流れる音が震動して渡れるところもみえなかった。そんな処、久保が秀吉の前に出て、「先陣仕る」と申し上げて、馬に乗って川の中に打ち入ったので、供の軍兵も我前と進んだが、よく進めなかった。久保の乗った馬は、秀吉一の秘蔵で、無二の名馬であり、出陣の前に拝領した馬であった。久保は、難なく一文字に駆け渡して向かいの岸に着いたので、若輩での先陣に秀吉も感じること普通ではなかった。名誉は天下に高まった。北条氏との合戦で、敵の矢面に進出した時も、何時も押し上がり、味方の前に塞がるなど勇敢であった。

二十九日、秀吉は、朱印状で義久および義弘に「中納言が今日山中城を陥れ、城主以下を討ち取った。明日、移って箱根山城に駐屯して小田原城下に逼る。不日これを抜くのは間違いない」と報じた。義久は、使を遣わせて、秀吉の起居《ききょ》をうかがい、袷衣《あわせきぬ》五を献上した。四月七日、秀吉は、義久に朱印状を与え、

遠い所、袷五を恵んで下さり、厚意に感じている。去る二十九日、中納言が山中城を陥れ、城主以下二千余人を討ち取り、諸軍は勝ちに乗り小田原に向かい、その城下に逼った。不日これを抜くのは間違いない。

と答えた。再び、同様の旨を伝えているのは、秀吉の義久に宛てた三月二十九日付の朱印状がまだ義久の元へ届いていなかったためであろう。義弘は、秀吉・北政所に端午の賀儀として帷子五を献上し、五月二日、朱印状で返答があった。六月十五日、義久は、税所越前守に感状を与えて、「卿は、盟書を献上することは二回、忠貞みるに足りる。この志を変ずるなかれ」と述べた。七月、秀吉は奥州に出征し、久保は従った。義久は、秀吉に太刀一腰・馬代《ばだい》銀三枚を献上して、相州小田原の勝ちを賀した。八月十一日、朱印状で返答があった。二十一日、義久は、琉球王に書を贈り、

天竜寺和尚が京都に至り、請う所の事件はことごとく許されたとみえ、大変めでたいことです。関白殿下は、すでに小田原城を治めて、武は八州に行き渡り、威は四海に振るい、遠い田舎も僻壊（遠くも壊すカ）します。方物《ほうぶつ》を献上して戦勝を賀し、山に梯《はしご》し、海を渡り、ついに至らざることのないようにして下さい。王は速

やかに、方物および楽工《がくこう》を献上して下さい。これを特に告示します。よって王に扇三十柄を贈ります。いささか、微忱をあらわすのみです。不宣

と助言した。秀吉は、関東から帰還した。義久は、京都から赴き秀吉に安土でまみえた。九月七日、久保は京都に帰還して二日に着いていた義久と謁見し、二十日、大坂に至り遂に帰国した。九月下旬、義弘は大坂に至り、二十七日に至った義久を翌日訪問して会い、その翌日まで寄合を持った。十月二日には、義弘を義久が訪問し、二人は終日遊行を催して長旅の窮困を慰めた。十月三日には義弘は、京都に至り、翌日、義久も上着した。二人は八日にも宴を催した。十一月晦日、秀吉は、義久に帰国の命を出した。義久は、十二月四日、細川幽斎の招きにより、義弘とともにその宅に入り、石田三成も会して薩隅の法度を議し、六日、大坂に至り、十二日、義弘と宴を催して、ついに帰国した。義弘は六日に大坂に至っていたが、十六日再び京都に至った。にわかに上洛したのは、東国で一揆が起こったためであった。十三日、松浦鎮信が、子息への諱字を義久に請うたので義久はこれを許した。松浦氏は、刀を献上して恩を謝した。義久も刀を脱ぎ、これに酬いた。十六日には、忠良の二女で樺山善久夫人の御隅が亡くなった。義弘は、居城を飯野から栗野に移し、家老に、川上忠兄（四郎兵衛・忠智〔肱枕〕の二男・忠堅が長男）・有川貞世・上井秀秋・新納旅庵を、御使衆に宮原伊賀・五代友慶を任じた。

天正十九年（一五九一年）正月十四日、義久は、京都から鹿児島に至った。義久は、秀吉に端午の賀儀として帷子五を、義弘もまた同様に献上し、五月二日、義久に、三日には義弘に朱印状で返答があった。義弘は、鎌田政近（義久の家老）への五月七日付の書状で、

石田三成が、島津家の滅亡は程ありませんと言っている由で、取次なども公儀むきまでと承りました。先ず国持の大名は、毛利殿・家康・その次には島津ですが、関白様の御用に立つことは一つもありません。無人数では何もできません。国の置目（政治・規則）が不十分であるからです。十分ならば国替え、そうでなければ御家滅亡は程ないと、安宅秀安（三成家老）も言っています。国の置目を緩くなく改められ、借銀もなく、乗馬人を十騎も二十騎も召し連れ、外聞を国持ちの振る舞いらしくして、屋形作りを人なみに首尾すれば、国のためになるはずとも言っています。

と苦しい胸の内を伝え、国元の協力を要請した。義弘は、島津家存続のために国元の非協力的な態度を改めてほしいというのであった。石田三成・安宅秀安も「取次」として、島津氏をなんとか豊臣政権の要求に応えられる大名にしようと、恫喝を交え指南しているのである。義久は、大仏殿柱材二枚を献上し、六月二十五日、朱印状で返答があった。義弘は、秀吉の命により領国の田張を提出するように、五月二十四日、白浜次郎左衛門尉と新納旅庵を遣わせて、鹿児島の義久に伝えていたが（六月二十一日到着）、一カ村の分も届いていない旨を八月五日付の書状で老中に申し送っている。義弘の苦労が察せられる。八月二十一日、秀吉は、兵農分離令を出した。同日、琉球王は、義久に書を遣わせて、

関白、八州を治めたのを聞き、ここに建善寺大亀和尚・茂留味里大屋子を遣わせて、これを賀す。敝邑困悴《こんすい》しているため、方物を贈れませんが、かつ、楽工を献上します。いささかも儀のためであります。公(義久)は、それを私のために説明して下さい。よって、公に焼酒一甕・大平布二十端・苧籮《ちょらカ》二端を献上します。いささか、微誠《びせい》を表すのみです。不宣

と述べた。

九月、義弘は、京都から至った。初め秀吉は、道を朝鮮に借りて明を討伐することを欲していた。これを朝鮮に告げたが、久しく返答がなかった。秀吉は、その怠慢に怒り、先ず朝鮮を討伐することを諸侯に命じ謀った。舟楫《しゅうしゅう》を造り、武器を修め、兵衆を募らせた。また、糧食を蓄えた。明年、朝鮮を討伐すると宣言した。島津氏には軍役として、久保に軍役人数一万五千を、義久に三百本の幟および五十本の手鑓を、義弘に三百本の内二百本の長鑓および三十本の手鑓を命じた。そして、この外手鑓は面々たしなみ次第、二十本手鑓を従者が使う時、又陣屋の前に長鑓ばかりは見苦しい。鉄砲は千五百丁、弓は千五百帳。六百本の旗指物衆には具足を着せること。馬上は歴々の衆ばかり、但し徒立ちにならない衆には、いずれも馬上に、その間馬上の員数は定めない。馬上の衆は甲・具足然るべくすること。凡そこのように、たしなみ専一であると命じた。秀吉は、再び、鎮西諸侯に命じて、陣営を肥前・名護屋（現・佐賀県唐津市鎮西町）に築かせた。義久は、日付・宛所欠の秀吉に近い人物に宛てたであろう書状で、

（豊臣政権からの命令で）薩・隅や島津家に懸ることは、義弘・久保に直に仰せ付けて欲しい。愚拙（義久）は、

ますます老耄《ろうぼう》の体であるので諸篇指し置くことを頼ります。さりながら、拙者一身にもしも仰せ付けられる子細があれば、兎にも角にも承ります。今後、御用捨を希みます。

と述べている。義久の責任逃れとも取れる内容であるが、高齢の義久に豊臣政権からの要求は過酷であった。十月、義久は、名護屋に赴いた。石田三成は、義久・義弘に宛て て、人質を三番組に分けて名前・人数・期間などを決めた賦書を送った。義久・義弘・久保のいずれかが一人在京することや、老中・北郷忠虎・伊集院忠棟・新納忠元の人質についても書かれていた。二十四日、義久は、琉球王に書を遣わせて、

関白は、まさに朝鮮を討伐しようとしていて、兵を薩摩および貴国に徴しています。両国衆を合わせて、一万五千を満たすのがよろしい。寡人（義久）は、貴国が遠島であり、素より軍事に慣れていないので、兵を送ることを求めません。この間、徴発《ちょうはつ》はしばしばです。よって、貴国に告げます。七千人十カ月分の兵糧を送り、明年二月以内に坊津に至り、その後、高麗に達せさせるのがよろしい。また、今月十日から諸候は、陣営を肥州名護屋に築いていますが、王は絶島なので会するにおよびません。金銀米穀《べいこく》を送り、役を助けるのがよろしい。出兵のことを異国に偏に洩らさないように考えるのが尤もであります。

と要求した。秀吉もまた、琉球王に書を遣わせて、

吾は卑賤から運《めぐ》らせて征伐し興り、威武をもって日本を平定し、六十余州をすでに掌握中に入れた。ここにおいて、外国遠方で朝貢しない者はない。爾《なんじ》琉球王、自ら弾丸の地（狭い土地）を擁して険しく遠いことをたのみ、いまだ聘貢《へいこう》通っていない。今特に爾に告ぐ、私は、まさに明年春をもって先ず朝鮮を討伐する。爾兵を率いてこれに会するのがよろしい。もし、命を聞き入れなければ、私はまさに先ず乃《なんじ》の国を屠り、玉石倶《ぎょくせきとも》に焚く。汝これを考えよ。

と恫喝した。琉球王は、書を得て大いに驚き、その家臣・鄭礼を遣わせて、秀吉に書をもたらし、福建巡撫使・趙参魯をたよって明に告げた。初め、明の商客《しょうきゃく》許三官は、薩摩に寓居して医術で義久に仕えていた。ここに至って、潜に秀吉がまさに入寇しようとしていることを明に告げたの

で、これを聞いた秀吉は大いに怒り、思うには明への出兵を洩らしたとして役人に捕らえさせ、新たに大鍋を鋳てまさにこれを煮殺そうとした。徳川家康が、「明人で日本に寓居《ぐうきょ》している衆で、出兵を洩らした者は、ただ三官一人ではありません。それを尽く煮殺すのですか」と諫めたので、秀吉は赦した。義久は、その後も三官を用い続けている。

　義久は、赴き隈城に至ったが、病（虫気〔腹の病〕・右膝の病・歯の痛み）があった。十一月、義弘が、義久の代わりに名護屋に赴いた。十二月十四日、秀吉は朱印状で、義久に朝鮮への渡海を命じて、渡海できる者で大小に寄らず残り居る者には成敗を加え、渡海できずに留守をする者は、書き立てて申し上げるように命じた。義久は、石田三成に名護屋への普請に打ち立ったが、途中で虫気が出たので俄かに義弘を代わりに登らせたこと、渡海については馳走できない旨を申し送った。十九日、義久は、琉球王に書を贈り、

> あや船が遅緩している。罪は敝邑にも及んでいます。速やかにこれを遣わすのがよろしい。名護屋陣営では、専ら九州人が属しています。よって、貴国助役のことを命じます。すでに以前の書でことごとく書きましたが、尤も期をあやまってはいけません。万一無沙汰の輩は、即刻成敗を加える旨を仰せ定められています。鉄三百斤を贈ります。菲薄《ひはく》具儀（具のことカ）。不宣《ふせん》

と忠告した。二十八日、秀吉は朱印状で、改めて義久に朝鮮への渡海を命じた。同日、秀吉は、関白職を養子の秀次に譲り、改めて太閤と号した。

文禄の役のはじまりと歳久の死

文禄元年（一五九二年十二月・天正二十年より改元）正月十九日付の朱印状で秀吉は、義久・義弘に、

> 琉球のことは、この度明国へ発向の次に改易と仰せ付けていたが、先年義久が取次ぎ、礼を申し上げたので、その道理に任せ異議なく立ち置き、（島津氏の）与力とする。唐入りに人数など奔走させて召し連れ出陣させよ。油断においては、成敗を加える旨を堅く申し聞かせよ。

と命じた。正月二十一日付で石田三成・細川幽斎も、秀吉が亀井茲矩に琉球守を称させて、琉球国を与えていたが、秀

島津氏の願いにより替地をさせ、琉球を島津氏の与力としたので、琉球国は礼を申し入れる筋目であること。琉球が、入唐の時疎略の体があれば、沙汰も異なってくることを秀吉も申しているので、必ず仰せ遣わせて奔走するように入魂肝要であること。そして、琉球からのあや船の遅れを指摘して、急ぎ上らせるように指南した。ただし、秀吉は後の三月十四日の朱印状で唐入りの人数は必要ないとして、直ちにその旨を琉球に遣わすように命じている。

春、名護屋陣営（城）が完成した。秀吉は、まさに朝鮮を討伐しようとして、諸将に命じ肥前・名護屋に会させた。二月二十七日、義弘は、久保と栗野を出発し、兵を募ったが、いまだ至らず、従者は僅か二十三騎であった。国元のようすは、唐入りには構わず、ゆるりとしていた。三月五日、般若寺別当坊に愛宕山で祈祷させ、曰く「この行恙なかったので、まさに米百石をもって賽《さい》とし、期す七年尽くすべきである」。義弘は、大口に至り、兵が集まるのを待ったところ、若干人を得て、その後赴いた。四日、大口地頭・新納拙斎老（忠元）は、病のため、従い行くことができないため、餞別《せんべつ》して和歌を献じて曰く、

あぢきなや唐土《もろこし》迄もをくれじと思ひしことも昔なりけり

義弘もこれに答えて曰く、

唐土や大和をかけて心のみかよふ
おもひぞ深きとはしる

義弘・久保父子は、肥前・唐津に至って諸将の群集《ぐんしゅう》を窺い、渡船が至るのを待つこと有日（幾日もたつカ）であった。十四日、石田三成が、義弘に久保の妻・亀寿を急ぎ上洛させるように、上儀《じょうぎ》を軽んじている、秀吉の機嫌も悪いと、催促している。十七日、家康が、名護屋に赴いた。島津氏は、義久・義弘・久保の上洛や朝鮮への出兵で財政難にも苦しんでいた。二十六日、秀吉が名護屋に赴き、二十八日、義弘父子は名護屋に至った。四月、秀吉は、名護屋に至り、漸く航海の期が近日となったが、待っていた薩摩の舟船は一隻も至らなかった。

四月一日、義弘は、国元に、

国元のこと（軍役并替米の首尾など）が調わないので、石田殿が殊の外悪心《あくしん》であるが、とりわけ頼りにしているので、それから入魂して、安宅秀安をすでに下したので、入念に替米并御進上米などのことを調えること。

義久の名護屋への上着が遅く近々急ぐことが専一《せんいつ》である。亀寿の上洛を急いで下さい。この三カ条さへ調えば、御家も安泰かと思います。

と頼んでいる。

十二日、義弘・久保父子は、諸将とともに名護屋を出発し、朝鮮に赴くため壱岐に渡った。父子は、やむをえず賃船を求めて供衆五、六人を召し連れて渡海し、壱岐・風本で海程十三里（約五十二キロメートル）にして、逆風あり順風なく、諸船とともにここで数日を送った。海上を遠望するに領国の舟船《しゅうせん》はいまだ少しも到着しておらず、父子および供の家臣などは、言語が絶えた際、敷根頼元の私船（九端帆）が、只一隻この地に至り、頼元は義弘を乗せることを請い、義弘は喜び許諾して久保をその船に乗せた。二十八日、父子は、諸将とともに壱岐を解纜《かいらん》して対馬に渡った。海程四十八里（約百九十二キロメートル）であった。対馬に渡るのに、諸国の軍戦を望見すると、華美に飾るだけでなく、その数は多かった。ゆえに、自船の卑陋《ひろう》と少寡を慙《は》じ、己の船を島陰に繋ぎ、窮困の至り言語を得られなかった。義弘・久保は、宰相宛ての手紙で「あはれをと、めたること」と書き送っている。義弘父子主従の出陣は、国元の協力を得られず哀れなものであった。なお、朝鮮の役が始まる頃から、九州大名や出兵した諸大名に対して、寺沢正成（広高）が「取次」として動くようになる。（島津氏に関しては小西行長も「取次」として活動）。

義久は、命じて薩隅日三州の寺社領の三分の二を収めた。収める所は、四百八十六町一段七畝であった。但し大乗院・荘厳寺・福昌寺・安養院・浄光明寺・一乗院・開聞宮・白鳥宮・狗留孫社・霧島社・正八幡宮・八幡宮・八幡新田宮には、その田を以前のように領地させた。

四月の末、家康は、大病に罹《かか》り寝ていた。典薬《てんやく》数輩が、秀吉の台命をもって、座右を離れずに医術を尽くして良薬を勧めたが、いまだ薬験（薬の効目カ）なかった。許三官は、これを聞いて「家康卿の弁舌《べんぜつ》をもって去年自分の死罪は許された。只、願う所は、参り座下《ざか》に進み、診脈《しんみゃく》におよび良薬を勧め、旧恩に報いるのは、この時にあり」と訴えた。よって、喜入久正に彼の訴える所を告げさせると、家康は許諾した。座右に召し、診脈におよび、退き、「傷寒《しょうかん》（腸チフス）軽くなく、脈は病の状態です」と告げた。家康は、三官の薬を服用することを決定して、諸医の調合を目前で良薬を作らせ、かつ三官は、煎薬《せんやく》を勧めた。ほとんど十七日ばかりですでに復本《ふくほん》におよばせた。家康は喜び、黄金と絹を三官に与えた。甚だもってありがたいことであった。この時に、三官は薬方《やくほう》を余多（多くカ）伝授した。

五月三日、義久は、野村備中守に、大隅・山田城を与え、追って日州の忠節を記した。義久は、秀吉に端午の賀儀として帷子五を献上し、朱印状で返答があった。

同日、義弘は、対馬を解纜して釜山浦《プサンポ》に至り、翌四日、慶尚道《ギョンサンド》・釜山浦を出発して、忠清道《チュンチョンド》を経て数日を途中で費やし、京畿道《キョンギド》・王城（漢城《ハンソン》・ソウル）に至った。義弘は、五日付の川上肱枕（忠智）宛ての長文の書状で「龍伯様の御ため、御家の御ためを存知、身命を捨てて名護屋へもよい時分に参ったが、船延引のゆえ、日本一の遅陣に罷り成り、自他の面目を失い、（中略）無念千万です」とか、

あまり〳〵遅陣迷惑にて、五枚帆を一艘借り出して乗船して、去る月対馬に渡りましたが、誠に小者一人にて鎗を五本共持たず、高麗まで渡ったこと、浅間敷《あさましき》有様涙もとどまらん仕合《しあわせ》です。船が着いてとまりでも身を忍ぶように居ること、呉々国元の扱いを恨み入ります。

などと苦労と無念を伝えている。八日、義久は、首途して名護屋に赴いた。小西行長が、忠州を陥れ、朝鮮国王・李昖は義州に奔り、王妃・太子は、兀良哈《オランカイ》に奔った。小西行長は、先ず王城に入り、諸将もおのおの要害の処を守った。義弘は、普天城に居たが、至って永平城に移った。秀吉は、朝鮮がすでに敗れたのを聞いた。明の大兵がまさに至ろうとしていた。六月六日、石田三成・増田長盛・大谷吉継を遣わせて、軍を率いさせて、朝鮮に赴かした。三人は、朝鮮三奉行と号した。

梅北国兼（大隅国菱刈郡湯之尾《ゆのお》地頭）・田尻但馬守は、朝鮮に赴き、義弘より後れて出発したが、肥前・平戸に至って謀反した。太守の命と偽り称して薩隅日辺境の衆および豊肥筑前後州の与党を招き集めて、殆ど二、三百騎を過ぎ、その卒二、三千人とともに徒党を結び一慾（欲カ）心して、おのおの乗船を返して、肥後の加藤清正の領土に至り、十四日、国兼は、肥後葦北郡・佐敷（熊本県芦北町）城を攻めてこれを陥れた。故に浮説《ふせつ》が雲のように興り群疑《ぐんぎ》泉涌（泉が涌くカ）であったが、留守の町田存松（久倍）が「これがどうして太守の命であろうか、只これ流言である。みだりに心を動かすなかれ」と命じたので、国人は、信じて静かであり、数日を経ずして国兼の偽りの謀は発覚し、肥後で誅された趣が告げ来ることになる。

国兼は、佐敷城に陣営を定めて、また、兵を遣わせて、八代城（麦島城）を攻め、田尻但馬守およびその子息・荒次郎・荒五郎と松波瀬を焼夷して小川を攻めたが、松浦筑前守が、籌策《ちゅうさく》を運び防御して田尻父子以下その党百余人を

攻め殺した。その後、八代城に入り堅く警衛したので、国兼の士卒は陥れることができず、佐敷への退路の赤松太郎で、球磨・葦北の士卒によって悉く屠殺される所となった。国兼は、佐敷城に立てこもった。そして、その家臣・山蜘《やまこぶ》を遣わせて、兵衆を募った。国兼の家臣として有名な山蜘は、天性剛強で、彼これの戦場で補佐として国兼の武威を揚げ、膝下を離れなかったが、留守のため本陣は無人弧弱《こじゃく》となり、佐敷住人の境善左衛門・安田弥左衛門は佳期を得たとして、婦人などをして国兼に酒を飲ませて酔わせ、これを殺した。秀吉は、浅野弾正父子（長政・幸長）・伊藤長門・鉄砲頭四人を遣わせて、国兼を討とうとしたが、至った時にはすでに死んでいた。

義久は、梅北が一揆を起こして佐敷城を責め落とした由を早使（急ぎの使カ）をもって知ったが、覚悟の外のことで大いに驚き、その使を搦め取って石田三成に付け、秀吉に梅北の文を封のまま上らせて細川幽斎をもって言上した。その時、浅野長政が居合わせて取り合ってくれた。また、初め秀吉は、国兼の謀反を聞いて、思うに義久は関知しているとして、罪を加えることを欲したが、家康が諫めて、思うに罰するのはよろしくないとしたので、秀吉は赦した。義久が最前言上したことも功を奏した。義久は、帰り国に行き、細川幽斎を遣わせてともに梅北余党を治めた。七月六日晩、義久は、鹿児島に帰還し、幽斎は三日後に下向した。島津領国中の置目を改めさせるためにも、秀吉は幽斎を上使として遣わせたのであった。

豊臣政権による島津氏への露骨な政治介入は、この梅北国兼の反乱を契機として行われることとなる。

天正十五年（一五八七年）、秀吉の九州出兵の際、秀吉が泰平寺を出発し、まさに祁答院に宿しようとして、義久に、領主・歳久に告げさせたが、歳久は迷惑として許さなかった。秀吉は、事実であれば曲事であると怒って、「必ず、祁答院においてせん」と言った。その返事によっては成敗するとも伝えた。山崎（現・薩摩郡さつま町山崎）から鶴田（秀吉の本陣となった太閤陣〔別名・鳶ノ巣陣の史跡がある〕）に行くのに、歳久が人を遣わせて大軍を導いたが、指南として計を運び、赴くこと険路である九尾を経ている。この地は人馬の超過《ちょうか》できる所ではなかった。秀吉が思うに、故意に人を険しい所へ導き困らしている。軍衆は疲れて滅びることを憂慮し、おのおの嘆息のみであった。兵糧が絶えるのを按じて生麦を飯とし、多くの葉を摘み羹《あつもの》とした。山賊の徒が洞穴と谷に散乱《さんらん》して、人中の心を憂い怒らせ、窮困まさに言うべからずという状態であった。また、飛箭《ひせん》が、肩輿《けんよ》前におよんだものがあり、秀吉は、賊は歳久によるであろうと思った。歳久の家臣・本田四郎左衛門尉が、秀吉が乗っているであろう輿辺りに、矢を実に六本射たのであった。新納忠元と志を合わせていたのであろう。秀吉は、その輿には乗っていなかった。遂に鶴田に宿をとったが、歳久は病と称してまみえなかった（実際に風疾であった）。その後も起居《ききょ》不快であり、参覲（参りまみえるカ）の礼を欠いたので、秀吉は常に叛心があるかと疑っていた。歳久は、領地・鶴田において一宿を献じた。家臣・本田掃部助にその宅を伺わせた、翌朝、発足の後、見る所、公席（君の席カ）を飾る屏風の押絵《おしえ》が悉く剥ぎ取られていた。それ故、秀吉は、曽木陣営から鶴田に至って价使《かいしカ》を差し遣わせて、その屏風を返した。その上、押絵を剥ぎ取った小姓二人の二本の指を断ち、包み添えて、掃部助に与えて去ったのであった。その期の後を過ぎ、歳久は、このことを見聞して誠意にぞっとして身体悩んだが、今においては、どうしようもなかった。秀吉の積怒《せきど》は、わずかではなかった。しかしながら、すでに義久・義弘と和解していたので、しばらくこれを優しく許していた。歳久は、病床にあり、国中の戦場に発向できなかった。まして、朝鮮渡楫《としゅう》は、なおさらであった。ここに至って、歳久が梅北党であると告げる者があったので、歳久の家臣が一揆に加わっていたことを聞き得たこともあり、秀吉は大いに怒り、今度の梅北一揆の原因は、梅北一夫の所為ではなく、歳久がこれの張本人であるとして疑い、歳久は、いったい夢にも逆謀《ぎゃくぼう》を知らなかったが、十日、義久に朱印状を与えて、歳久の罪をかぞえあげて責め、

歳久が、義弘と朝鮮に渡海していれば、その身は助ける。彼の家中の者で、悪逆（反乱）の棟梁がいるので、十人も二十人も首を刎ねて進上せよ。もし又朝鮮に渡海せず、この方に在れば、歳久の首を刎ねて出せ。もしも、何か滞れば、人数を差遣わせて、歳久のことは申すにおよばず、彼の在所隣郷ともに、悉く撫で切りにせよ。

と命じた。秀吉は、憤り深く疑いはいまだ散らなかったので、細川幽斎にもその罪を責めさせて、歳久を討つことを命じた。幽斎と義久および老中は議し、ここにおいて、義久は歳久を祁答院から召した。

秀吉の出兵の時、歳久は、病と偽り称して、出頭しなかった罪を幽斎に正させるので、速やかに鹿児島に至って幽斎に会せよ。病の軽くないことを見知《けんち》させて一時において疑いを除く。

と言ったのであった。その言に応じて歳久は、鹿児島の路に赴き山谷の険難を経て、重病に辛苦を加えて（かねてから中風で苦しみ、今も腹中をわずらっていた）、漸く鹿児島を詣でた。留滞《りゅうたい》の際、義久は、営中《えいちゅう》に招き、饗応を与えて宴安を開き、一日の歓楽《かんらく》すでに極まったので帰宅の暇を得た。つらつらの理由で数日留滞した時、ひそかに諸人が常と異なることを察して、家臣なども諫めたため、宵に遁れ去り、舟に乗って脇本（現・姶良市脇元カ）にいたり、祁答院に帰ることを欲した。比志島国貞・白浜次郎左衛門尉が、送りに浜辺まで来た。ここにおいて、歳久家臣・上床新助が、次郎左衛門尉の袖を捕って「おのおの誣《し》いる所を知らないことはない。無理に欺くなかれ」と言うと、次郎左衛門は、会釈して「否、どうして然りであろうか」と答えた。新助は、目をみはって歯を食いしばり、今すでに汝と与するには、言が足りないとして、艴然《ふつぜん》袖を放ち乗船して、その勢いで向かい合わなかった。その後、おのおの再会を期して解纜した。群臣は、義久に「今、歳久を許して逃がし、その領地に帰らすのは、竜が潭《たん》を得て、虎を深山に放つごとしです」と進言した。ただちに町田久倍を遣わせて、兵を率いさせて歳久を追った。これらは、吉田に至って、日がまさに暮れようとしている時、王子宮前で、近辺諸所の士卒を催して、切通しの頭に伏兵を設けて、狭い細路を守り、吉田・蒲生の間で待ち伏せして、歳久の帰路を充塞《じゅうそく》し、かつ残党の蜂起に備えた。歳久は、すでに脇元に至り一宿し、その謀を伝聞して嘆き、「自分には羽翼《うよく》がない。よく飛び越す者でなければ、どうして遁れ去ることを得ようか。己は唯死にしかず」といった。家臣達百余人（三十余人・二十四人とも）は、扈従して生を羞《は》じて死に甘んじ、忠肝《ちゅうかん》義胆《ぎたん》照輝目前《しょうきかもくぜん》とし、かつおのおの「歳久とともに塵土《じんど》となる。名を後世に遺すべし」と誓った。そして、忽ち髻《もとどり》を切って歳久の前に備え、一人として膝下を離れる者は無かった。議して、

　脇元は、仮宅（仮の宅カ）路頭《ろとう》の平地なので、敵を四面から受けるので、久しく支えられない。罪科の問いなので、防御できる道として、竜ヶ水（現・鹿児島市吉野町）と称する地が近辺の海岸にあり、古来の匹夫《ひっぷ》の住居を得られるし、全身狭谷（狭い谷カ）で、険阻《けんそ》の要害である。速やかに彼の地に入り、筋力尽くし、その後、自殺を遂げよう。

とした。速やかに行き、地利によって弓を引き、矢を放ち、当敵を屠殺し、その後黄泉へ赴こうともしたが、歳久は、顔色を変えて怒って「勿れ。どうして太守に向かって弓を

引き矢を放つか。唯、引領《いんりょう》して斬戮の期を待つのみ」と語った。家臣などは、「このように、生前罪の所の由来も聞かずに、知らずのその妄念《もうねん》で、三途の止まりを死出しようとする。請います辞するなかれ」と訴えた。夜を臨んで歳久を乗せた船は、その地（白浜の辺り）に至った。東南の海に浮かんで多くの舟船があり、敵人かと疑ったため、白浜岸に着船して、駕輿《がよ》を舁《か》いて石径《せきけい》に赴き、疾くを欲して踊躍して至ったが、つまずいて歩行できなかった。漸く日がわずかに見える頃、後は、更にその地に至り、三十余人警衛は堅かった。

当地は、山を負い海に臨み、左右は岩壁である。北から南に至る一条の樵路《しょうろ》は、わずかに一人通れるだけで、故に扈従の族は、木を伐ってこれを塞ぎ、石を積んで絶った。すでに日は落ちんとしていた頃、数十人を率いて北路から進来してきて、姓名を称する者あって帖佐の士・梶原源太兵衛尉は、時において西牟田隠岐守を鉄砲を立て放って屠殺した。その後、船からは着岸容易ならざるとして、羽箭・鉄砲外れるを懼れて数十艘連なって間隙を窺い、大石の陰所に着き陸地に上がり、羽箭を飛ばし鉄砲を発して戦った。家臣達は、死をもって限りとして、巳の初時（午前十時）から申の半（午後五時）に至って、奮気して数十人を斬戮して、観る者驚嘆しない者なく防御したが、勇士衆は少なかったため兵器の多少もあり、筋力勤労漸く疲れて、天地間隔《かんかく》、かつまた矢竭き弦絶え、防ぐ欲・術なく、悉く（戦死者は数十人か）戦死を遂げた。歳久は、「これまた予の素意ではない。心と病は、おのおの別である。群衆の勇所制止できなかった」と述べた。哀れ哉、唯、三原源六がいまだ死なずに、助けて歳久の傍らにあるのみであった。

将士は、進んで歳久に逼り、自裁させようと欲したが、歳久は、徐に緩やかに「身が疾病にかかっていて、手足がしびれて自刃できない。面倒をかけるが我が頸を切れ」と語った。自ら首を授ける者を請うこと再三におよんだが、皆、ひれ伏して敢えて起きず、いまだ近寄れず、おのおの庭辺りに列居して、涙を飲んで地に伏して一言も発する者もなかった。顧みるに、歳久は、累代主君の骨肉である。歳久は、ここにおいてまた「どうして殺さず、我に時を移させるか」と言ったので、原田甚次という者があり、天性軽薄狼藉であり、仁義の道を学んでいないため、人の嘲弄《ちょうろう》を顧みず、にわかに起きて歳久を切り、ついに殺した。実に七月十八日、歳久五十六歳であった。法号・心岳良空大禅伯。追手の者達も鑓刀を投げ捨てて、木の下岩の蔭に倒れ伏して声を放って泣いていた。

初め義久は、歳久が竜ヶ水に拠ったのを聞いて、白浜重治を遣わせて厳命《げんめい》を述べさせて、殿下の命を承り、骨肉ではあるが、やむをえず検使を出発させる。殿下が命じて爾《なんじ》に死を賜う。平常と違わないことを守って、早く自ら引決《いんけつ》するのがよろしい。今、聞くには、険に拠って防ぎ守る。定めて家臣のなすところであり、この輩の誤るところで、乃《なんじ》の罪を重くすることはない。

と告げさせようとした。重治は、馳せて、竜ヶ水を詣でたが、歳久はすでに亡くなっていた。屍の傍らに、絶命書があり、書の尾に、手足がしびれて自ら筆を執ることができなかったためか、前の宵に、右筆の長倉兵部に書かせた辞世の和歌があり、曰く、

晴蓑《せいさ》（歳久の出家名）めが玉のありかを人とわばいざ
白雲のすえもしられず

これを義久に献じた。義久はこれを見て悼み、吉田美作守に斎《さい》七を福昌寺に設けさせた。

大政所（秀吉の母）が病になり、秀吉は京都に帰ったが、いまだ至らず二十五日亡くなった。翌二十六日、義久は琉球王に書を贈り、そもそも、貢物を止め、旧典を欠いた罪を責め、秀吉の威霊《いれい》をもって諭した。

初め秀吉は、義久に命じて一王雅楽助に領地を与えたが、二十九日、田尻荒兵衛の領地をもって一王雅楽助に与えた。晦日、秀吉は、京都に至り、歳久の首を伝えて命じ、聚楽第の東にある一条戻橋《もどりばし》に懸けさせた。この時、忠長が京都にあり、ひそかに大徳寺玉仲《ぎょくちゅう》和尚と謀り、市来善兵衛の家臣・揖宿某に歳久の首を盗み取らせ、今出川浄福寺（現・京都市上京区浄福寺通一条笹屋町）に葬った。その後、浄福寺は、聚楽第北に移り、宝林庵と改名した。義久は、首を葬った処に石塔を建てて玉屋を営み、浄福寺遺趾には、歳久の石塔がある。また、帖佐の総禅寺には、たぶん屍を葬ったであろう歳久の墓がある。

八月十四日、朱印状で、義久および細川幽斎に命じて「寺社領を収めて、邑入《ゆうにゅう》の助けとするのがよろしい」と言った。ここにおいて、国内の寺社領を没収して、かつその居を壊した所もおそらく若干あった。但し福昌寺・泰平寺・興国寺・南林寺・霧島社・正竜寺には、以前のように禄を与えた。また、義久に、朱印状を与えて、祁答院を治めた功を賞して、検地をさせ朱印状で義久に祁答院を与えた。

初め、祁答院人は、歳久の孫・袈裟菊《けさぎく》（常久）を立てて主とし、領地に拠って下らなかった。義久は、大総寺へ書を与えて「歳久が自害した上は、領地は保障するとしたの

に、供衆は一命を捨て、その上残りの家臣は、宮之城に楯籠ること、寔《まこと》に天下を知らない故か」などとこれを譴責し、使者を遣わせて、知行と袈裟菊の身上は元通り取り立てると堅く説得し、また東郷重位を遣わせて慰安もした。細川幽斎は、袈裟菊に盟書を与えて、「もし、城邑《じょうゆう》をもって降伏すれば、母子三人（袈裟菊・母の蓮秀夫人〔歳久娘・忠隣室〕・歳久妻の悦窓《えつそう》夫人）および家臣皆命は保障する」と約束した。義久もまた同様の旨の盟書を与えた。歳久の妻は、なかなか頑なに応じなかったが、使者を度々派遣して説得し、

晴蓑のことは、御家また国許の御ためこのようになられたところに、女子とは申しながら、愚智《ぐち》なることを申します。浅間敷（嘆かわしい）ことです。余り左様に申せば、晴蓑御奉公も徒に成ります。薩摩で細川殿の御扱いが緩いとして、浅野弾正殿（長政）が下ってくれば、隣方悉く、その上薩摩のことも一変します。

と訴え、そして、改易と下城しなければ降伏は認められないが、一次的なことで、京衆が登った後は元の姿に戻すと約束し、それでも疑ったが、新納忠元も説得したので、歳久の妻と家臣などは袈裟菊をもって降伏した。袈裟菊は、六歳であった。義久は、入来院重時（以久の次男・入来院重豊養子）を遣わせて、その城邑を収め、袈裟菊母子三人を入来城坂中丸に移した。義久は、馬料所をもって袈裟菊に与えようと欲し、細川幽斎に請うたところ、幽斎は許した。九月二十七日、袈裟菊に塔原三百石の地を与えた。

秀吉は、再び名護屋に赴いた。義弘と久保は、「龍伯様の身体のため、国家のため渡海したのに、在陣の用意もならず、人衆も渡らず、軍役にも応じられず」などと無人《ぶにん》（人数不足）を嘆き、懸命に国元に協力を求めている。義弘父子以下の苦労は、国元の非協力にあった。義久は、十月付の家臣宛ての書状で、

渡海の軍衆・粮物などを申し付ける旨を京都から承り、殊更朝鮮からも兵糧を見続（送って欲しいカ）の由で、船もない由なので、理屈がましく延引しては曲事である。船がなければ賃船を用意して、早々千五百人程は先ずもって渡海することが肝要であるので、堅く申し付ける。爰よりは、侘びなどは少しも受け付けない。

と協力を命じている。

十一月五日、再び義久に、朱印状を与えて「君（義久）、国の費用が乏しいと聞いた。今、薩隅二州の寺社領を収め

て、これを足す。立ち置きたい寺社は除いて良い」と告げた。十日、朱印状で義弘に城郭を修め、軍糧を貯えることを命じ、「明春三月、まさに秀吉自ら出陣する。よって、小袖二襲を与えて、冬天暴露《ばくろ》の苦を労する」と述べた。三奉行は、明人が大軍を遣わせて朝鮮を救おうとしていることを聞き、諸将に命じて王城の傍らに城を築かせて、これに備えさせた。戸田民部少輔を遣わせて広丹を、長宗我部元親に麻田を、島津豊久に春川を守らせた。江原道《ガンウオンド》・金化《クムホウ》は、咸鏡《ハムギョン》・江原・慶尚三道の要衝に当たるが、山中の悪地であり、五穀不熟で菜根《さいこん》も甚だ多くなく、諸般窮困のため、諸将は、これに居する利なしとして義弘に請うて守らせた。たまたま、明兵六万余人が、春川城を囲み、城中には兵が僅か五百余人しかいなかったため、豊久は急を義弘に告げた。義弘は、兵を遣わせてこれを救い、明兵は退き、救兵は帰還した。やがて、明兵は再び至ったが、豊久はこれを撃ち破り、首を切ること七十余級であった。切った敵の耳および鼻を名護屋に献上した。秀吉は豊久に書を与えて褒嘉した。十二月、義弘は、永平から金化に移った。この月、三道から強敵が来攻したが、久保は、軽騎を率いて突して戦いこれを走らせ、勇を恃んで単騎で敵を追い、あるいは自ら虎を捕らえた。義弘は、その軽佻《けいちょう》を将の所為ではないと戒め、石田三成もまた使を遣わせて、その獣を山野で追うことを禁止した。その後、その虎は、ほどなく病で死んだ。

二十八日、義久および細川幽斎に朱印状を与えて、義久を浅野長政とともに朝鮮に行かせようとした。義久は、まさに赴こうとして、金峯山権現社で祈祷を行った。朝鮮に渡った島津勢は、ある時は海上に浮かんで風波の難を凌ぎ、ある時は上中下迄身を海底に沈めることを悩むといった過酷な状態であった。

久保の死

文禄二年（一五九三年）正月四日、長刀・鎧および千首発句を金峯山権現社に献上した。

小西行長は王城に入り、加藤清正は王妃および太子を追って兀良哈《オランカイ》に至り、ことごとく生け捕りにした。よって、留まりいまだ還らずにいた。諸将は、王城で会し、朝鮮の将・牧司や明将・李如松が各大軍を率いて来攻することを聞いたので、諸軍を合わせてこれを防ぐことを謀った。九日、宇喜多秀家および石田三成・大谷吉継・増田長盛は、連名書をなして、加藤清正を兀良哈において召し、義弘に兀良哈を任せて託した。義久は、敷根頼豊・猿渡信豊に命じて、加勢衆（軍健）二百人（百人とも）を率いさせて、書をもたらし、兀良哈に赴かせた。二十日、義久は、細川幽斎と名護屋に赴き、数日して帰還した。義久が、朝鮮に渡海せずに済んだのは、徳川家康が義久の老齢を理由に、秀吉に渡海の免除を請うて許された経緯があった。秀吉は、浅野長政に命じて朝鮮に赴かせた。二月九日、朱印状で義弘に、「今年、まさに秀吉自ら出陣する。舟艦を具え、軍糧を蓄えよ。余は浅野長政に委ねてある」と命じた。李如松は、すでに開城《ケソン》に至り、まさに王城を攻めようとしていた。三奉行は、諸将をことごとく城中に会させて「殿下の命があって、城外戦は許されない」と告げた。小早川隆景・立花宗茂は、思うに軍事は変に応じるものであるとして、君命受けざる所ありとした。そこで毛利元康・小早川秀包などと城外に陣取った。義弘は、有馬重純を遣わせて、加勢衆（軍健）百人を率いさせ素より親交のあった立花宗茂を助けようとした。宗茂は「金化は、三道の間に介居《かいきょ》しており、兵を分けないのがよろしい」と、辞して、重純を還らせたが、重純は承知しなかった。

二十七日、李如松は、開城川を渡り、碧蹄館《ピョクジェクアン》に至った。小早川隆景・毛利元康・小早川秀包は、これを防いだが、勝てなかった。立花宗茂・毛利元康は、これを横撃して遂に如松を破った。碧蹄館の合戦である。如松は、退き開城を守り、明の後援を待った。二月五日、加藤清正は、兀良哈から至った。三奉行は、敷根頼豊・猿渡信豊を召して遠使《えんし》の功を褒称《ほうしょう》した。義弘および久保は、連名書を与えられて褒嘉された。朱印状で義久に、「長年、水手で朝鮮役にある者の死者が多い。三州から長年の水手で、十五から六十歳に至る者をことごとく朝鮮を詣でさせるのがよろしい」と命じた。

普州《チンジュ》牧司は、兵を遣わせて、釜山浦と王城との道を絶ったので、義弘は、京畿道《キョンギド》の竜仁城に移って、これを守った。明の司馬石星は、沈惟敬（遊撃将軍）を遣わせて、和議を講じ、三奉行はこれを許した。前年の文禄元年に、石星は、惟敬に和議を講じさせて、先ず人を平壌に遣わせて行長の意に挑んだが、行長もまた素より和議を喜んでいたこともあり、惟敬と乾伏山麓で会した。惟敬は、陣を極めて和好の善をなしたが、行長は、標題七カ条（一・和議、二・日本がすでに攻め取った朝鮮四道の割地、三・往古のような入貢、四・明帝が秀吉を封じて日本国王とすること、その余の三条は深く秘せられていた）を示し、もしことごとくこれが可であれば、吾は和親の謀に従うとした。惟敬は、先ず皆これに同じくしたので、行長および諸将は皆、惟敬の言を信じて、その報せが至るのを待って平壌の軍を退けるのを欲した。増田長盛・石田三成・大谷吉継も同様であった。故に朝鮮の諸城を攻めず、唯、心を痛めて日を費や

した。また、

日本との勘合船が絶えてすでに久しい。これをもって秀吉は、数年朝鮮に和親を求めたが、朝鮮は日本の望みに応じなかった。故に秀吉は、勃然節旄《ぼつぜんせつぼう》を朝鮮に進めた。今、足下《そっか》（君）平壌に来て和交を結ぶことを欲した、これ国家承平の基や。足下明帝に奏じて、日本に官使を遣わして交親のための左券を贈ることは、なんと希望することであることよ。官使がもし来るならば、五十日をもって期となす。かつ甲冑・弓靫（盛り十矢）・単刀・長剣各一箇を贈る。

とも申し渡した。翌日、惟敬は、日本の鉄砲を求めた。

惟敬は、大明に帰りこれを報せたが、群臣の衆議を経ず、ことはいまだ決しなかった。話は、文禄二年に戻り、惟敬との約は、「明兵は退いて鴨緑江《アムノクガン》に至る。日本兵は退いて釜山浦に至る」というものであった。三奉行・行長など皆、朝鮮在陣久しく苦辛していて、帰国の思いは勃然であり、惟敬の言による和親の議は、甚だ好む所であった。惟敬は、秀吉を明帝の婿にすることを欲して、しばしば計策を運んだ。その後、惟敬は、行長と「今君の所言の七条は、悉く成りました。朝鮮二王子および臣従を送り帰して下さい。かつ、王城の諸兵また皆先ず釜山に退いて帰朝して下さい。そうすれば、李如松もまた、明兵を退けます」と約した。しかし、平壌の軍は、惟敬が密かにスパイで有るか否か疑い、大方肯んじなかったため、惟敬は、明に帰り、石星と密議して、監生《かんせい》の徐一貫・生員《せいいん》の謝用梓を行長の所へ遣わせて、多くの金帛《きんぱく》を贈り、また和謀を説いた。行長および長盛・三成・吉継らは皆清正と仲が善くなかったため、清正の王子を捕らえた大功を棄てることを共同で議し、かつ糧米《りょうまい》も漸く竭き、士卒は、瘧《おこり》の癘《えやみ》に遭い死者は殊に多かった。これ故、皆先ず釜山浦に退く意があり、惟敬は、喜んでますますこれを勧め、行長などは議を交えて「王子を送還することは、秀吉の命で、ならないということなので受けない。兵を退けることは、増田・石田・大谷の意のみにある」と告げた。

四月二十一日をもって、増田などは、退兵の期としたので、諸将は、兵を率いて去る歳から駐屯していた王城を去り海口から退いて釜山浦に戻り、義弘は、唐島《からしま》（巨済島《こさいとう》・コゼド）城に居した。内藤如安は、経略孫鉱を受ける命のため明に入り、石星の待つこと甚だ厚かった。如安は、入省中、石星と問答して和親の議はすでに成った。明は、徐一貫・謝用梓を遣わせて、名護屋に赴かせ和解を董《ただ》した。秀吉は、明からの使者を丁重に持て成し、両使が帰朝の暇を告げると、使者に投書《とうしょ》して、明の皇帝の淑女《しゅくじょ》を求めて日本の后妃の位に備えることや、明国は我が言を悉く取り、朝鮮四道は我が領にあるので、朝鮮の臨界・順和の二王子および従臣を帰し送ることなどを告げた。朝鮮国王・李昖《りえん》もまた義州から王城に入った。秀吉は、書を石田三成・増田長盛・大谷吉継・加藤清正・小西行長に遣わせて、釜山浦の近辺の要害を固く守ること、明の和親にもし偽りがあれば、進んで王城を攻め、直ちに明に入れと命じた。また、晋州城は、前日抜くことができなかったので、諸将と刻期を約して一挙に抜き取りの功を尽くし、先ず全うする城砦であるとも命じた。

李如松が、なお、開城にあることを秀吉が聞き、思うに大国は測り難しとして、五月一日、朱印状で義弘および諸将に「牧司城を取り巻き、仕寄《しより》・築山《ちくざん》を申し付け、（中略）一人も洩らさず悉く討ち果たすこと」などを命じた。また、朱印状で義弘に帷子二を与えて労勉《ろうべん》した。大友義統が、落ち度により改易された。

この日、秀吉は、命じて島津忠辰の出水郡を没収した。以前から忠辰は、豊臣政権への直奉公を願い出たり国役を果たさなかったりしたが、御朱印衆のため、義久も強い態度にでられず、石田三成に取り成しを依頼したこともあった。忠辰は、朝鮮の役の軍役でも島津氏から独立した行動を取ったり、名護屋の城普請などを申し通しても、一向に承知して引き受けることもなかったりしたので、義久は、忠辰の領地替えと、出水を義久領とすることを三成や幽斎を通じて豊臣政権に訴え、家臣で忠辰のような行動をする者を防ごうとした。忠辰は、素より本国に属することを欲せず、たびたび秀吉に請うたが許されずに、義弘に属して朝鮮に赴かされた。陣普請なども義弘の元で果たすように命じられた。忠辰はすでに朝鮮に至ったが、病と称して釜山浦に止まっていた。期月（満一カ月）進まず、ここに至って忠辰の逗撓《とうどう》の罪を簿責《ぼせき》し、命は助けられたが、その領地は没収されたのである。さらに小西行長に、島津忠辰を軍中に囚えさせた。忠辰弟の忠清・忠富・忠豊その母である義久長女・於平も国において囚われ、小西行長領である肥後・宇土に預けられた。どういう訳か忠辰はまもなく病死し、義久は忠辰が名を失い祖先を辱めたので、跡継ぎを置くことを許さず、ここに薩州家の本宗は断絶した。

三日、朱印状で義弘に、「奴僕《どぼく》で逃れる者があれば、すぐに誅して赦すなかれ」と命じた。義久は、秀吉に端午の賀儀として波久二・生絹一・染帷子二を献上し、四日、朱印状で返答があった。六月、秀吉は、諸将に晋州を攻め、牧司の首を切って献上せよと、命じた。ここにおいて、加藤清正・浅野長政・毛利吉成などは、まさに晋州を攻めようとしたが、李如松の来救《らいきゅう》が恐れられた。そこで、城を晋州・開城の間に築き、義弘を城主としてこれを遏《とど》めようと議した。義弘は欲せず、ともに晋州を攻めることを求めた。たまたま、朱印状が至り、義弘に諸将とともに晋州城を攻めさせた。諸将は、ともに晋州城を攻めるため、すでに進発した。加藤清正・小西行長が前鋒《ぜんぽう》となり、毛利秀元が一方に向かい、小早川隆景・黒田長政・浅野長政・伊達政宗などが属し、宇喜多秀家が一方に向かい、義弘・鍋島直茂・長宗我部元親・蜂須賀家政・立花宗茂などが属し、凡そ軍兵六万余人であった。晋州の城は、大河が前にあり、三方が嶮しく危うく、石壁《いしかべ》が峻であり、矢棚《やだな》が構えられていた。牧司は、朝鮮兵二万を率いて守っており、時に劉綎が軍勢を率いて大兵府に来陣した。諸将は、皆簡単に抜けないと言ったが、秀吉の怒りが恐れられ、かつ前日の恥を雪ぐため、七月七日、励志《れいし》して争って進んだ。秀元は西方に向かい、秀家は東方に向かい、加藤・小西・黒田・浅野は城面《しろおもてカ》に向かった。あるいは梯、あるいは楯、あるいは竹束《たけたば》、あるいは熊手と、攻具《せめぐ》を備えて進んだ。清正は、行長が和議の中心として両王子を送還して、その大功を放棄したことに怒っていたので、その和謀を破り、晋州を屠ることを欲していた。故に、先衆として進み、歩卒に高櫓《たかやぐら》を横にして放たせて、その後、清正は衆を麾《さしまね》き城を攻めたので、城中では、これを見て少し騒ぎ、黒田・伊達もまた進み、城兵は、強くこれを防いだが、秀元が西方から急撃して攻め入ったため、城中は、慌てて騒ぎ皆遁走《とんそう》した。一万五千三百人が討ち取られ、その余は、あるいは巌上で僵《たお》れ死に、あるいは河中で溺死し、凡そ城兵で死者は二万五千余人に至った。城主・牧司は、逃れて林藪《りんそう》に隠れていたが、秀家の家臣・岡本権丞が捜し出して首を切って帰り、捕虜に問うたところ、これ牧司の首に疑いなしということであった。この由を、その首を塩漬けにして、名護屋に遣わせたところ、秀吉は大悦《たいえつ》であった。先に入城した加藤・小西・黒田の功労《こうろう》は、同じであったが、清正が城面の高櫓を破ったため城が乱れたので、清正を第一功とした。政宗は、寡兵をもって渡海して軍忠を尽くしたので、秀吉は賞の感状を与えた。秀元は、大兵を率いて西方から急に入ったため、首級を得たのが諸将の中で多かった。晋州は、朝鮮の宝器《ほうき》を多く納めていたが、この地を陥れたため箕子《きし》世々相伝の重器《じゅうき》は、多く焼失してしまった。時の人は皆、晋州で城を陥れたのは、奇勝《きしょう》であったと思っていた。

　李如松は、これを聞き、惟敬を召して「汝は和議は成ったと言ったのに、日本兵は再び晋州を攻め、牧司を殺したのは何であるか」と譴《せ》めた。惟敬は、答えることができなかった。釜山浦に赴き、行長に告げたが、行長も「汝は、和議は成ったと言ったのに、李如松はなお開城にあるは何であるか。明兵は頻りに朝鮮に入っている」と怒った。惟敬は、また答えることができずに明に戻った。十八日、義弘五男・忠清（母は忠恒と同じ）が、京都に到着した。人質であった。

　二十七日、朱印状で義弘に、「唐島城において兵衆を集め、兵器を具え、軍須《ぐんしゅ》を蓄えよ」と命じて、八月六日には、冬の寒さ対策などを、七日にも、また「唐島子城に他の家中の者を一切入れてはならない。二之丸に広間・台所を設けて客人を待つのがよろしい」と命じた。しかし、秀吉に男子・拾（秀頼）が生まれ、秀吉は、十五日、名護屋を出発し、朝夜兼行で京都に帰還した。関白・秀次が使を遣わせて、義弘に朱印状を与えて、暴露の久を労した。三日付で久保が、新納忠元宛ての書状で、

> 去年以来棄て破り勘落して上げた所領を直轄地にするように秀吉が命じていたのに、おのおの配当したことは、我等は合点がいかない。その配分地のことは、今度悉く没収して去年当年二度、確実に納め置いて下さい。（中略）諸県郡のことは、涯分《がいぶん》厳しく調え置いて下さい。もしも、気任せの族がいれば、成敗を加えると、とりわけ入念に申し付けることを頼ります。加えて、この方へ我等が召し抱えている人数の知行を皆上地したことはよくないので、早々に返付することが肝要である。

と命じた。十六日付の義弘・久保宛ての安宅秀安書状でも確認できるように、上記のような豊臣政権への国元の非協力な態度に、石田三成が上洛次第、義久を隠居させる計画がある程であった。おおよそ薩隅諸県の諸配当を打ち破り、細川幽斎が棄て破り勘落した分を、当年に悉く直轄地（薩摩の分を義久に、大隅諸県の分を義弘・久保）にする所務以前に、義久を隠居させようと計画したのであった。豊臣政権は、この頃島津氏の京都の屋形作り、大仏・伏見城の普請を命じている。

　二十三日付の朝鮮在陣中の義弘家臣宛ての書状で新納旅庵が、

> 船の手配を鹿児島に計十四度も申し入れたが、六月二十一日に漸く一艘着いただけで、隅州浦の水主方も説得はしたが、少しも見続に心遣いしませんでした。余りのことに鎌田兵部少輔に申し付けて、船一艘作り、水主を私に雇い近日渡す考えです。大隅国の然るべき在所は、皆鹿児島の直轄地となり、残す所は、鎌田政

近・長寿院盛淳各鹿児島衆に持たせて、漸く宮内・大窪・田口に少し御公領（義弘の蔵入地）が成りましたが、門・屋敷（年貢収納の単位）纔に十二、三です。いかに何千石といっても畠畑ばかりで、後日御用には立ちません。この場所に帰朝されては、仰され悪いこともあるかもしれないので、その御方から厳しく仰されて、是非もって大隅の内、棄て破り勘落した在所替えの跡などを皆御公領に定めて然るべきと存じます。誠に、、若輩に似合わず申し上げたことでありますが、この場所で口がある人のように申し上げます。

などと申し送っている。国元の義弘の家臣団も鹿児島・豊臣政権とのやり取り、財政難・人手不足などと大変な苦境にあった。義弘の直轄地は、宮内・高城・田上合わせて千石余と僅かであった。旅庵も、「この分では、何篇（編）調い間敷き歟」と嘆いている。御朱印による細川幽斎の島津氏に対しての仕置きも失敗に終わった。島津氏の家中の者が、御朱印に悉く背き、主人の知行を一往《いちおう》の届もなく悉く恣に分取にして、出陣もしないなどの状況に、安宅秀安もまた二十七、八日付の書状で「御家は、続く間敷き候」と書き送っている。

九月八日、久保が、唐島において病死した。二十一歳の若さであった。法名・恕参号一唯、皇徳寺殿。五名が殉死した。死骸は薩摩に送られ、福昌寺に葬られた。義弘は、普天に居していた。久保は、かつて近臣と外出して、騎射《きしゃ》を習っていた。明兵数十人が、我が釆樵者（たきぎを取る者カ）を殺して去ったのを聞き、久保は単騎でこれを追い、二人を殺して帰還した。川上久智（忠智の三子）もまた一人を殺した。その後、金化に移った。三道の兵が動き、すぐに高山《こうざん》に上り、城中を窺った。ある日、久保は、三道の兵が、再び至ったのを聞き、すぐに麾下二十騎・加勢衆（軍健）二百余人を率いて、これを撃ち破り、首を切ること二十余級であった。曰く、「この区々は、どうして献上するに足りようか」として屍を山木と繋げてならべて帰った。また、かつて鷹を臂《うで》に野に赴いて、山に虎がいるのを聞き、士卒にこれを追わせて隅に負かせ、銃を執りはかった。大山新藤が、前で向かい合って立ち「臣の肩に架けて発せよ」と言った。虎は、久保を望んで勢い疾風のごとく下った。大田忠綱が、旁《かたわら》から「我に向かって来れ」と大きく叫ぶと虎が頭を回し、たちまち霹靂《へきれき》一声、その頂門《ちょうもん》を撃ち、忠綱は刀で刺し、ついにその虎を殺した。久保は、人として勇敢であった。年が若かったため、振る舞いが軽挙であることも多かった。義弘は、常に戒めていた。

翌九日付の書状で義弘は、忠恒に、

我等力落推量して下さい。（中略）特にさいしょう（宰相・義弘夫人）誠にたつき（頼り）なく迷惑していると思うので、貴所《きしょ》が在宅してちから（力）になることが肝要である。

と伝えた。

八日、石田三成が、朝鮮から帰還した。義弘は、安楽伊予守・郷田源左衛門尉に、船十艘とともに三成の部下衆を送らせた。十日付の書状で三成が、以下のように記している。「在陣中の島津家上層部家臣団に宛て、義弘の下知をもって、上下百人の外は、士卒の勝手な帰国を禁止することなどを命じているが、久保死去の混乱はそれ程大きなことであった」と。それは、久保が次期当主として確定していたからであり、義弘が父子で渡海したのも、次期当主・久保に義弘が付随してという形であった。実情は、若い久保に代わって義弘が最高意思を決定していたのであるが、義弘が当主であったならば、久保の渡海は必要ないことであった。十二日には、義弘の長女・御屋地の婿である豊州家の島津朝久が巨済島の陣中で病死した。

二十三日、三成は、名護屋に至った。二十五日、伊集院忠棟（幸侃）に書を与えて、

去る二十三日、名護屋に至りました。明日まさに大坂に出発しようとしています。又一郎殿（久保）は世を棄て、まことに憫傷《びんしょう》しています。御跡目彼是のことは、羽兵（義弘）の御内存（考え）は、拙者（三成）へ承りました。（中略）義久も又其の方も御帰国のことですので、（中略）義久が談合して、御大儀ながら京都へ御上がりになって、義久の御存分（考え）に従い、御前（秀吉）へも御披露して、御諚《おおせ》の趣を羽兵へも急度（確かに）仰せ越される（仰せになる）のが尤もであります。（中略）又一郎殿さしつぎ（差次）の御舎弟がいる由なので、左様の所に落着するのが善いと思います。あなたは、又一郎殿の弟（忠恒）を携えて、殿下に請うのがよろしいでしょう。

と伝えた。また、吉岡蔵人に、忠恒を勧めて京都に赴かせた。閏九月二十三日、義久は、久保のために六字の宝号（南無阿弥陀仏）を初めに置き、六首を連ね廻向《えこうカ》した。近衛前久も、義久の詠歌《えいか》に一首連ね追善した。義久の悲しみも深かった。晦日の書状で安宅秀安も、秀吉も久保のことを幼少から知っていたので、一段と不便の旨を厚々《こうこうカ》懇ろに言っていた旨を義弘に伝えた。十一月、忠恒は、栗野を首途し

て京都に赴いた。十一日、十二月十三日付の書状で義弘が、初めて上洛する忠恒に心配からか色々指南している。

十二月、義久は、琉球王に書を贈って、

明国は、和を乞い、殿下はこれを許し、命じて朝鮮の戦をやめさせました。そうではありますが、九州人は、留まって以前のように城塁《じょうるい》を守っています。それゆえ、薩隅は、貴国といまだ役を免じられていません。但しよく時間が経過する間は、和親の約を変えることをなからしめて下さい。これは、貴国の望む所であります。なにとぞこれを図って下さい。不宣

と要請した。

十三日、忠恒は、大坂に至り、十五日、石田三成を詣でた。三成は、「今年は、いまだ殿下にまみえることはできないでしょうから、和泉堺浦に赴いて明年を待って下さい」と伝えたため、忠恒は、堺浦に赴き、臨也氏に宿をとった。

太閤検地

文禄三年（一五九四年）正月十六日、朱印状で義弘に、「和議を恃んではならない。明年、関白殿は、まさに自ら出陣する。先ず、軍糧三万余石を送り届ける。倉を釜山浦に作り、貯えるのがよろしい」と命じた。これに先だち、小西行長が、家臣・小西飛騨守を遣わせて、明に赴かせて、和解を董させたが、翌年になっても帰らなかった。諸将は、思うに和議は必ず敗れたので、釜山浦・金海・熊川・昌原・巨済・加徳島《かとくじま》（カトクド）・蔚山《ウルサン》・機張などの処に、城を築き、塁を固めて、守戦の備えをなした。たまたま、朱印状が至り、義弘に以上のように命じた。

初め秀吉は、まさに朝鮮を討伐しようとして、諸国に命じて舟船を造らせた。二十五日、朱印状で義久に、「五百石舟を五艘、三百石舟を五艘造り、青木伊勢守・寺沢正成に授けよ」と命じた。二十八日、朱印状で、義弘の昼夜勤守《きんじゅ》の久を労し、小袖一を与えた。忠恒は、堺浦にあり、疱瘡を病んだが、三月、秀吉が召すと、たまたま疱瘡は癒えた。十九日、忠恒は京都に赴き、翌日伏見に下り、石田三成の指南をもって登城し、秀吉にまみえた。二十六日、関白・秀次にも聚楽第でまみえた。

二月七日の義弘宛ての書状で、安宅秀安が、

（前略）必ず幸侃・長寿院から申し入れると思いますが、とにかくに又八郎様（忠恒）の御礼が済めば、こ

の跡に悉くふりを替え、国家の役儀専一に仰せ付けなければ、何と候ても〳〵続きません。この上は、治部少輔（三成）は、取次をしません。縦い治部少輔・幽斎の取次がなくても、諸大名衆のように国家の役儀をよく仰せ付ければ、御国は続くでしょう。幽斎・治部少輔が取次して、この間のように御役儀が御無沙汰であれば、続かないことは眼前です。（後略）

と非難した。義弘以下を除き、島津主従の豊臣政権に対する態度は、三成などから見て依然危機的なものであった。幸侃は、後に書状で「治少様一人を弥々おし立てられ、京儀を別儀なく御念入れること尤も候」と申し送っている。豊臣政権において三成の権力も絶大であった。

義久は、京都に赴き、端午の賀儀として帷子五を秀吉に献上し、五月二日、朱印状で返答があった。五日、寺沢正成は、義久に盟書を贈って「君と好を同じくしています。ここに遠い子孫におよびます。この言を変えることがあれば、諸神は罰し殺すでしょう」と誓った。義久も正成に書で同じように答えた。

近衛信輔（信伊・前久の子息）が、朝鮮に赴こうと欲したが、秀吉が思うに不可であった。これを朝廷に申し上げて、秀吉は止めさせ、ついに、信輔を薩摩・坊津に流罪とした。

六月二日、朱印状で、義弘に馬一疋を与えて、暴露の苦を労した。八日、義弘が、新納忠元に宛てて「手柄は、誰にも劣っていないが、無人《ぶにん》（人数不足）のことは考えがおよばず」と無念を訴えている。十日、琉球王が、義久に書で、

高麗の役を命じられましたが、敝邑は、堪えられません。諒察を祈ります。両国和親の約は、永々変わらないことを固く願うところであります。敢えて力を尽くさないことはありません。不宣

と答えた。

初め秀吉は、義久に書を作らせて、明人に与えさせた。元々薩摩にいた張昂を遣わせた。ここに至って、回文《かいぶん》は伏見に至り、これを秀吉に献上した。また、明からは、提督・務許孚が、巡海守備・劉可賢などを遣わせて檄文を贈って来た。二十四日、関白・秀次は、朱印状で義弘を労した。

初め久保は、秀吉に従って伏見に赴いた。秀吉は、久保を立てて、義久の次の家督候補者とした。久保は、義弘に従って朝鮮に赴いた。石田三成は、朝鮮に赴いて義弘に「まさに殿下は、龍伯公の位を又一郎殿（久保）に伝えさせよと言っておられます」と伝えた。たまたま久保が亡くなっ

たため、三成は、朝鮮から帰って名護屋に至り、書で伊集院忠棟に告げて、忠恒を京都に赴かせた。三成は、細川幽斎とともに秀吉の許可を得て、忠恒を立てて、義久の家督継承者となしたからであった。そして、秀吉の命で亀寿を妻とさせた。忠恒は、朝鮮に赴くことを請い、秀吉は許した。正月二十八日付の忠恒書状から、石田三成の意向であった。八月、忠恒は、京都を出発して二十五日、名護屋に至った。すぐに渡海したかったが、国元から供衆・渡船が来なかったため、渡海できず徒に日月を送った。

五日付の石田三成宛ての書状で、義弘が、

> 去年以来当陣にある人数の内、又一郎（久保）の供をして帰朝し、その外病死・病人などで帰朝する者多く、参陣の輩無いので、手前無人に罷成ました。旧冬以来国元へ人数のことを申し越しましたが、今において罷渡っていません。国元に改善するように重言ながら厳しく仰せ付けて下さい。（中略）国元軍役のこと、百石に付いて五人ずつ申し付けられた由を注進したのに、（中略）在国の者一人も罷渡っていません。（後略）、

と厳しい状況を訴えている。七日付の夫人・宰相宛ての書状では、

> （前略）子供の進退行方がどうなるであろうと考えると、袖に涙もせきあへぬばかり、（中略）日本の諸大名も父子御在番の衆は一人もいない。（中略）誠うき世の有様これに過ぎる。（後略）

と悲痛を語っている。

秀吉は、石田三成に命じて薩・隅・日三州の田を丈量《じょうりょう》させた。太閤検地である。三成は、大音新介および黒川右近・坂上源丞・中小路伝五・多賀喜四郎・大橋甚右衛門・今井伝左衛門などを遣わせて、統べ率いた。義久は、伊集院忠棟を遣わせて命を聴いた。九月十四日、丈量は、伊佐郡大口郷から始まった。島津氏が、秀吉の軍門に下り以後支配下に置かれたが、朝鮮出兵への軍役問題を契機として豊臣政権は島津氏の領国経営に直接介入してきた。その最大のものが太閤検地であった。

二十九日、敵の哨船《しょうせん》大小二百余艘が唐島に至り、福島正則が在番している四国陣を攻め、終日、鉄砲・仏良機《フランキ》（西洋式の青銅砲）を雨のように発した。義弘は、伊集院抱節を遣わせて兵を率いさせ、これを援けた。福島正則が、酒食を準備して犒《ねぎら》った。義弘は、義久に鑓は一切用立たないとして鉄砲・玉薬・石火矢（大砲）を送ってくれるように

要請している。十月一日巳時（午前十時）、昨日の哨船が再び至り、義弘の城下に逼ったので、忽ち鉄砲・石火矢数百挺を隙なく発した。敵船もまた、石火矢・鉄砲・半弓以下種々珍しい謀で防戦したが、明人は矢前不足して怖懼《ふく》し、島津軍で負傷した者は一人もなかった。義弘は、遽《あわて》ずに戦い、誘致してこれを殲《ほろ》ぼすことを欲したが、敵はまた戦わずして漸く午後に至って去った。四日午時（正午）にも哨船二十余艘が再び義弘営下に至ったが、すでに去った。種子島某および桑山小藤太・杉若伝三郎が、軽舸《けいか》に乗りこれを追って鉄砲を発したが、およばなかった。六日付で安宅秀安が、義弘に、

　島津家のために指南しているのに、悉く御家中衆が、敵視していること。謂れのないことで憎まれていること。歴々で出陣もせず、その上、主人の留守に一言の御意もえず、恣に主人の知行を分け取っている。


などと国元の衆との軋轢や惨状を吐露している。

八日、哨船は、ことごとく去り、再び至る者はなかった。忠恒は、夜半名護屋を十二艘で解纜した。

　秀吉は、義久に摂津・播磨の十九村一万石を与えた（十村が検地済み）。十四日、北郷忠虎が、朝鮮で戦死した。三十九歳であった。十七日、朱印状で義弘に、栢野村・木代村・田尻村・余野村・吉川村・切畑村・川尻村・倉垣村・吉野村・宿野村、およそ十村を与えた。十村の元の石高は、四千八百五十五石六斗三升、検地による余剰分が、二千五十二石五斗九升で合わせて、六千九百八石二斗二升であった。

　二十六日、忠恒は、釜山浦に至り、晦日、唐島（巨済）に至った。忠恒は、名護屋に至ってから唐島に至るまで、蹴鞠《けまり》・射延・磯遊び・茶の湯・御手習い・鉄砲・祈念・狩りなどを行っている。特に蹴鞠を行う頻度が高かった。在京中から行っていて、飛鳥井雅綱（カ）に沓《くつ》す袴の御免を申請したほどであった。唐島に至ってからも蹴鞠のための庭普請をさせて、しばしば行っている。御手習い・狩り・遊山・茶の湯・射延・馬責め・馬乗りなども行ったり、購読を受けたりしている。後の文禄四年十二月の記録には、上記のことなどに加えて、和漢一折御興行・寄合などを行っている。

　島津氏に対する軍役は、二十石につき一人であったが、四十石につき一人に軽減され、五千人在番することになっていた。しかし、国元の非協力的な態度が変わることもなく、参陣する者もなかった。御朱印衆の北郷氏・島津彰久・伊集院忠棟（在陣は忠真であったが、病で帰国していた）

の軍役数も彰久以外不足しており、当時の在陣の人数は、三千三十八人（水主が四百八十人）であった。義弘は、重ねて石田三成に人数・兵糧を送ってくれるように義久・国元の説得を頼んでいる。そして石田三成宛ての書状で、

> 御朱印衆は、近年自分の覚悟事情で軍役以下諸事に正体ありませんでしたが、分国中の諸侍公役と同前である旨を仰せ出された由に、去る（十一月）三十日国元から到来しました。旁大慶このことです。悉く皆御取り成しの御蔭です。

などと喜びと感謝を伝えている。御朱印の渡海した軍役人数は、彰久以外は不足していたが、義弘にとっては満足できる人数が渡海した。翌年正月十五日付の高麗国動御人数帳にある義弘に課された人数は八千人であったが、島津氏の石高からすれば少ない設定であり、豊臣政権も気を使っていることがわかる。

義弘は、歳暮の賀儀として紅糸三十斤を秀吉に献上し、十二月二十八日、朱印状で返答があった。この歳、秀吉は、伏見城を築いた。木下吉俊・浅野長政は、義弘に書を贈って「殿下が御養生のため虎の肉を献上せよと命じています。塩をよく漬け悉く上らせよとの由です。薬餌《やくじ》の元とします。皮は送る必要ありません」と伝えた。

文禄四年（一五九五年）正月、虎狩りを命じる書が朝鮮に至ると、義弘はすぐに猟に出ることを欲したが、山蹊《さんけい》は雪深かったため止まった。平田豊前守は、素より戦功が多く、また、妻とともに京都において亀寿に仕えること有年《ゆうねん》であったため、二月十七・二十一日、義久は書を与えて褒嘉した。二十二日、義弘は、伊集院下野入道に書で、「神に心持ちを示し誓って、まごころを見せたこと満足である。感謝尽きない」と答えた。また、本田正親にも同様の旨を書で答えた。二十八日には、義久が、鎌田政近・伊集院抱節に書で義弘と同様の旨を答えた。

二十九日、薩摩・大隅・日向諸県郡の太閤検地が完了した。薩摩国・二十八万三千四百八十八石七斗四升、大隅国・十七万五千五十七石二斗三升、日向諸県郡・十二万百八十七石四斗九升、合わせておよそ五十七万八千七百三十三石四斗一升であった。旧薩州家領であった薩摩出水郡二万九千七百二十八石六斗九升五合は、官地《かんち》に係るとして上記石高に入っていない（四月二十六日に、出水郡地一万石は、宗義智に与えられた。残りの二万石は、のちに寺沢正成に与えられた）。また、島津領の石高は籾高である。

義弘は、舟に乗り昌原に赴き、三月十日、猟に出た。高

山に登り岩石を踏み、古木を搞《たた》き、衆は声を発して山岳に響いた。貴もなく賤もなくおのおの敢えて慢《おこた》らず、今日囲繞《いにょう》の中、猛虎が山中を走るのを見た者があり告げて来たので、衆人は欣然《きんぜん》して虎を獲ようと、先ず、一匹の虎を囲み討とうとしたが逃した。島津彰久の家臣・安田次郎兵衛がこれを追い、疾く前に回り返す返す訇《こう》し、虎は追い詰められてかえってかみつき、刀でこれを受けた。たまたま、刀が虎の口に中り、怒ってこれを嚙《か》もうと欲したが、安田は刀を喉《のど》中に刺し入れ、漸く鋒先が背骨から出て遂に殺した。高所から虎とともに安田は低い土地に落ちたが、虎（牝）は死に、安田は生きていた。義弘父子は、大功比倫《ひりん》ないとして所帯《しょたい》の宝刀を与えて賞した。

もう一匹の虎を隅に負かせたが、たまたま大雨が降り、火薬が濡れてしまい鳥銃《ちょうじゅう》が使えなくなってしまった。衆人は、どうしようもなくなってしまい、ちょうどこの時、忠恒は、中間・上野権右衛門に「汝虎の処に行き、速やかに追い出せ」と言い、上野は忽ち応諾した。忠恒は、乗馬して「彼の地に行き、猛虎を切り名誉を子孫に遺そう」と言った。馳せて高山に登り、殆ど百丈（約三百メートル）を過ぎた際、猛虎が向かい来て、忽ち嚙み殺し、口の中にくわえて屠り揚げること二丈ばかり（約六メートル）であった。舎人《しゃじん》・上野権右衛門は、虎に殴られて死んでしまった。なお高山を走り登り、帖佐六七は、疾く前に回り刀を揮《ふる》ってその頭を三刀切ったが、股を噛まれて死んでしまった。福永助十郎は、その尾を捉えて樹木に繞わせ、永野助七郎とともにこれを大脇差しで刺し殺した。ついに二匹の虎を獲て、翌日唐島に帰った。

太閤検地の直接の目的は、島津氏の蔵入地の石高を明示して、朝鮮出兵の軍役を果たさせる領国体制をつくることにあった。四月六日付の義弘宛て安宅秀安書状で、「検地は、よく調っても、御国諸侍・百姓・町人以下迄、少しも納得がいっていません。龍伯様も同様です」などと報告している。十二日、朱印状で義弘に、「三州の太閤検地が完了した。薩摩国知行割り仕置きなどを仰せ出だされているので、速やかに帰国して、封を受けよ。後事は、又八郎（忠恒）および家老に託せよ」と命じた。義弘は、命じて虎肉および腸をよく塩づけにして、骨も加えて数樽に盛って平田宗知を遣わせて献上し、二十八日、朱印状で褒嘉された。虎肉は、すでに足りたので、再び狩りに出ることは無用とした。

五月十日、義弘は、唐島を出発し、忠恒が留まって城を守り、後事を授かった。暇をもらった義弘五男で忠恒の弟・忠清が国元に下着した。十一日、義弘が、忠恒に起請文を与えて「もしも世上の和讒《わざん》により、貴所を敵、久四郎（忠清）を専らにするなどと聞くことがあっても、愚老の心底は毛頭そのようなことはありません」などと誓っている。そのような讒言があったのであろう。二十一日、島津氏家臣が、伊集院忠棟のことを「彼の佞人」などと言っている。

六月五日、義弘は、長雨により風・波が静かでない中、前路を遮る逆浪《ぎゃくろう》を越え、彼これの海岸で数日送り、一艘で漸く大坂に至った。十七日、安宅秀安が、島津氏家臣に宛てて、

> 龍伯様御ためと申しなから、龍伯様もさして御心入れられず、幷びに重代の御家来衆も国家之御ためにも相構えられず、面々の勝手次第にして、何事も三成幷びに我等式にふり懸けられず、分別しないので、三成に対して六ヶ敷事を仰せ懸けられても、御家中の衆が恣の儀を仕ることを先ず堅く仰せ付けられ、その後、三成幷びに我等式にも仰せ聞かせることが尤もです。但し、重代之御家来衆に仰せ達せなければ、この方へ一切承りません。薩・隅において公儀のため申し置いているのに、御家来衆が分別をもって三成が面目を失うように作ること条々ある。

などと非難している。

初め、太閤検地が完了して繳冊（与える命カ）の時、薩隅二州日向諸県一郡総額を定めて、五十七万八千七百三十三石四斗一升とした。ここに至って、大隅始良郡加治木の内およそ十村一万石を太閤蔵入地に、曽於郡清水の内およそ五村六千三百二十八石四斗四升八合を石田三成の領地に、肝付郡およそ三村三千五石三斗五升一合を細川幽斎の領地として設定した。二十九日、朱印状で義久と義弘の蔵入地に、それぞれ十万石、伊集院忠棟に八万三石八斗四升、以久に一万石、給人領に二十六万六千五百三十三石（余剰分が十二万五千三百八石）、寺社領に三千石が与えられた。北郷長千代丸（忠虎の子息で、忠虎が朝鮮で亡くなったため家督を継いだが、まだ幼かったため、十七歳に成長するまで忠虎の弟・三久が邑政（領地の政カ）を摂ることとなったが、都城六万八千余石から祁答院三万七千石に、種子島久時（時堯の子息）が種子島など三島から知覧に移されるなど、家臣団は本貫地から切り離され、知行地も大幅に削減された。『樺山紹劔自記』に、「数代骸の跡懸命の地であるのに、皆々知行を失う社《こそ》悲しいことであるが、国のため、御家のためになるとして物云う者なし」などとある。検地は、以外にも割とスムーズに行われたようである。この時、領地宛行の朱印状の宛所が義弘となっていることから島津氏の家督が義久から義弘へ移譲されたと

の見解もあるが家督は移っていない。しかし、豊臣政権は、非協力的な義久ではなく協力的な義弘に領地判物を与えることで実質的な当主として軍役などを十分に果たさせようとしたのであろう。

七月四日、義弘の五男・忠清が亡くなった。天正十年生まれなので、十四歳であった。法名・栗野徳元寺殿（蘭桂純香大禅定門とも）。忠清は、忠恒が在京中、同じ屋形の内にいながら、夜白（夜朝カ）忠恒の宿本《やどもと》に詰め、兄弟仲は良かった。忠清は、五月十日に帰国していた。病気で気分が悪く、義久に薬を貰ったりして種々養生して過半快気していたが、亡くなってしまった。祈祷・薬餌ともに験なく、川上忠高の膝の上で亡くなった。松下源四郎が、殉死した。五日には、朝鮮在陣中の島津彰久が、巨済陣中（唐島）で重病になり病死した。二十九歳であった。法名・天宗慈雲大禅定門。

七月十五日、秀吉は、養子である関白・秀次を殺した。十七日、義弘は、京都を出発し、二十八日、栗野に至った。八月二十一日、朱印状で義弘に、播磨・石見の内およそ四村三千八十二石三斗八升を増封した。同日・十一月十二日付の義久の書状には、太閤検地の置目や所替えに不信感が表れている。

北郷長千代丸が幼稚であったため、名代の伯父・久村（時久四男）が人質として在京すること多年であった。これによって九月、石田三成の下知で、伊牟田・長野・中津川の領地三千石を付与した。

安宅秀安が、十五日付の島津氏家臣宛ての書状で、

唐島において番船を数多切り捕（取）られ、御国衆特別に御手柄の由を聞き、めでたいことと存じています。又今度赤国（全羅道《チヨンラド》）の北原之城に、大明国衆が在城していた処、捕（取り）巻き、島津殿御手へ数多打ち捕（取）られた由注進がありました。度々御仕合せよく、大慶此のことです。

などと手柄を絶賛した。

九月十九日、義久は、薩摩国知行割り仕置きなどのため鹿児島に帰り、大隅に移る覚悟から、年内の後日、本拠地を国分の富隈《とみのくま》（現・鹿児島県霧島市隼人町）に移した。秀吉は、命じて義久の居城を大口に定めたが、移居することを欲せず、宅地を占い富隈に依ったのであった。十一月十二付の忠恒宛ての書状で、「拙者大口へ罷り移る通り、京都において申し入れましたが、余々住居成り難い在所であるので、大隅之浜之市（現・霧島市浜之市〔富隈の外港〕）近所に屋敷を構えて、年内必ず罷り移る計画です」と伝え

た。領地宛行朱印状の宛所が義弘になっていたことと、義久の蔵入地の大部分が大隅・日向国に設定されていたため秀吉の命もあり移らざるをえなかったのであった。義弘の蔵入地は、鹿児島をはじめとして大部分が薩摩国に設定されていた。義久が移った富隈（国分）は、地理的に薩摩・大隅・日向を結ぶ交通の要所にあり、義弘に家督を譲る気などなかった。

十月七日、北郷三久が、秀吉の命により所領を交替させられ、日州三俣（現・宮崎県北諸県郡三股町一帯）千町に移り、薩州の平佐・天辰《あまだつ》・高江以下数カ所高一万千五百四十余石も賜わり、平佐を居城とした。

義久は、十一月十二日付の忠恒宛ての書状で「武庫（義弘）者、蒲生を居城にすると申し上げています。しかし、鹿児嶋へ移しなさいと承っています。去りながら先ずもって中宿として帖佐へ移ると言っています」などと伝えているように、鹿児島には、義弘が移るつもりでいた。十二月には、義弘が、一日付の忠恒宛ての書状で、

> 我等こと、鹿児嶋に居れとの由を太閤様御差図で仰せ出だされましたが、当分鹿児嶋へ罷移ることは急には出来ないので、先ず先ず帖佐へ中宿のことを申し付け、来る三日に帖佐へ移ります。

などと伝えたように、十一年在城した栗野から帖佐に移り、家老の長寿院盛淳・上井次郎左衛門・伊集院一雄・新納旅庵、御使衆の新納杢右衛門・五代右京も移し、十九日京都に赴いた。鹿児島へは、義弘が義久の了承を得て忠恒が移ることになった。この歳、秀吉は、聚楽第を壊し、諸侯も伏見へ移った。太閤検地やそれに伴う義久・義弘・忠恒はじめ家臣団などの所替えは、大きな反発の中、豊臣政権の権威と義弘・三成などの尽力により成し遂げられたのであった。

講和破れる

慶長元年（一五九六年十一月二十七日・文禄五年より改元）正月十六日、朱印状で忠恒に小袖を与えて、暴露の久を労した。十七日、義弘は、大坂に至り、そのまま伏見に赴いた。二十日、忠恒は、入来院重時に書を与えて、その旧邑を失ったことを見舞った。喜入忠政（季久の四子）にも書を与えて、同じように見舞った。二月三日、義久は、花押書で忠長に七千百石を与えて、以前から食む所の二千九百石と併せて一万石として「卿（島津忠長）は、

重職《じゅうしょく》に居るので、特にこれを与える」と述べた。忠恒は、朝鮮在陣中の家臣に領地を加増することを要求した。しかし、義久は、「太閤検地による配当は、京都から伊集院忠棟に仰せ付け召し仕ることになっているので、忠棟を経ずに配当することは、京都へ悪いので出来ない。忠棟も、貴所（忠恒）の帰朝を待ち然るべき配当をすると言っている」と拒否した。豊臣政権を後ろ盾とした忠棟の権限の絶大さを物語っている。忠恒は、朝鮮在陣の家臣の苦労に報いたかったのと、家臣に加増することで、十分な軍役を果たさせようとしたのであった。

義久は、先年泰平寺に赴き、春口土佐守および又十郎・孫六・左近丞などに命じて、肩輿をかつがせた。八日、春口土佐守に世禄五石を、又十郎・孫六・左近丞には、おのおの三石を与えて、旧労を記した。河野通貞に禄三百石を与えて、旧功《きゅうこう》を賞したが、辞して受けなかった。

昨年五月頃から和平の交渉は、行われ続けられていた。すでに和平の約はなり、中華天子は、まさに使者を日本に航海させようとしていた。

沈惟敬は、帰っていたが、再び和親の策を説き、明人はこれに従った。楊方亭を講和使に、沈惟敬を副使として、金印・誥命《こくめい》（辞令）をもたらして、秀吉を封じて日本国王となす、とした。朝鮮国王・李昖もまた、黄愼・朴弘長を明使と偕行《かいこう》させた。六月十五日、明使および朝鮮使は、釜山浦を出発した。秀吉は、和議がすでに成ったのを聞いて、朝鮮の諸将を召し還して止めた。義弘は、本田讃岐を遣わせて忠恒に告げた。この時、諸将は、唐島から還り加徳島に至った。これにより、巨済諸陣を破却し、小西行長・寺沢正成は、両輩に遊撃の官人が来たのを率いさせて、それが偽謀でないことを示した。加藤清正と小西行長は、舟に乗りすでに二使とともに出発した。本田讃岐は、赴き至り、忠恒および諸将は、加徳島に駐屯した。

朝廷は、近衛信輔を赦し、秋、信輔は京都に帰った。信輔、薩摩にあること三年、現在坊津には、近衛屋敷跡があり、信輔手植えの藤の木が春には花を咲かせる。

七月九日、薩摩で、十二日夜には京都で大地震があった。諸屋形・町屋、伏見城・大坂城、島津氏の大坂・伏見の屋敷なども被災し、数百人が亡くなった。

八月二日、中馬十郎左衛門に世禄五石を、六日、市来豊前入道にも同様を与えた。ともに、春口土佐守の例のようである。

二十九日、明使および朝鮮使が伏見に至ったが、秀吉は、朝鮮王が王子を遣わせて恩を謝せなかったことに怒った。そして、柳川調信（対馬領主・宗義智家臣）に、その使者を責めさせた。使者は、大いに懼れ、小西行長をたよって罪を謝したが、許されなかった。九月一日、明使は、秀吉に伏見城でまみえ、翌日、明使を召して賜宴《しえん》した。宴が止むと秀吉は、西笑承兌に、誥命《こくめい》（辞令）を読ませた。「爾《なんじ》を封じて日本国王となす」と至ると、秀吉は勃然と怒り、

吾、威武をもって六十余州を鞭打ち、すでに日本国王である。どうして、異国の封爵《ほうしゃく》をもって国王となるものか。前日の行長の言は、明帝、我（秀吉）をもって大明国王となすを許すであり、これをもって戦を止めた。しかし、今このようであるのは、行長が吾を欺いたからである。

と言った。秀吉は、まさに行長を切ろうとしたので、行長は、大いに懼れて、自ら秀吉に「前日三奉行が、臣に、殿下に申し上げさせたのは、以上のようなものでありました。臣が、どうして敢えて殿下を欺くでしょうか」と訟えた。よって、三奉行の書を数通出して証としたので、秀吉は行長を許した。命じて、明使および朝鮮使を追い返し、寺沢正成に明使に、

私は、大明とすでに和解して、今敢えて背きませんでした。但し朝鮮王が、王子を遣わせず、恩を謝せず、無礼甚だしい限りです。かならず兵を発して、その罪を討つのみであります。

と言わしめた。楊方亭などは、大いに懼れて去った。十二日、秀吉は、義弘を遣わせて国に赴かせ、十月十日、義弘は薩摩に帰った。

十一月、忠恒は、島津忠長・鎌田政近を帰国させて、来年の出陣の準備と、十二月、懸案であった家臣への加増を行わせた。

慶長の役のはじまり

慶長二年（一五九七年）春、秀吉は、再び朝鮮出兵を命じて、二月を師期《しき》とした。小西行長と加藤清正は、期に先んじて出陣した。

正月二十日、安宅秀安が、忠恒宛ての書状で、「（太閤検地の知行配当が）一度秋、配分して支配にもっての外出入（訴訟）したので、治部少輔もおおよそ配分は、仕り直し難い事情になっています」などと苦言を呈している。以前は、

（太閤検地で出来た十二万石の）浮地（加増予備地）の内をもって四万も五万も加増にするとも、または、新座《しんざ》に人を抱えるとも、義久・同義弘分別次第です。残りの七、八万石の分は、家来の者に奉公忠節次第遣わすと言えば、悉くいさミ（勇）をなし役奉公忠儀をなすでしょう。

などと提案していた。太閤検地による浮地が、十二万石もあった。また、この史料では、義久・義弘の順番で名が書かれており、義久が島津氏の当主にあったことを物語っている。

二月十一日付の書状で忠恒が、深刻な人数と兵糧不足を義弘に訴えている。前年に、忠長・鎌田政近を帰国させたのは、このような状況を少しでも何とかしたいとの事情もあった。

二月二十一日、義弘は、朝鮮に赴いた。長寿院盛淳と上井神五郎に留守のことを託し、およそ二十条を書いて授けた。義弘は、五陣であった。二十九日、忠恒は、比志島国貞と伊集院抱節に命じて、本田刑部少輔・伊集院忠春・高城重説・弟子丸宗辰に禄十石ずつを与えた。海道は、敵が多かったが、二人は難を犯して至ったので、特にこれを賞したのであった。三月、義久は、伏見に至った。十一日には、義弘の夫人・宰相が、伏見に赴いた。

初め、秀吉は、義弘に命じて、一万人を動員させたが、四月、義弘が壱岐に至るとまた命じて五千人を増加させようとした。当時の軍役は、百石につき二人役としている。義弘は、調えて出発させるのは、にわかには準備しがたいとして、新納旅庵を遣わせて辞したところ、許された。

旅庵は、新納康久の三子で、若い時より剃髪して僧となり、長住と名乗り、多年諸国を経歴し、肥後八代の荘厳寺の住持となった。天正十五年、義久が京都に赴く際八代に宿し、まみえた。義久は、これを奇として、自今以降は上方の風俗を貴ぶこともあった。長住は便口《べんこう》才知超人しており、柱石《ちゅうせき》の臣となるので還俗を冀《こいねが》うと、兄の久饒《ひさとも》に還俗を勧めさせたが、長住は再三固辞した。翌日、義久は、赴き、再び長住を召して、宝刀・道服を与え、また、久饒を留めて還俗を勧めさせると長住は承知した。改めて休閑斎旅庵と称することになった。後に、旅庵は、義弘の家老となった。義弘は、文禄の役の時と違い、おそらく人数上下三百余人、御座船は十一端帆で、船数十一・二艘での渡海であった。

五月二十七日、琉球王が、書を遣わせて、忠恒に方物を献上した。六月四日、宰相が伏見に至った。義弘は、忠恒に加徳島で会した。始めは、唐島に薩摩の陣があったが、二年前に加徳島に移ったのであった。加徳島は、細長い島で、その前に唐島があり、南北十四・五里（約五十六から七十キロメートル）の大島である。加徳島と唐島の間は、横半里（約二キロメートル）長さ三里（約十二キロメートル）程の瀬戸である。

九日、義久が、亀寿に幼少から人質として在京して苦労し奉公しているとして、無役の地五千石を与えた。

七月十日、朱印状で義弘に、帷子・道服を与えて、炎天渡海の役を労した。十四日、義弘は、忠恒と唐島（巨済島）に陣取った。一息の休息もなく、十七、八里の険路を進んでのことであった。この時、明人は、哨船数百艘を出し、唐島と加徳島の海道を扼えたため、軍勢を進めることができなかった。十五日、諸将は、夜、水軍を率いて、哨船と衝突した。義弘は、岸上にあって大銃（大砲カ）を発して、哨船を狙撃した。哨船は、潰散《かいさん》して纜《ともづな》を切り、碇を棄てて逃げた。藤堂高虎・加藤嘉明などが、これを追い、明兵数千人を殺した。島津豊久は、跳んで三号船（番船の内三番目の大船）に上がり、馬士・大倉兵衛は艙《ふなぐら》の中に突入し、菅のように人を切り、ついにその船を獲た。曙に向かい、哨船は、また至った。高虎・嘉明などは、再びこれを撃破した。前後、船を焼くこと百六十余艘であった。兵衆は、迸散《ほうさん》してことごとく唐島に至った。義弘は、兵三千人でこれを追った。岸に上がる者があったが、すぐに殺し、一人も免れる者はなかった。忠恒は、一敵船に跳ね乗り勇戦し、悉くその兵を殺し、船を奪った。義弘父子が得た哨船は百六十余艘であった。ここにおいて、海道は、十五・六里の間、ついに通じ、また一隻の哨船もなかった。十六日、義弘は、忠恒および小西行長・藤堂高虎・加藤嘉明などと連名書で勝ちを五奉行に報じた。

二十八日、義弘は、忠恒と唐島を出発して、海道三十余里を巡り、河東岸に至った。まさに、諸将と会して、全羅道南原《ナムウォン》を討伐しようとした。八月九日、義弘および忠恒に朱印状を与えて、唐島の戦功を賞した。豊久は、取った三号船を献上したので、朱印状で「唐島の戦で、先ず登って三号船に上がり、敵を殺傷すること過当であった。また、その船を献上したこと好を尽くしている」と褒美した。十日、朱印状で義弘および忠恒に、「もし、明軍が来たならば、速やかに報じよ。吾まさに、自ら兵を帥見（率いて会いカ）してこれを撃つ。舟楫《しゅうしゅう》を準備して迎えよ」と命じた。

義弘父子の泗川城入城

十二日、義弘は、忠恒と南原《ナムウォン》に至った。諸将は、まさに南原を攻めようとしていた。南原城は、揚元および全羅道兵馬節度使・李福南が守っていたが、城中の兵士は多くなかった。東には、雲峯鳥嶺が、南には三浪大江があり、路は金海《キムヘ》・竹島《チュクド》に通じていて、要害の地であった。足下には騎兵が待ち受けていて、その右には閑山島があり、邢玠が遼兵（明の北辺を守る遼東の兵カ）三千に守らせていて、遊撃隊の陳愚衷が三千余人を率いて、全州《チョンジュ》（全羅道）城を守っていた。朝鮮将の金応瑞・李元翼が雲峯にあり、権慄《クォンユル》・元均《ウォンギュン》が閑山島辺りにあり、皆南原の援勢であった。

　諸将は、愚衷が南原と前後から挟んで攻めるのを恐れ、兵を分けてこれに当たるを欲し、くじを拈《ひね》った。義弘と加藤嘉明は、着行を拈り、ここにおいて、義弘は、忠恒と兵を率いて敵の城から四、五町の北嶺に駐屯した。敵の城は、広い田の中にあり、瓦の類で四方に土手を築き上げ、外に大堀を掘り、その下に乱杭を振るい立て、大城に構えた。十三日、諸将は、南原城を囲んだが、勝てずに軍勢は退いた。城中は、ようやく怠ったので、十五日、小西行長は、夜、南門を攻め、弓・鉄砲を散々に打ち立て、鑓・長刀で攻め入り、これを破った。宇喜多秀家・蜂須賀家政・長宗我部元親・生駒一正・藤堂高虎もまたおのおの争い進み入城した。李福南は戦死して、楊元亨は出奔し、城中兵は敗れた。逃げ行く敵五百余人が、薩摩の陣前を馳せ通ったので、義弘は、忠恒と合わせてこれを討ち、首を切ること四百二十余級であった。豊久の部下も首を切ること十三級であり、諸将は、ついに南原を取った。二十日、全州城に向かい、陳愚衷は自ら速やかに遁げ去り、また全州も取った。南原の戦いでは、義弘と加藤清正が、援路を遮ったため、愚衷は出兵できなかったのであった。また、二十八日、足利義昭が亡くなった。

　九月十三日、義弘および忠恒に朱印状を与えて、南原の戦功を嘉し、豊久にも同様であった。諸将は、すでに南原・全州を下し、勢いは遠近に振るい、全羅道・慶尚道も情勢をみて下った。義弘は、蜂須賀家政・生駒親正・小西行長・毛利吉成・鍋島直茂・池田秀雄・中川秀成・熊谷直盛・垣見一直・早川長政・吉川広家・長宗我部盛親と、連署榜文《ぼうぶん》を写すこと三通であった。その大要は、「百姓を集め安んぜよ、余す敵を皆殺しにせよ、丹城・昆陽（ともに慶尚道）で施工《しこう》せよ」であった。皆、義弘・小西行長を筆頭に全羅道で施工した。百姓の還住《かんじゅうカ》と農耕に務めさせることは、兵糧の確保に必要なことであった。

　十月、義弘は、忠恒と全羅道・海南城に赴き、田租を収めた。そしてついに、忠清道・虚津に赴いた。城上に烏があって、留まること数日して全羅道（昌平・潭陽・淳昌・南原・求礼・昆陽《コンヤン》の順で）に還った。二十八日、再び慶尚道に赴き、泗川古館に処した。秀吉は、命じて宇喜多秀家に順天《スンチョン》・蔚山に、毛利秀元に梁山に、長宗我部盛親・豊久・垣見一直・高橋主膳正・池田秀雄・中川秀成などに泗川に、それぞれ城を築かせた。小西行長に順天城を、加藤清正に蔚山城を、黒田孝高に梁川城を守らせた。義弘および忠恒には、泗川《しせん》（サチョン）城を守らせた。泗川城は、三面江《こう》に臨み、一面は陸に通じて、海水を引いて濠としており、明人が言うところの新寨城であった。加徳島から、二日路西の奥にあった。忠恒は本丸に、義弘は二の丸に座した。義弘は、また永春《ヨンチュン》・望津《マンジン》・晋州《チンジュ》・古館の四寨を修築して、川上久智に永春を、寺山久兼に望津を、三原重種・箕輪治右衛門に晋州を、島津彰久家臣・川上忠実に古館を守らせ、相良頼豊・勝目兵右衛門に軍事を監督させた。また、倉を東陽に作り、糧食を蓄えた。義弘は、時々兵を出して、陜川・宣寧・咸陽・高霊などの地を略した。明将・楊鎬は、加藤清正を蔚山城に数百人で囲んだが、勝てなかった。しかし、その饟道《じょうどう》を絶ったので、城中は大いに困った。忠恒は、軍衆を召し連れて積み通ることを、泗川表の奉行横目衆まで尋ねたが「この堺目にも明人が出ることがあろうから、当境に精を入れている間は叶わないので、無用である」と返答した。

明兵の脅威

慶長三年（一五九八年）正月一日、小西行長・毛利秀元・羽柴秀秋・黒田長政・鍋島直茂などは、兵を率いて清正を救った。義弘は、忠恒と蔚山を援けることを謀り、監軍の垣見一直（家純、豊後国東郡富来《とみく》城主）に請うたが、許されなかった。曰く、「殿下の命あり。城主を務めて、その城を守らせよ。一人ほしいままに離れるを得ず」、よって止めた。豊久は、諸将に従って蔚山を救った。義弘は、本田助三衛門・敷根頼豊を遣わせて、加勢衆（軍健）五十人を率いさせ、これを助けた。翌日、小西行長などが、にわかに至ったので、楊鎬は大いに驚き、狼狽して逃げ去った。

五日、時に諸将が、朝鮮諸城を守るのは分けること三道であり、蔚山をもって東路は清正が居て、順天をもって西路は行長が居て、泗川をもって中路は義弘父子が居た。

同五日、明兵十五、六騎が、晋州城下に至ったので、三原重種・箕輪治右衛門が兵を率いて、門を開け出たので、明兵は引き去り、一人を捕らえ得た。その者が、「明兵百万余騎が、まさに、日本の城塁を屠ろうとして、すでに全州南原に至っている」と語ったので、先ず郷導を遣わせて、路の由の所を見た。義弘は、これを聞いて「単兵をもって孤城に拠れば、恐らく大敵の禽とする所となる」と言い、三原重種・箕輪治右衛門に命じて晋州を去り、泗川に帰らせた。十七日、朱印状で忠恒に小袖・道服を与えて、寒天の軍務の苦を労した。諸将は、明兵百万が、すでに全州南原に至ったと聞き、思うに蔚山・順天・梁山《ヤンサン》は皆、険難の間にあるので、進退できない上、海陸敵のふさがりも多い。三城を捨てて返って西生浦《ソセンポ》などに至り、城を築いてこれを守るにしかず、となった。川東の島津勢が在陣する泗川に小西行長が移り、島津勢は固城へ移ることを提案した。二十六日、宇喜多秀家・毛利秀元・蜂須賀家政など十余人は、連名書をなして、石田三成・長束正家・増田長盛・前田玄以に請うたが、三月十三日の朱印状で、秀吉は許さなかった。義弘父子には加徳島に移ることを命じた。翌二十七日、朱印状で義弘および忠恒に、「斥候《せっこう》（物見）を追い払って塁壁《るいへき》を修め、慎んで乃《なんじ》の城を守れ」と命じた。三月十三日、朱印状で再び義弘・忠恒に命じて、軍糧を蓄えて銃弾および火薬を貯えさせた。

二十日、義久は、家康の屋敷を詣でて、太刀・馬代・巻物を献上して、伊集院忠棟も伽羅《きゃら》一斤を献上した。去る十一日に、家康が義久を来臨《らいりん》すると近衛氏が告げていたので、先ず参らなければならないと詣でたのであった。

初め、木下吉俊は、罪があって坊津に流され、館人《かんじん》・宮田但馬氏に囚われていた。ここに至って秀吉は、死を命じたので、北条善左衛門・最上右近は兵卒を率いて加世田に至った。二十七日、但馬に吉俊を誘わせて、やって来たので、秀吉の命を示した。吉俊が但馬に、「子《あなた》は、命を聞いて、我に告げたのは仕方のないことです。しかし乃《なんじ》は、我を誑《たぶら》かしてここに至ったのは許し難い」と言い、脇差を抜いて、自ら腹を突き刺し死んだ。

五月二十二日、義久は、石田三成と連名書をなして、五条から成る算用と算用者（奉行）に対する指示と、金・銀・米・塩の出納会計法、およそ十三章を約した。本田与左衛門・新納孫右衛門・川上忠智・川上久辰に授けて、「謹んで、この法を奉って、ことに従事せよ。約に違いがあれば、まさに世禄の五分の一を奪う」と命じた。

六月十六日、朱印状で義久に命じて、油蠣工《ゆれいこうカ》（漆喰工）を送らせた。明将・董一元は、進んで晋州を取った。寺山久兼は、望津寨を守り、一元と晋江を隔てたが兵は僅かに三百人であった。そこで、多くの紙旗を山谷中に張り、また柴を焼いて煙を挙げ、往々《おうおう》銃を放ち、その響きは殷雷《いんらい》のようであった。夜は、火縄を点火すること数十百根で、光り輝くこと聚星（聚また星カ）のようであった。一元は、これを畏れて敢えて渡らなかった。七月、明兵は、暑さを避けて川で浴し往々群をなした。久兼は、銃手三十人を堤側に伏せさせて、これを狙撃した。装換点放（装填カ）して発すること虚銃（はずすことカ）なく、明兵は慌てて、死者は数え切れなかった。免れた者は、裸体で走り、これより明兵で再び浴する者はなかった。

初め、南京人の張昂は、十五歳で父を亡くし、継母がこれを鴆殺（毒殺）しようとしたため、逃れて日本に至った。そして、薩摩頴娃郡の民家に寓して、孫次郎と称した。頴娃左馬頭は、召して左右に置き、左馬頭が義久に従って、豊肥を伐つと孫次郎は、常に軍中にあった。その後、左馬頭が死に、また継母の死を聞くと、辞して南京に帰った。ここに至って、明将は、召して日本通事となした。まさに新寨を攻めようとした時、孫次郎に、「汝は、前に薩摩にいた。石曼子（島津）の兵を用いるを見るや」と問うた。これに対して、孫次郎は、「然り」と答え、明将が、「どんなふうか」と問うと、「攻めるに取らざるなく、戦うに勝てずなく」と答え、義久と義弘が、豊肥を伐ち六州を取ったことを説いた。かつ、「近頃、蔚山・順天を攻めていますが、なお下せていません。どうして能く新寨を取れるでしょうか」と言った。明将は、これを聞いて、先ず、新寨を攻めることは利がないとして、二使を遣わせて和議を講じ、かつ、虚実《きょじつ》を窺わせた。一人が孫次郎であった。義弘および忠長・種子島久時・本田助左衛門などは、これを識《しき》した。互いに労苦するを、その昔のように、歓ぶようであった。よって、孫次郎に、「我がために、明将に謝せよ。大兵百万、もしくは二百万をもって来れ。吾は、待つ」と言った。

秀吉の死

二十五日、参謀・史世用（龍涯・友理）は、再び孫次郎を遣わせて、檄《げき》を伝えて義弘に、

天朝、倭将を宣べ諭す。爾《なんじ》、今、朝鮮を侵害して、昼夜労苦している。家中田地は、蕩然《とうぜん》と尽く奪われ、子女はまた人質とする所となる。苦しみは、言うべからず。我が天兵《てんぺい》が来り功めるに乗じて、爾に一条の生路《せいろ》を許す、帆を揚げて海を渡り、刑戮《けいりく》を受けるのを免れよ。帰るもまた名あるにしかず。どうして、明哲で機を見るのが上策でないだろうか。故に特に差役《さえき》して、爾等にこれを知らしめた。兵を休めて戦を止め、身を保ち、家を全うしようと欲するならば、適当な通事を遣わせて、和解すべし。もし、宣諭を聴かないならば、

あるいは他図別議があれば、また速やかに回報《かいほう》せよ。我、天兵百万あり、どうして征勦《せいそう》しがたいか。但し、念じる爾の罪のないことを。今、出没して擄掠《ろうりゃく》しているといえども、実は、勢やむをえず出ていて、その本心ではない。故に誅を加えるに忍びない。特に、これで諭す。

と告げた。

忠恒は、麾下三十人と城外に出て、鳥銃を楽しんだ。種子島久時・本田助左衛門が、尤も巧手であり、百発百中であった。孫次郎は、大いに懼れた。北郷三久・種子島久時は、忠恒に「龍涯に、どうして書で答えるのですか。一言孫次郎に付せばよいではありませんか」と問うた。忠恒は、「我がために龍涯に告げた。天兵百万来れ来れ。吾まさに、集めてこれを滅ぼす」と答えた。

八月十八日、豊臣秀吉が、伏見城で亡くなった。諡《おくりな》は、豊国大明神であった。

遺命により、喪を秘して、朝鮮の役を止めさせた。浅野長政・石田三成は筑紫に至り、退軍の指図をした。二子で出来なければ、家康もしくは前田利家が継ぐことになっていた。また、徳永寿昌・宮木豊盛を遣わせて、清正・行長などに命じて和議を講じさせ、兵衆を帰らせた。二十五日、朱印状で義弘および忠恒に道服・袷衣を与えて、暴露の久を労した。九月、義久は、家康を伏見邸で宴した。近衛信輔も伴食し、西笑承兌・山岡道阿弥なども陪侍《ばいじ》した。義弘は、川上久智に永春《ヨンチュン》を去らしめ、寺山久兼に望津《マンジン》を去らした。久兼は、寨を焼いて去った。

初め、明人高陽氏・許三官は、侍医として義久に仕えた。その後、明人・郭国按は、来て京泊（現・薩摩川内市）に居した。これを召して左右に置き、名を理心（汾陽理心）と改めさせ、許三官に従わせて医を学ばせた。義弘が、朝鮮に赴くと許三官は従ったが病気になったため、義久は、理心をこれに代わらしめた。義弘は、泗川城にあり、理心に反間《はんかん》させようとしたが辞したため、強いたところ聞き入れた。明将・董一元は、寺山久兼を畏れて六月から九月に至って、敢えて晋江を渡らなかった。たまたま、見張りをする茅国器の騎兵が、一婦人を得て持っていた一紙書を出すと「この婦まさに異域（日本）に没せんとす」と書いてあった。国器は、憐れんで贖還し（贖《あがな》い還しカ）、天兵害するなかれと命じた。書の尾には、「吾の姓は、令公《れいこう》の後であり、埋兒《まいじ》の父である。吾の名は、あるいはあるこれ国、才なくの按」とあった。賛尽諸葛繍が、これを「この人の姓は郭、名は国按」と解した。史世用に告げると、世用は喜んで、「郭国按は中国人です。日本に久しく遊び、吾はかつてこれと薩州・坊津で遇い、自ら本朝に尽くすことを誓いました。今ここにいるのなら使って下さい」と告げた。そこで、密かに国按に書を贈って内応させた。国按は、約して「まさに九月二十日に、望津の積聚《せきしゅう》を焼きます」。期に至って望津は火となったが、前述のように、寺山久兼が火を放っており、国按の働きは、二度手間であった。

ここにおいて、董一元は、江を渡って望津寨を取り、麻貴は永春寨を取り、翌日には、昆陽《コンヤン》寨を取った。故に、明兵は、江南に駐留することを得た。董一元は、茅国科に金帛を持たせて泗川城に至らせて義弘に和親のことを説いた。郭国安はまた、その畫《はかりごと》を助けたので、義弘は遂に従わず、金帛を受けずに還して、一戦を決することとなった。

義弘は、明兵を誘致して河を渡らせ、しかる後皆殺しにしようと欲した。かつ、明兵で、近地に駐屯している者は衆多《しゅうた》であり、もし来て攻められれば支え難いと思い、故に、三寨を棄てて啗《くらわ》せた。川上久智・寺山久兼皆、泗川城に会し、また、川上忠実に、古館（泗川城から一里）を去らせた。代わりに諸士三百余兵を入れた。二十七日、忠実は、夜半伝発（伝えて出発カ）して、明兵はたちまち寨下に至ったが、これを撃ち破り、その驍将《ぎょうしょう》・李寧を殺した。曙に向かって、董一元率いる大軍の明兵は再び至り、四方から集まり古館を囲んだ。忠実は、相良頼豊・勝目兵右衛門（両人とも検使〔目付役〕）と三百ばかりで寨から出て、奮戦してこれを撃ち、遊撃・盧得江を殺し、城兵は勝ちに乗じたが、一元の軍兵はすでに城中に攻め入り、火を揚げた。故に拒みえず城兵は敗れ、相良頼豊・勝目兵右衛門以下殆ど百五十人ばかりが戦死を遂げた。その余は、泗川城に向かって逃げ去った。忠実は、殿軍であった。明兵は、これを追い、屠殺することを欲して飛雨《ひう》箭は、宛も降雨のようであった。忠実が、受ける所の甲冑の矢は凡そ三十六であった。そうではあったが、殿軍を怠けず全師を退去させた。たまたま、鳥丸重持・押川公近が、城外に出ており、明兵と遇《あ》った。重持は、鳥銃を発してその一将を撃ち、公近は、その首を斬って、重持とともに帰った。泗川城にあった兵士は、五、六百騎でまさに泗川救援に往こうとしていたが、義弘は固く留めて「泗川の兵を棄てるのは、忍び難いが、大軍が勢いに乗じてもし泗川城に逼れば我が軍は大敗する」と制止した。

泗川の合戦

忠恒は、忠実軍を迎えようと欲したが、義弘は許さず、伊勢貞昌を向かわせた。貞昌は、殿軍となり、忠実と退き来た泗川兵は泗川城に入った。すでに明兵は、東陽の糧庫を焼いて、泗川城を囲むこと密であった。押川公近は、姓は橘氏であり、始め六兵衛と称したが、後、強兵衛と称した。幼い頃は、鬼三郎と称し、父である対馬守曰く、かつて夜、盗人があって、倉の中に入ると、鬼三郎は、短刀を持って戸側に隠れ、出るのを伺って切り殺した。時に、年九歳であった。長ずるにおよんで勇悍《ゆうかん》であり、朝鮮の役でも戦功が居多であった。

二十九日、忠恒は、再び出て明兵を討つことを欲したが、義弘は再び許さず「敵兵の多少も知らず、必ず挑戦するなかれ。かつ城門を開けず、旌旗を樹てず、羽箭・鉄砲を発せず、宛も無人のようにせよ」と命じた。少ししてすでに日暮れになろうとした時、時の不是（不正カ）を慮り、明兵は徒に退去した。かつ義弘は、

もし、明将が、軍勢を望津・永春・昆陽の間に駐めているならば、間諜を遣わせて虚実を窺い、隙を観て動かしむ。それゆえ我はまさに坐困（坐り動かないカ）する。今、乃（忠恒）寨柵を焼夷して軍士を暴露し、倍道《ばいどう》を兼行して、一来に夜明けする。吾、その遠謀《えんぼう》がないのを知っている。まさに、その（明兵が）至るのを待って、一死戦を決しようとしている。そうすれば、必ず勝つ。

と告げた。この日、明兵十余人が来て、城を隔てること三、四町（約三～四百メートル）ぐらいに、榜《たてふだ》を立てて去った。義弘は、顯娃主水・白浜重安にこれを取りにいかせると、「天兵百万（百万は誇張である）、明日朔旦（一日の朝）まさに新寨（泗川城）を攻める」と書いてあった。

十月一日明け方を待ち、明軍大将・董一元、副将・茅国器が、麻貴・張榜・鄧子竜など二十万を率いて、泗川城を攻めるため進んで城下に逼った。義弘は、城中を廻り、諸将士卒に「早速鳥銃を発するなかれ。敵兵が城壁下に進み寄るのを待った後、百発百中の功を致すのが宜しい」と命じた。時に敵兵は、漸く城隍《じょうこう》外柵の辺りに前進したので、義弘・忠恒は、麗譙《りしょう》に上り、伊勢貞昌・本田助左衛門・顯娃主水・中野山右衛門・青木左近・有馬寸右衛門・上妻七兵衛などに銃を発しさせて、これを撃たした。義弘もまた自ら銃を発した。銃丸は雨下して、彭排《ぼうひ》洞穿《どうせんカ》して明兵は辟易《へきえき》した。また、戦うこと、卯（午前六時）から巳（同八時）に至って、大銃を発して火薬桶を開き、爆音は雷霆《らいてい》のごとく、煙焔《えんえん》は天いっぱいに漲《みなぎ》り、明軍は擾乱した。義弘は忠恒と、門を開けて出て勢いに乗りこれを撃ち、明兵は敗走した。伊集院忠真（忠棟の子息）・北郷三久・種子島

久時・伊勢貞昌・平田宗位などとこれを追った。兵を分けて、三路から逃げるのを追った。忠恒は、明兵三騎を追撃し、敗兵中から轡を回して歯向かったので、その一人を切った。下馬してまさにその級を獲ようとしたところ、二人が間を窺って直進して来たので、忠恒兵の平田宗位・床並佐助が駆逐し、馬が敵中に走ってしまったため、忠恒は宗位の馬に乗り、速く再び敵を追った。忠恒は、肩に浅い傷を負った。

島津勢が、昆陽・望津・古館に赴くと、茅国器・葉邦栄が、兵一万をもって止まっていた。泗川城北西の高処に上り、城中を窺い虚に乗じてこれを取ろうと欲していたが、忠長が、百騎をもってこれを討った。義弘は、麾下数百人を遣わせて忠長を助けた。皆、下馬して短兵《たんぺい》は相接し苦戦した。明兵は、衆を恃んで競い進み数重に囲んだが、樺山久高・寺山久兼・川上忠智なども明兵を横撃した。久兼は、弓・銃でその後を射たので、輿隷《よれい》は驚き、前軍は廻り戻り、忠長は機に乗じて奮戦し敵を遂に退け、島津勢は益々競い追撃し、茅国器・葉邦栄は敗走した。この日、義弘・忠恒、追撃すること午（正午）から申（午後四時）に至り、大いに明軍を破り、斬首・三万八千七百余級であった。鹿児島衆（忠恒方）の切るところは一万百八、帖佐衆（義弘方）は九千五百二十、富隈衆（義久方）は八千三百八十三、伊集院忠真手下は六千五百六十、北郷三久手下は四千百十六、合わせて三万八千七百十七級、この外切捨てはその数知らずであった（上記の人数は、史料によって異同あり）。義弘も自ら四人切り、忠恒も七人切った。島津方の死者は、市来清十郎・瀬戸口弥七の二人だけであった。二日、義弘は、命じて城畔《ほとり》地二十間に穴を掘り、切った首を埋め塚を築き、京観《けいかん》とした。その所からそぎ取った鼻を、十の大きな樽に盛り名護屋に贈った。この戦から、明・朝鮮方は、島津氏を「石曼子《シーマンズ》」と呼んで恐れた。

戦いに先んずること一日、上床国隆は、城外に伏していて、戦の日、先ず明兵一人を切り、忠恒が出るのを待ち、その首を献上した。士卒は、これを見て、争って首を献上した。忠恒は、「首を献上する必要はない。ただ、敵を切るべきである」と告げたので、衆軍は、競い進み殺傷すること過当であった。おそらく明兵の死者は、合わせて八万人に上った。翌慶長四年、義弘は高野山に高麗陣敵味方戦没慰霊碑を建てて、戦没者の霊を慰めた。義弘は、上井里兼（為秋の姪孫）を遣わせて、義久に勝ちを報せた。義久は、これを五大老に申し上げた。初め明将は、兵を分けて三路から、加藤清正を蔚山城に、小西行長を順天城に、義弘を泗川城に囲んだ。しかし、義弘は、董一元の大軍を破り、威は遠近に振るい、明兵は様子を見て引き去り、蔚山・

順天の囲いも解かれた。

　八日、徳永寿昌・宮木豊盛は、朱印状をもたらして泗川城に至り「殿下は命じて朝鮮の役を止めさせせました。義弘は、まさに十一月十五日をもって、諸将と釜山浦で会して、帰るべきである」と告げた。十三日、董一元は、参謀史・竜涯および孫次郎を遣わせて、義弘を詣でて和を乞い、かつ、人質を納めることを請うた。義弘は、小西行長・寺沢正成と謀り、これを許した。二十一日、茅国器・茅国科は人質となり、義弘はこれを受け、寺沢正成に送った。

日本勢撤退

浅野長政・石田三成は、筑紫に赴き、進んで博多に至り、太閤の命と称して、朝鮮の役を止めさせて、諸将を召し還した。家康は、まさに朝鮮に向かおうとしたが、前田利家が、これを止めた。家康は、藤堂高虎を遣わせて、筑紫に行かせ朝鮮のことを探聴《たんちょう》させた。高虎は、博多に至り、たまたま、朝鮮の使者が至って「明軍・董一元は、石曼子（島津）に敗れる所となったと聞きました。大いに懼れ、様子を見て引き去ったそうです。諸将は、軍勢を還し、患いもないそうです」と告げた。高虎は、馳せて伏見に帰り、家康に告げた。


　十一月三日、五大老・三奉行（長束・増田・前田）は、連名書をもって、義弘および忠恒の泗川での戦功を褒美した。十日、義久は、家康の屋敷を詣でた。義弘は、忠恒と泗川城を発して、興善島（昌善島《チャンソンド》）に至り、まさに諸将と釜山浦で会しようとしていた。小西行長・松浦鎮信・有馬晴信・大村新八郎（喜前《よしさき》）・五島若狭守（玄雅《はるまさ》）は、順天城に居た。明水軍将・陳璘は、和親《わしん》の約に背いて、副総兵の陳蠶・鄧子竜・李金・李舜臣（水軍統制使）などを遣わせて、水軍千人と哨船数百艘を率いて、忠清・全羅・慶尚の港口を塞いだ。明兵は、順天に向かい、明水軍は海口に至った。露梁《ノリャン》沖（津《ジン》）海戦の始まりである。小西など五人は、城を出ることを得ず、義弘に救いを求めた。義弘は、立花宗茂・高橋主膳正（直次）・小早川秀包・寺沢正成などと軍を合わせてこれを救い、舟を進めて南海峡に至った。十八日、哨船を撃退して、小西などは舟に乗り、南海峡外から逃げ去った。黎明、朝霧が溟濛《めいもう》とする中、子竜の船が義弘の舟に近づいたので、両軍は互いに驚き、子竜は急いで壮士《そうし》二百人を携え、朝鮮舟に躍り上がり直前で奮撃したのであった。

　義弘は、南海峡から還った。まさに、潮が落ちるのに遇い、舟を上げがたかった時、哨船がおよんで橈鈎《どうこうか》を出して、これを鈎引《こうび》きした。火器《かき》を抛《なげう》ったので、舟中は火を発し、島津方の兵は敵船に徙《うつ》って伊地知重賢・桂忠治・二階堂重行などが粉骨して敵を討ったが戦死は五十四人であった。敵は、誤って火器を子竜の乗る舟に投げ入れたので、舟中は燃え、島津方の兵はこれに乗り子竜を撃ち殺し、従兵も皆戦死した。舜臣は、これを救い、矢石《しせき》で攻めて力戦したが、島津方の兵が発した銃に中り、銃弾は胸を貫き背後に出た。舜臣の兄・子莞は、その死を秘して戦を督すること益々急であった。鬣金などはまた島津方の兵を迎え撃ったが、鬣金および中軍陶明宰は戦死した。明大兵は、猶も競い進み、島津方の兵は寡であったため、義弘の乗る舟もまたはなはだ危急であった。従兵殊に死戦し、種子島久時・川上忠兄（忠智の次男）・新納忠増（忠元の次男）などが、銃を発して哨船を撃ったため哨船は引き去った。義弘は纔《わず》かに退くを得て、還って唐島に入った。島津方の兵の戦傷は申すにおよばず多くの悴者《かせもの》・歴々が戦死した。宗茂・正成・直次も義弘に従い苦戦し、従兵の半分が戦死した。戦う事寅（午前四時）から午（正午）の刻におよんだ。行長などは、まさに唐島に退こうとしており、嶮浪が船を激し纔かに南海島に遁れた。

樺山忠征（久高の甥）・樺山久高などの舟は、哨船を焼く所となり、再び敵の遮り隔てる所となり義弘に従いえず、船を棄て、軍士五百余人と南海島に登り、宗義智の故塁を保っていた。哨船は、これを囲み、一、二人逃げ帰る者もあった。敵は、島津方の船を沈めて海口を遮って還れなかった。樺山などは、窺い人を遣わせて義弘に迎えを請うた。具にその状を申し上げて、伊勢貞昌が義弘に「どうして、数百人を絶島に見捨てることができましょうか。これを憂えないのですか」と行ってその存否《そんぴ》を見ることを請うたので、有馬重純・鮫島宗俊とともに小舟に乗って向かった。すでに、義弘は、五代友泰を遣わせて、貞昌と代わらせた。友泰は、小舟を馳せてこれにおよんだが貞昌は承知しなかった。舟を進めることいよいよ急であり、友泰もまた還ることを承知せず貞昌とともに進んだ。南海島に至るにおよんで、夜半《やはん》まさに哨船が灯りを懸《か》け、海上は昼のようであった。貞昌は、潜に岸下に棹《さお》さし至って、たまたま、樺山久高に会い、「必ず舟を具えて公等を迎えにきます」と約束して還った。十九日、忠征・久高などは、対馬人から扁舟《へんしゅう》二艘を買い、五百余人と潜に南海島を出発した。長崎六郎左衛門・深野重張およびその二子の重房・重政は、その一艘を盗んで逃げた。そこで、一艘をもって七、八人を載せて、往反数度、悉く興善島に至り、樺山忠征および吉田康時・竹内実位を遣わせて義弘に報せた。義弘は、命じて舟を具えさせて、これを迎えた。寺沢正成は、これを聞いて「思うに島津氏の軍士は、海道において困っている所であろう。小西など五人を救った縁もあり、五人は、どうしてその難を坐視《ざし》していられようか」とした。行長なども然りとして、おのおの舟艦《しゅうかん》を具えて、吉田・竹内に請うて郷導として、久高以下五百余人を迎えて還り、二十日、皆、唐島に至った。この役で義弘は、明戦艦二艘・朝鮮戦艦四艘を戦い獲た。翌二十一日、義弘は、忠恒とともに唐島を発して、二十二日、釜山浦に至った。諸将は、すでに日本に帰り、再び一人留まる者はなかった。独り、豊久は、舟を椎木島に繋いで、義弘・忠恒を待っていた。二十四日、義弘・忠恒および豊久は、釜山浦を発し、翌日、対馬に至った。島津勢がこの役の殿軍であった。家臣団の数も大半減っていた。

十二月六日、義久は、家康を屋敷で享した。義弘は、忠恒と対馬を発して壱岐に至った。露梁沖海戦で臆病な行動を取った深野重張など四人が、風本に匿れていると聞き、鮫島宗俊を遣わせて、重張および長崎六郎左衛門を殺した。重張二子の重房・重政は赦した。十日、義弘父子は、舟で博多に至って、毛利秀元・石田三成・浅野長政が迎えて無事の到着を賀し、数年の軍務を労した。翌十一日、三成は、秀吉の死を告げた。父子は、博多を発した。県官《けんかん》（天子）は命じて、厨伝（宿場カ）を給い、赤間関に至ると站船《たんせんカ》（官府が坐る船）を給わった。二十四日、忠恒は、伏見城に至り、二十七日、義弘は大坂に至り、二十九日、伏見に至って五大老にまみえた。初め、石田三成は、義弘および忠恒に名島（筑前国）において「尊君（義久）が、内府（家康）に近づいて、私交《しこう》を結んでいる。往還が甚だ熟している。これ、天下の公法に背く」と語った。義弘父子は、これを調べ細大《さいだい》聞いたので、伏見に至って義久に一面《いちめん》佳会《かかい》して高談《こうだん》清話《せいわ》の後、告げた。

第四章

義久・義弘と徳川家康

庄内の乱の勃発

慶長四年（一五九九年）正月三日、義久は、義弘および忠恒に書を遣わせて、

一、内府様へ参ったことは、十一月十一日承り、度々斟酌《しんしゃく》したが、しいて（強いて）仰せられたので参ったが、別条のことは少しも申し入れず、また承ってもいない。一、大納言殿（前田利家）へ参ったことは、治部少様はかた（博多）へ御下向前に幸侃（忠棟）をもって御意を得て参った。一、家康私宅へ入御のことは、度々承っており、斟酌したが、十二月一日に、御家門様・道阿ミ御両所が、亦々仰せられたので、力およばず十二月六日に入御した。付けたり、徳善院・増田殿・長束殿へ案内を申し、増田殿・長束殿からは、前日に御音信に預かっていた。一、血判をもって誓紙を上げ置いているので、今において少しも別心はない。この上は、是非に御紕明大望に存じている。

などと述べ、また起請文も遣わせて、

一、内府様と往還したが、少しも別心あることを申し入らず、又承っていない。八幡・春日・愛宕山も御照覧、偽りない。御紕明大望である。この趣をもって委し申し上げて下さい。

と誓ったので、以て義弘は、三成に示した。史料に「三成痛く和交を妬むは、思うに奥旨《おうし》ありや」とあるが、家康の意図を見抜いていた。島津氏と家康の交流の仲介になったのは、両者と親密な近衛氏であった。秀吉死後の情勢の中、家康は島津氏を懐柔して味方に引き入れようと接近してきたのであるが、島津氏の側も家康と懇意にすることは損にはならないと考えていたであろう。

この日、家康は、義弘を詣でて太刀・馬代・および刀（二字国俊）を与え、また忠恒も詣でて太刀および刀（長光）を与えて凱旋を賀した。七日、家康は、忠恒および高橋主膳正（直次）などを召して、茶燕会《ちゃえんかい》を行った。九日、五大老・五奉行は、義弘および忠恒を伏見城に召し、感状を忠恒に与えて、義弘に刀（正宗）を与え、忠恒を少将に任じて刀（長光）および禄五万石を与えて泗川の戦功を賞した。初め秀吉は、島津忠辰の出水郡二万九千七百二十八石六斗九升五合を官地となし、三州の検地が完了した時に至るにおよん

でまた、加治木郷十村一万石を官地となし、清水郷・敷根郷・五村六千三百二十八石四斗四升八合を石田三成領となし、肝付郡三村三千五百三斗五升一合を細川幽斎領としていた。ここに至って悉くこれを還した。合わせて五万石（正確には、四万九千六十二石四斗九升四合）であった。これには、家康のはたらきがあったようである。十日、右大臣・豊臣秀頼は、伏見から大坂に移った。五奉行は、軍吏《ぐんり》を分番させて伏見城を守らせた。

二月二十日、義弘は、日置郡の串木野村・荒川村・羽島村と伊集院の谷口村、合わせて五千石を忠恒夫人・亀寿の湯沐邑《とうもくのゆう》として、その徭役《ようえき》を除いた。義久は、島津氏の歴代当主が所持してきた御重物を忠恒に渡し、島津氏の家督を譲った。しかし、それから約三カ月後の四月二十八日を以て御重物を取り戻し、義久は忠恒に譲った家督を悔返している。その理由は、忠恒が、豊臣政権に家督継承者と認定されていたが、秀吉の死と前田利家の死（閏三月三日）、それに伴う石田三成の失脚（後述）により政権の権力が家康に移るとともに変更されたのであった。しかし、公儀からみれば当主・太守は忠恒であり、実質的権力者は義久であって、家康などもそう認識していた。二月二十八日、義久は、帰国の暇を賜わり大坂を出発した。三月三日、義久は、歳久の追悼のために心岳寺を建てた。

三月五日、忠恒は、以久を種子島から下大隅垂水に移し、知行一万千六百八十七石の領地判物を与えた。この内、千六百八十七石が加増で、無役が千七百石であり、残りの九千九百八十七石の役儀を勤めることが肝要であるとした。また、忠恒は、忠長に増封一千石を与えた。また、往年献上した一千石も還し与えた。合わせて二千石、その土地は、大隅肝付郡の柏原村・岩広村・寄田村などにあった。以前に賜わった一万石と併せて一万一千石となった。千石は、無役なので、残りの一万石の役儀を全うし勤めよとした。以久と忠長への所替えや加増は、忠恒の当主としての権限の行使であった。

三月九日、忠恒は、伊集院忠棟を下邸に召して茶燕の会をし、座において手打ちにした。仁礼小吉が、佐《たすけ》てともに忠棟を殺した。忠恒は、忠棟を茶亭に召して盛膳および苦茗（茶）を羞《すす》めて、拝謝して退出した所を自ら追い、切ったのであった。忠棟は、すでに死に、諸匱《ひつ》に納めて従者に渡して「幸侃（忠棟）は罪があり、すでにその罪に伏した。妻子および家臣は皆赦す」と申し渡した。この時、忠棟の嫡男・忠真は庄内（宮崎県都城市）にあった。弟の小伝次・三郎五郎・千次郎と母の吉利氏は、ともに伏見の私第《してい》にあった。私第の地形は高処に拠り、上邸を俯臨《ふかん》していた。その闚《うかが》いがあるので恐れ、吉利木工之助・白坂式部を遣わせて、忠真の母および弟の小伝次など三人を東福寺に移した。家康は、井伊直政を派遣して難を省かせた。直政は、二十騎を率いて門外に駐し、忠棟妻子を東福寺に移した後、帰った。この日、義弘は、京都から帰って忠恒が忠棟を誅したのを聞いて上邸に入り、戒厳をもって不虞《ふぐ》に備えた。十四日、義久は、富隈に至った。伊集院忠真は、忠棟が害に遭ったのを聞き、身も免れえないと思い、遂に領地をもって謀反した。義久は、僧を遣わせて招降したが、忠真は肯んじなかった。石田三成は、素より忠棟と親しく、忠恒に「忠棟は、かつて殿下の寵命《ちょうめい》を承り、ちょうど公朝《こうちょうカ》の臣ようであった。今先ず請わずにこれを誅す、屋敷を立ち退き、罪を待つのがよろしい」と命じた。ここにおいて、忠恒は、自ら高尾寺（高雄寺・神護寺〔現・京都市右京区にある名刹〕）に囚われの身となった。忠恒の忠棟殺害については、義久・義弘の同意があったのかが問題になってくるが、それを語る史料はない。二人の同意、少なくとも義久の同意なく以上の行動に踏み切れなかったのではないかと考えられる。この時期忠恒は、家督を譲られておりその権限を行使したとも考えられる。動機については、朝鮮の役で大きな辛酸を舐めた忠恒の怒りが秀吉の死を契機として爆発した結果であると考えられる。また、豊臣政権の政策を実行してきた忠棟を殺害することで、それに反発して非協力的な態度を通してきた義久や大多数の家臣団の支持を得ようとしたとも考えられる。忠恒の当主・太守としての基盤は、脆弱であった。

閏三月一日、義久は、石田三成に書で答えて、

三月十五日の書を得て、幸侃生害のことは、今度御意を得て急に仕出したのかと考えていましたが、又八郎（忠恒）短慮の仕立、言語道断是非におよびません。少しも拙者にも談合ありませんでした。曲事深重です。兵庫入（義弘）も、会せずの由申し致しております。同心していたのかもしれません。誠に御腹立て尤も至極です。

などと釈明した。三日、新納為舟（忠元の出家名）・相良長辰・比志島国貞・鎌田政近・喜入久正・山田利（理）安（有信の出家名）・新納旅庵・平田増宗・伊集院抱節・樺山久高・町田存松（久倍の出家名）・桂忠詮（忠昉改め）・北郷三久・上井里兼の凡そ十四人が、連名盟書を上らせて「密謀《みつぼう》を洩らすことなく、庄内に通じることもありません。この言に変わりがあれば、諸新が罰し殺します」と誓った。また、伊東祐兵も義弘に盟書を献上した。忠棟殺害の動揺は少なくなかった。

五大老は、忠恒を赦した。思うに、国君がその叛臣を誅するのは、擅殺《せんさつ》の法をもって論じえないからである。家康は、伊奈図書頭を遣わせて百騎を率いさせ、忠恒を迎えた。ここにおいて、忠恒は伏見邸に帰った。

中村一氏・堀尾吉晴は、徳善院（前田玄以）・浅野長政・増田長盛・長束正家と謀って、伏見城を家康に献上した。十三日、家康は、居を伏見城に移した。石田三成は、福島正則・加藤清正など武断派七将に襲撃され、家康に助けを求め、七日、奉行職を罷免され佐和山に引退させられていた。

伊集院忠真は、都城を改修して城の空堀を深く塁を高くし、庄内十二外城といわれる財部・安永・野々美（三）谷・山田・志和地・高城・山之口・勝岡・梶山・梅北・末吉・恒吉の寨を築いた。義久は、忠真が確かに謀反したのを聞き、肥後某を遣わせて渡瀬を守った。山田利安は廻城を、寺山氏は市成を、桂氏は大崎を、樺山久高は志布志を、柏原周防守は松山を、入来院重時は高原・高崎をそれぞれ守った。とりわけ志布志は、所労心《ろうしん》の処であった。先ず秋月某は、未だ敵味方の分別なく、久高は、軍士を分遣して要害の寨を守り、福島から庄内の魚塩《ぎょえん》の道を絶った。そして、梅北・末吉・飫肥（日南市）の通路である牛之峠以下に勇士を遣わせて警固し、もって勲功を致したので、心安くなった。

忠恒出陣

四月二日、家康は、義弘および忠恒に盟書を与えて「すすんで秀頼公に背かない。この意尤も善。御父子御両三人に対して疎略毛頭ありません。付けたり抜手《ぬきて》表裏ありません」などと誓った。四日の忠恒宛ての義久書状にも見られるように島津氏と家康は非常に懇意である。またこの頃、家康から二百枚の金子を借りており、自今以後金銀米銭を他から借りないようにも言われている。

家康は、忠恒を遣わせて国に赴かせ、伊集院忠真の乱を靖らかにさせた。初め忠恒は、忠棟の弟・伊集院小伝次などを東福寺に置き、告げさせるには「且に乃の職を復《なんじ》す」。それに対して「敬諾《けいだく》」と返答して、遂に盟書を献上したが、すでにこれに背いた。また、仕を加藤清正に求めたので、小伝次三人および母を鞍馬に移した。本田親貞・平田五兵衛・宇都藤左衛門・細田覚右衛門・大井七右衛門に、これを監護《かんご》させた。五月一日、親貞など五人は、連名書を上らせて「すすんで小伝次母子およびその家臣と交通しません。この言に変りがあれば、諸神がこれを殺します」と誓った。

十七日、義久は、隅州宮内の内、山田村五十石をもって正八幡社領とし、また、隅州曽於郡田口村五十石をもって霧島社領とした。留守氏・華林寺におのおの一通寄進状を与えて、「闔国《こうこく》社領は、往年一切これを減らしたが、今再び寄進します。祈願怠けることなかれ」と述べた。これも秀吉の死により表面化した豊臣政権の改革への反動であった。

六月十八日、伊集院忠真は、川上肱枕（忠智）に書を遣わせて、

> （前略）去る春の時分、武庫様（義弘）より御直書を下さり、（中略）我等進退の儀御心および、御懇意加えられるの由、外聞実儀《がいぶんじつぎ》忝いです。去りながら爰元の躰、義弘様御意には、はたと違います。（中略）最前幸侃生害仰せ付けられた由を聞いて、浜の市（義久）へ上意を伺い、（中略）武庫様・又八様（忠恒）へ我等身上の儀御意を得て、いかようにも分別仕る通り申し上げましたが、終に御納得ありませんでした。今においても諸口往来御停止して、拙子（忠真）ことも幸侃と同科に御曖と見得て境目も放火しています。（中略）拙子身上落着の儀、義弘様より仰せ下されない間は、済み難いと存じています。然る間一着の始末頼り奉ります。（中略）と角武庫様を頼り奉らなければ叶わない儀なので、よろしく仰せ上げて、急度《きっと》一途に済む様に御披露して下さい。（後略）

と弁明と懇願した。

二十二日、忠恒は、軍を遣わせて恒吉城を攻めたが、勝てなかった。島津豊久は、佐土原兵を率いて至り、翌二十三日、新納忠元・入来院重時・村尾松清と山田城（都城の北西二里半）を攻め、卯（午前六時）から午（正午）に至って、遂にこれを陥れて兵を置いて守った。忠元は、七十四歳の高齢で四足不自由であったため、輿（腰輿《ようよ》）に乗り参戦した。翌二十四日、忠恒は、帖佐宗光を遣わせて義弘に勝ちを報じた。二十七日、忠恒は、豊久に書を遣わせて、山田城の戦功を褒嘉し、刀一枚を贈った。かつ、川上久辰・伊勢貞昌を遣わせて、その軍事に参加させた。北郷長千代丸は、祁答院兵を率いて東霧島《つまきりしま》に駐屯し、兵士は交代する者もあり、晦日、庄内軍は諸蛭嶽で待ち伏せして、長野通堅・宮越正秀を殺した。

七月三日、義弘は、銭百二十貫を喜捨して、逆修のため高野山金剛峰寺奥院燈火の用とした。

伊集院忠真は、日高静鎮・中村吉右衛門を遣わせて、今にも松山城を攻めようとしていると偽った。志布志地頭・

樺山久高は、兵を遣わせて松山を救った。静鎮・吉右衛門は、反って志布志に赴き、月野を襲って破り、また、松山城を攻めた。地頭・柏原周防守は、これを防ぎ、木脇喜兵衛は銃を放ち数人を斃したので、忠真軍は引き去った。

九日、家康は、山口直友を遣わせて忠恒に書を贈り「聞くに、伊集院忠真は、領地に拠ってまだ下っていない。速やかにこれを討つのがよろしい」と伝え、再び、伊奈図書頭を使者として、縮百端・帷子百・鏃《やじり》二千枚および書を遣わせて、また速やかに忠真を討つことを命じて、人数なども何時なりとも、御用次第申し付けてほしい、余は直友に付すと伝えた。山口は、これを契機に島津氏との「取次」となり、家康の覇権後は、その地位を公的なものへと上昇させ、長年その役目を務めることになる。家康は、伊東祐兵に対しても義久父子が言い次第、馳走することを命じた。忠恒は、鹿児島に至った。義弘は、書を還して忠恒を誡めること数十条であった。十三日、また山田利安・種子島久時に書を与えて、「少将殿（忠恒）は年少である。庄内のことは、ぜひ龍伯公の指教《しきょう》を煩わせる必要がある。卿等は、吾のためにこれを進言して下さい」と頼んだ。

義弘の助言

山田城の戍兵は、北郷長千代丸の祁答院軍とともに、志和地および野々美谷を攻めたが、敵は城を出て戦い、勝てずにに帰還した。敵軍は、これを追撃して東霧島に至ったが、祁答院兵が二王門に拠ってこれを拒いだため去った。島津氏は、家康の意を受けて援軍に赴こうとした近隣の諸大名の申し出を、豊久を除き断っている。忠恒は、伊奈図書頭に書を遣わせて山田城の勝ちを家康に告げた。家康は、忠恒に書を与えて「源二郎（忠真）の先鋒が拠る城を抜き、数百人を殺したこと、大いにこれ快事《かいじ》である」と伝えた。

義久からの書状によると、伊東氏は、庄内のために密かに魚塩の利を通じていたので、義久からの要望もあり、八月六日、義弘は、書をもって伊東祐兵を譴《せめ》た。また、伊集院忠真に書を与えて、

（前略）貴所（忠真）進退のことは、食（召し）出すと度々聞いていたが、身体の一着がないので、今においていて篭城しており、源二郎（忠真）の申すことを龍伯様が聞き届けていないかもしれない由を承ったが、貴

所の申し分も、龍伯様の返事も知らないので、どのようにも申し難い。とにかくに君臣上下之例法（掟）、貴所一人に限らないのだから、勿論一着しなくても、龍伯様御諚《ごじょう》（命令）次第、其旨に応じて罷り出て、縦い御成敗されても、名字《みょうじ》之恥辱（家の名をはずかしめるようなこと）になりません。御下知に背いて果てれば、かつ臆病で罷り出ないことに似て、かつ無道至極で、天道《てんどう》にはなされ、家之始末を知らないようで、自他国の嘲弄無念ではありませんか。（中略）貴所を食（召し）出して、知行などをどれ程遣わすか計り難いですが、（中略）堪忍ならない程ではないと存じています。このことについては、愚老（義弘）がいるので、随分心を添えます。万事をさし捨て罷り出て、（中略）御侘び申せば、別儀ないかと思います。（中略）加えて、内府様御使として、寺沢志摩守殿（正成）が下向するようです。一段其内能々遠慮肝要です。

と助言した。義弘の次女（末娘）・御下（千鶴）は、忠真の妻であり、舅の立場からもこのように助言したのであった。

十日、義久は、義弘に書を遣わせて「又八郎殿（忠恒）の処事老成《ろうせい》である。但し飲酒は度を過ぎている。戒めるのが当然である。それだけである」と伝えた。

十五日、北郷長千代丸の祁答院軍は、志和地城兵を楠牟礼（志和地城北西）で攻撃した。城兵は、出向い鉄砲を放ち、佐藤家信・田中義利などが当たり戦死した。また、兵を分けて丸谷村から、これを横撃したので、城兵は怺《こら》えられず城内へ敗走し、遂に志和地城羽田口（志和地城北）に至った。東霧島僧豪澄法印は、汗馬《かんば》を策し防戦したが、藤井氏順がこれを討ち、財部与右衛門尉は小岩屋備中と互いに名を告げて鎗合わせを欲したが、時に鉄砲に傷つけられ引退した。時に重信家張が馳せて来て備中と鎗合わせして、島津方の兵は討つ敵十三人を超えた。

二十日、長束正家・増田長盛・浅野長政・前田玄以の四奉行は、連名書を忠恒に贈って、唐金《からかね》二万貫目を求めて、木食上人を頼み、大仏本尊の用の資金とさせた。県官は、収帖《しゅうちょう》を照らして、値を給するのが当然である。この日、家康・秀家・輝元・景勝・利長の五大老は、連名書で忠恒に命じて、

この頃、者波牟《バハン》海賊あり。既已《すでに》法で取り締まっており、これを誅しているだろう。従来この法は、甚だ重く、もし、その人があれば罪は領主におよぶ。すべて舟船の出入りに、謹み点検を加えて忽《ゆるが》せにすることなかれ。

と命じた。四奉行も、ほぼ同様の旨を命じた。者波牟《バハン》と、海賊は本来違うものであったが、同一に用いられるようになった。また、再び恒吉城を攻めてこれを抜いた。翌二十一日、家康は、また寺沢正成を遣わせて、庄内のことを処置させた。

　九月二日、忠恒は、真幸院・吉田村五十石を割いて、霧島社領とした。思うに、酬愿《しゅうげんカ》（愿んで謝礼するカ）と云う。九日、家康は、大坂に至って令節《れいせつ》を賀した。増田長盛・長束正家は、家康を勧めて大坂に留めて秀頼を補佐させた。家康は、これを許した。遂に西城（西の丸）に居した。次男の結城秀康をもって伏見城を守った。

　十日、北郷三久は、祁答院軍を率いて都城備兵大根田（横市村内）を攻めることを欲し、先ず敢えて死兵（死を惜しまない兵カ）である山内助次・坂下宗豊・児玉軍八・黒田次助・蓬原甚左衛門尉・久保秀定・平川家次に紫尾田・徳益（宮丸村内）を放火させた。忠真は都城から出兵して小松个尾（都城郷前川内村にあり）で戦ったが、島津方の家臣の戦死者は多く利はなかった。

　時に敵が、一騎進み来たので、華房早兵衛尉が鉄砲でこれを撃つと、また敵が数多競い進み甚だ危なくなった。たまたま北郷久陸は、三百騎を率いてこれを助けて、おのおの恙なく小松个尾を去り、鵜島（都城郷安永村にあり）に陣取った。上井兼政（里兼の弟）・肝付兼篤（兼寛の弟）・長寿院盛淳・敷根頼豊・川田大膳院は、野々美谷へ向かい、助けに来た野々美谷・梶山・勝岡の兵と小谷頭（都城郷野々美谷村にあり）で戦った。敵は、敗亡《はいぼう》し分散して去った。祁答院兵は、三城兵を横撃してこれを破った。また、敵の高城守将・比志島彦太郎は、多勢を率いて釈迦堂原（野々美谷村にあり）に登って破り、勝ちに乗じて野々美谷城の搦め手に入り、首を切ること八十余級であった。しかし、城兵の敗北に遭って利を失い高城に退いた。平田増宗は、兵を率いて乙房《おとぼう》丸（都城郷前川内村にあり）を攻め、戦勝して帰還したが、忠真は兵を遣わせてこれを追い、野々美谷城からもまた兵を出し、その後を遮った。ここにおいて、島津方の兵は、勝ちに乗り立寺馬場を取り経て、野々美谷城搦め手口に攻め入った。北郷家臣・小杉重頼と城主・古垣忠興は、互いに名を告げて一番鑓合わせし、財部寿福坊湛賢もまた城戸口において古垣（東条休右衛門とも）と鑓合わせした。高松正隆・伊地知諸右衛門尉も続いて鑓合わせした。敷根仲兵衛は、力戦して功があった。十人が戦死し、傷を負った者も多かった。この日、島津方の兵の獲る所の首級は八十余で、北郷源左衛門尉が凱歌を唱え、須田利基が先ず登り首級を得て、その外敵の首を得た者は十五人であった。十三日、忠恒は、北郷長千代丸に感状を与えて、祁答院衆の野々美谷の戦功を褒嘉した。翌十四日、忠恒は、吉田・佐多浦村五十石を割いて、留守次郎三郎に付し、もって社領とした。また、酬愿であった。

二十四日、新たに軍令を出し、号令を聴くこと・私闘を禁じること・暗号を約すること・畏懦《いだ》を効すこと・隊伍を守ることなど凡そ十条であった。山口直友は、庄内に赴き伊集院忠真を招降《しょうこう》して忠真は命を聴いたが、すでにして、これに背きついに肯んじて降伏しなかった。直友は京都に帰り、税所越前・竹内織部祐にこれを送らせた。家康は、伊集院忠真が、まだ肯んじて下っていないことに怒り、増田長盛に忠真の母に「善く爾《なんじ》の子を諭し降伏させよ。そうでなければ今にも爾に誅を加える」と言わせた。ここにおいて、母は、野辺五郎右衛門を遣わせて、忠真を敦論（敦く論じたカ）した。晦日、忠恒は、庄内に赴き山田城に宿営した。

島津方の攻勢

山田城は、山に依って城をなしている。忠恒は、ある時、微出《びしゅつ》して山中に遊んだ。川上忠兄が、これを「この場所は、霧島山と通じています。恐らくは、奸人《かんじん》が潜伏しています。再び遊んではいけません」と諫めた。よって、兵士を山蹊《さんけい》の間に扼守《やくしゅ》させた。また、炭を焼き薪を採る者を遣わせて往かせ、曰く「この輩を山中に往来させれば、奸人ありといえどもまさに匿《かく》れる所はない」。

十月二日、忠恒は、移って森田（野々美谷内）に陣営を築き駐屯し、軍を進めて志和地城を囲み、その粮道《りょうどう》を絶った。また、望楼《ぼうろう》を城西に設けた。翌三日、義弘は、大坂に赴いて家康にまみえて、伊予鶺を賜わり、五日、伏見第に帰った。

十六日、高城軍は、高木村の川鰭に至り、森田陣営に迫って銃を放った。忠恒は、徒歩で北郷長千代丸の祁答院兵とともにこれを追って高木で戦いこれを破った。敵は、逃走して高城に退いた。時に敵兵二人相返して戦い、北郷家臣・高橋武蔵と白坂式部は、ともに一人ずつ討った。同家臣・財部武蔵も一人を切り、島津勢は高城大楽に追い至ったが、時に安和井个塚に置く所の伏兵が起きて急に攻撃したので中原中将が戦死し、その外の死者も多かった。この時、北郷家臣・友重十郎右衛門尉は、足軽将を討った。

十七日、寺沢正成は、義久のいる浜之市に至った。二十一日夜、山田城の本丸と二の丸の間で、塩硝《えんしょう》壺に火が入り、その辺りの陣営を数多焼失し、兵器奉行の川上忠就・伊地知彦八郎が焚死《ふんし》した。二十三日、野辺五郎右衛門・西郷が庄内にたぶん忠真を勧めて降伏させるために赴いた。平野源右衛門・高畠新蔵も遣わせたが、肯んじて降伏しなかった。二十五日付の忠恒宛ての義弘書状で、加藤清正が忠真に玉薬《たまぐすり》のことで便宜を図っていたことを述べている。

十一月六日、忠真は、平野源右衛門・高畠新蔵に書を遣わせて、寺沢正成をたより仕を他国に求めた。曰く「島津氏は、私にとってもうだめだ。吾は、再びこれの臣となることはできない」であった。八日、志和地城から、薪樵者（薪を切る者カ）が出たので、長千代丸の兵は柳川原口に伏せてこれを討った。城兵は、発し出て戦い、北郷方の小杉頼氏・有田光規・宇都宮加兵衛尉が戦死し、かつ分捕る者もあった。時に平田民部左衛門尉は、来たのに加えて小川伴助と鑓合わせした。十八日、長千代丸の兵は、荒瀬（水流名内）に伏し、高城からは敵が発し出て戦い、島津方の兵は勝ちに乗り、敵を城に追い入れた。時に北郷家臣・大久保秀次は、有村三郎兵衛尉（後に北郷家臣となり平山乗賀と号する）を組み伏し、首を掻こうとした処、有村郎従《ろうじゅう》が馳せて来て秀次を討った。島津氏は、この時期になっても家康の意を受けた近隣の諸大名の援軍の申し出に返事をしていない。以後も同様であった。高鍋城主・秋月種長のように、日州・福島まで出張してきた者などもあった（九月十日頃）。

「五大老筆頭」の家康の介入と「公儀の取次」の寺沢正成の派遣により庄内の乱は、「公儀の内戦」となった。しかし、島津氏にとっては一家臣の反乱であり自身だけで解決したい意向であった。よって隣国大名の援軍を拒絶したのである。家康が、諸大名に島津氏への援軍を申し付けた理由については、石田三成と関係の深い忠棟の一族討伐を援助することで島津氏を家康寄りにしようとした説、「公儀の取次」である寺沢正成を動かして、関ヶ原の合戦を見越して諸大名を軍事動員する予行演習をしようとした説がある。家康は、秀吉死後その置目に背く行動を取り自己の勢力拡張に励んだが、それはあくまで、豊臣政権内での地位・権限の積極的利用によって可能であったとしている。この時点で家康は、大幅な権限を持っていたが、秀頼の家臣であり五大老筆頭の地位から抜け出せていないのであった。

二十七日、家康は、再び山口直友を遣わせて、忠恒に小袖十領を与え、かつ伊集院忠真に降伏するように諭した。翌二十八日（十月か）、忠恒は、隈之城西手村五十石を割いて、執印吉左衛門に付して社領（たぶん新田八幡宮社の）とした。

十二月四日、命じて志和地城四面において木を結んで柵をなし、内外と隔断《かくだん》した。八日、白石栄山は、兵を率いて山田城に迫り、銃を放つとすぐに返った。川上忠兄は、外寨（寨の外）からこれを望見《ぼうけん》して、城将・鎌田政近に「この賊必ず譎《いつわ》りあり、追うなかれ」と告げた。政近は、承知して城を閉ざして一人も出なかったが、肥後壱岐は、聴かずに兵を率いて、これに馳せた。栄山は、しばしば左右を見まわし、衆は皆その伏兵があると思った。五本松に至る頃、伏兵が起き上がった。損失は、百人ばかりであった。忠兄は、兵を遣わせてこれを救い、栄山は引き去った。栄山は、始め僧であり、伊集院広済寺に居り、後に還俗して伊集院氏に仕えた。

比志島国貞は、寺沢正成を送り、十一日、正成は帰り大坂に至った。義弘は、正成とともに庄内のことを家康に語った。十八日、山口直友は、忠恒に書を贈って「内府（家康）は、再び某を来たらせて、昨日、すでに日向奈奴幾《なぬき》村に至りました。浜之市に行かせて龍伯様にまみえるのが当然です。然る後、忠恒様に戦場で会います」と告げた。

この歳、義弘は、参議（宰相）に任じられた。そして、祝髪して兵庫入道、改めて維新、翌々年、更に改めて惟新と号した。下大隅田上領主・敷根立頼（頼賀の曽孫）を高隈領主として移し、種子・屋久・恵良部の三島領主・島津以久を下大隅領主とし、知覧領主・種子島久時を種子島領主とした。謀って、屋久島・永良部島を受領して、その後、二島を遂に公邑（公の領地カ）とした。種子島氏は、ただ種子島を有するだけであった。これらの所替えは、豊臣政権の太閤検地の仕置きへの反動であり否定であった。

庄内の乱の終息

慶長五年（一六〇〇年）正月四日、伊集院軍は、兵糧を志和地城に送り、夜、木柵を壊して入ったが、島津軍はこれを追い六人を殺し、その余は兵糧を棄てて逃げ、奔って城中に入ったので、城中は、ますます飢困《きこん》した。十六日、志和地城は、兵を出して挑戦してきたが、島津軍は、これを撃破した。島津方の士卒で負傷した者も多く、戦死者も居多であった。志和地城は、囲まれること累月で、城中では食尽き、二月五日、将士は、潰散して、翌六日、志和地城は降伏した。

十四日、忠恒は、高城に赴き、宝光に駐屯した。北郷長千代丸の祁答院軍は、山之口に赴き田原に駐屯した。山之口城は、兵を出して挑戦し、祁答院軍は家臣の迫田休左衛門尉・栗山良親・瀬戸山石見が戦死したが、これを撃破して敵を城内に追い込んだ。この時、家臣の津曲兼業（十六歳）は、東の坊住僧《じゅうしょく》を討ち取った。

山口直友は、家康の旨を奉じて、伊集院忠真を諭し降伏させた。二公（義久・忠恒）に、忠真を赦させた。二十九日、義久・忠恒は、直友に盟書を遣わせて「伊集院源次郎（忠真）は、寺沢志摩守殿（正成）に至って、当家へは堪忍出来ない由を、墨付《すみつき》をもって申したことは、遺恨深重でありますが、内府様の御曖なので差し捨てます。源次郎が罷り出て奉公する上は、以来のように異儀なく召し仕ります（後略）」と誓った。高城・山之口・勝岡・梶山・野々美谷・安永、皆下った。庄内は、日蹙《にっしゅく》。義久と忠恒は、すでに忠真を赦し、またこれに一万石（のち二万石）の領地を許した。忠真は、降伏した。

三月十日、忠真は、税所越前入道・喜入久正をたよって盟書を上らせて、

領地に拠り、命に逆らい、罪は逃れる所はありません。今、山口勘兵衛殿の調停を頼って、謬《あやま》りに再造《さいぞう》の恩を身に受けました。辱くも免死の邑を賜わりました。自今以後、すすんで再び叛きません。この言を変えることがあれば、諸神がこれ（忠真）を罰し殺します。

と誓った。

十二日、義弘に従って伏見にあった川上久賢など六十二人が、新納旅庵・町田存松・喜入忠政をたよって盟書を上らせた。

十五日、伊集院忠真は、都城および末吉・梅北・財部の四城を献上した。忠真は、都城を退去した。義久・忠恒は、都城に入り、都城および安永・高城・山之口・勝岡・梶山・梅北を長千代丸に与えた。この時、長千代丸は、十一歳で元服し、忠恒は自ら加冠をして次郎忠能と名を与え、忠能は宝刀（備前続心）を拝領した。理髪者は、比志島国貞であった。庄内の軍勢は、帰還した。二十日、義久は、富隈に帰り、二十二日、忠恒は鹿児島に帰った。伊集院忠真には、頴娃一万石を与えた。庄内の乱における島津・伊集院双方の被害は、甚大であった。

二十二日、家康は、義久に書を遣わせて「（前略）伊集院儀討ち果たすことが相極まれた処、重ねて山口（直友）指下しに就き、少将殿（忠恒）御意見およばれ、赦免の上、堪忍分一万石宛行の由尤もである（後略）」と伝えた。初め、忠恒の庄内の討伐を、喜入紹嘉（久正）を遣わせて、地図を家康に上らせた。家康は、紹嘉を召して入れ、詳らかに地形険易の処を問うた。紹嘉は、図に拠って指畫《しかく》（指画）してこれに応対した。また、庄内兵は、どれ程有るか

問うたので、八千人ばかりと返答した。また、農民は、どのようかと問うたので、皆、城中にいますと答えた。家康は、紹嘉に「賊は、地利を得ていたので、もし急にこれを攻めれば、必ず軍勢は徒に減る。又八郎殿（忠恒）は、年少気鋭。あるいは、急に攻めようと欲するも、龍伯が、これを止めるのがよろしい。かつ、農は、自ずからその力を食む者なり。今、追って諸城中に納めて、糧食《りょうしょく》を尽きさせよ。明年春におよび、城中の食は必ず尽きる。そうすれば、自ずから降伏するだろう」と策を授けた。果たして、家康の言のようになった。

二十四日、忠恒は、新納武蔵入道に感状および脇刀を与えて庄内の軍功を賞した。翌二十五日、忠恒は、庄内の乱の諸願成就などのため、高原郷蒲牟田村五百八石をもって、霧島社領とした。

忠恒は、庄内の勝ちを、入来院重時・善哉坊を山口直友に従わせて、家康に恩を拝するため遣わせた。四月二十三日、二子は、大坂に至った。

第五章

関ヶ原の合戦と義久・義弘

義弘のやむをえぬ西軍への参加

慶長五年（一六〇〇年）四月二十七日、義弘は、入来院重時・善哉坊とともに大坂で家康にまみえた。重時は、従って伏見に行き、善哉坊は反命した。同日付の義久宛ての書状で義弘は、

（前略）今朝　内府様へ罷り出て、庄内の一着《いっちゃく》の御礼を申し上げました。取り分け御気色《けしき》能く、入来院又六・善哉坊も召し出されて御前にて御食を下されました。随って長尾殿（上杉景勝）の上洛延引に付き、様子を聞き召すため伊那図書頭殿幷びに御奉行中よりも使者を添えられて、去る十日伏見を打ち立ち会津へ下向されました。必ず六月上旬のころは上洛するので、（中略）その返事に依り、内府様が御馬を出されることに定まりました。それに就いて伏見の御城御留守番を致すべき由を、御面をもって拙者へ仰せ付けました。何も御意の段承りましたと当座で言上し、様子においては御間の使迄申し上げますと申して、御前を罷り立ちました。然らば爰元御知人中へも尋ねた所、おのおの仰されるには、何《いずれ》の道にても公儀なので、御下知次第仕て然るべく候はん由と仰すことでした。伏見の御留守番に定まれば、人数など丈夫（十分）に召し置かなければ、御家のためにも然るべからず、その上天下の取沙汰も如何候はん哉と存じますので、御人数の儀急度上着するように仰せ付けて下さい。伏見御城請い取れば、諸口（開口部）多々あるので、人数など過分に入れなければなりません。よくよく御談合なされて、兵糧以下相調え、急速仰せ付けて下さい。庄内在陣わき諸侍も、迷惑に思うでしょうが、奥州への出張は百石に三人役仰せ付けられる由で、当方の儀は、御留守番なので、百石に一人役で調うかと存じます。もしも、御油断においては、我等のことは是非におよばず御家の落ち度になるので、御念を入れられ、又八郎（忠恒）へ御熟談肝要に存じ奉ります。伏見御本丸の儀は、御満様（家康五男・武田信吉）御在番になられ、自余の御城は、我等へ御頼りある由です。御満様御役人一人幷びに人数少々召し置かれ、その外、内府様御手の衆は、すべて召し連れられ東国へ御下向あるべき御内存と聞きました。（後略）

と要請した。

以上、長文であるが、重要な史料なのでほぼ全文引用してみた。この史料からは、家康の野心の意図が読み取れる。家康は、秀吉の生前から島津氏とは懇ろな関係を築いていたが、他の大名との関係のように多数派工作の一環であった。家康は、秀吉の死後、以前に増して島津氏に接近してくるが、来るべき敵対勢力との大決戦に向けて、日本最強の大名である島津氏を味方に付け、軍勢を動員したい意図があった。庄内の乱の調停の御礼言上のため参上した義弘に、その恩に報いよと言わんばかりに伏見城の留守番を命じたのも、その意図の表れであった。つまり、家康は、朝鮮出兵や庄内の乱により島津氏が疲弊していることも当然熟知しており配慮して、会津へ向かう諸大名の軍役が百石に三人なのに対して伏見城の留守であれば一人で済むので、それを名目に軽い軍役で軍勢を上洛させ、その島津軍を与党勢力としようとしたのである。家康は、早くから会津へ出兵することを義弘に伝えていた。しかし、義弘は、家康の命を国元に知らせ、軍勢を上らせるように頻りに要請するが、義久は家康と良好な関係にあり恩も蒙っていたが、その要請を黙殺した。義久は、中央政局の争いに巻き込まれることを避けたかったのである。島津氏の動向は、家康にとっては期待外れであり、無礼にも映ったであろう。上方にある義弘以下は、二百人余りに過ぎず、味方に付こうが敵に付こうが、取るに足らない勢力であった。義弘は、家康に伏見城の留守を預かることを受諾することを伝えたが、家康は義弘に今後の処置を命じないまま会津へ出陣してしまうのである。伏見城の留守というのは、この後の城の運命を考えると不自然な命令であったことがわかる。義弘は、家康に命じられる以前から国元に軍勢を上洛させるように要請しており、中央の動向に対応して家康と同調して行動しようとしていたが、国元は静観し、むしろ牽制されてしまっていた。

初め忠恒は、まさに大坂に行き家康にまみえて恩を謝そうとしたが、たまたま家康の書が、三月二十二日に至り「乃の国を靖んずるのがよい。然る後、来朝せよ」と伝えたので、本田親政を遣わせて、これを辱く拝命した。五月二十日、家康は、再び忠恒に書を遣わせて、前書の旨のごとく伝えた。忠恒は、帖佐・瓜生野《うりゅうの》（現・姶良市姶良町）に新に城（建昌城）を構えようと考えていたが、二十五日付の忠恒宛ての書状で義弘は、

（前略）うりうの（瓜生野）は、吉田・蒲生・帖佐・山田・加治木の五カ所を外城に構え、殊にうりうの城も丈夫な在所であり、その上、所柄もさりとては、見事な土地なので、御座所に良いのではないかと、これ以前も

出ました。しかしながら、北に流水があって様々悪い地と申します。そして、新地を取り構えれば、諸侍も百姓以下も迷惑します。その故は、在京している侍は隙《ひま》なく、百姓などは耕作をせず、普請を一篇にしても確かに調わないのではないですか。（中略）鹿児島の東福寺城を結構に構えられ、清水川より東福寺の方をおおよそ麓に取り囲み、普請に念を入れればいかようにも罷り成るのではないですか。（中略）おおよそ鹿児島のことは、御当家代々の御座所と申し、御先祖の御寺も新地へ悉く引っ越すことは、とても二、三カ年内には首尾致さないのではないですか。（後略）

と反対した。

初め石田三成は、上杉景勝を誘い、兵を挙げさせて「内府（家康）が公（景勝）の謀反を聞けば、必ず軍隊を興して東征《とうせい》します。吾まさに同志を糾合してともに大軍を興し、その後に乗じます。そうすればその時は、天下を図れます」と告げた。景勝は、もっともと認めた。たまたま道々の流言に、景勝は潜に反謀を蓄えているとあった。家康は、伊奈図書頭を遣わせて景勝を召したが、至らなかった。再び僧の西笑承兌に、書をなしてこれを諭させたが、竟《つい》に命を聴かなかった。家康は、怒り、自ら将として景勝を討つと決した。六月十六日、大坂を出発して伏見に至り、鳥居元忠および内藤家長・松平近正・松平家忠などに伏見城を守らせた。義弘は、家康を送り山科に至って帰った。

初め義弘は、伊集院小伝次兄弟およびその母を鞍馬に置いていたが、居をどのように逃亡したのか、兄弟は窃《ひそ》かに伏見に至り、榊原康政をたよって家康に仕えることを求めたが、納れられず、また前田玄以にも仕を求めた。家康は、命じて母子四人を関東に流すことにして、諸を佐竹氏に囚わせた。すでに行期を戒《いまし》めたが、母が哀しみ請うたので、やむをえずこれを許した。すでに母は、大坂城に入り、また省みず冤《ぬれぎぬ》を家康に訴えた。言葉が通じなかったので、委《つぶさ》に耳にいれなかった。ここに至って、家康は、伊奈図書頭・山口直友に命じ、義弘に「この輩を京畿《けいき》間に処らしめば、恐らくは、争いのもとを生じる。早くこの所とするにしかず」と言わした。たまたま三郎五郎・千次郎は、窃かに自ら逃れ帰り、小伝次母子二人は薩摩に帰した。

石田三成は、佐和山にあって、家康が東の会津を討つのを聞いて動き、書で遍《あまね》く関西諸将に「内府（家康）は、まさに嗣君（豊臣秀頼）に利がない。諸公とともにこれを討つことを請う。諸公は、殿下（秀吉）の恩を忘れていなければ、秀頼公に忠を尽くすのがよい」と告げた。諸将でこれに応じる者は多かった。七月、三成は大坂に行き、増田長盛・長束正家・安国寺恵瓊などと、その党を糾合した。集まった諸将は四十人で、ともに毛利輝元を盟主に推した。ただ、義弘は応じなかった。石田三成は、人を遣わせて諸将に応じるように義弘に勧めること累月で、七月二日から十七日に至った（『旧記雑録』後編三―一一四九号にあり）が、義弘は、催促に固辞数返して遂に聴かなかった。十五日に、義弘が、上杉景勝に贈った、初めて関西諸将と謀を通じたような書があるが、『島津国史』では、「疑わしいところが多く、取らず」としている。七月十五日までに義弘が、西軍に参加したのは事実であろうが、景勝に贈った書状は義弘が積極的に西軍に味方することを示すのではなく、西軍に参加する証として三成などに書かされたものであろう。義弘に、家康への叛意があったとは到底思えない。

　十四日、義弘は、鹿島国明を遣わせて、忠恒に書を贈って「近日京師は、繹騒《えきそう》しています。この時に当たって、手下は、寡弱（少なく足りないカ）であり、ことに集まることができません。急ぎ兵を遣わせて我を助けて下さい。遅れれば、間に合わなくなります」と無人を嘆き要請した。義久にも同様の旨の書を贈った。また、両人宛ての書状には、亀寿の進退について何方へ移すか談合の最中であること、豊久も此方にいるので諸事相談して聊かも油断ないことを伝えている。豊久は、五月十二日に佐土原を首途して舟船に乗り上方に到り伏見にあったが、関西諸侯は皆帰国の暇を賜わり、六月五日大坂に下っていたところ、巻き込まれてしまったのであった。亀寿・宰相は、七月二十九日までには伏見から大坂に移したようである。

　十五日、石田三成・増田長盛は、使を遣わせて鳥居元忠などを諭して伏見城を去らそうとしたが、肯んじず、かつ「もし我に繰り返す者があれば、その使を切る」と言った。十七日、長束正家・増田長盛・前田玄以はともに、連名書をなして義弘に贈り、

（前略）今度景勝へ発向のこと、内府公上巻の誓紙幷びに太閤様御置目に背き、秀頼様を見捨てられ出馬したので、おのおの申し談じて矛盾（戦）におよびました。内府公御違いの条々は別紙に見えています。この旨尤もと思い召し、太閤様の御恩賞を忘れていないならば、秀頼様へ御忠節して下さい。（後略）

と誘った。

　これは先ず、四月二十七日に、家康が、従容《しゅうよう》として義弘に「景勝は、不庭《ふてい》であり、会せなかったので、まさに東征すべきである。伏見城を託す」と言って請うた。ここに至って、義弘は、使を遣わせて鳥居元忠を詣でさせて、と

もに城を守ることを求めたが、元忠は許さなかった。七月二十八日（『島津国史』と『旧記雑録』所収の「新納旅庵譜中」にこの日付が記されているが、事実であれば義弘は、西軍に参加した後も伏見城への入城を諦めきれず要請していたことになる。そうであれば家康に味方しなければ島津氏の存続はないと考えていたのだろう）、たまたま、元忠と旧知であった新納旅庵が、薩摩から至ったので、再び旅庵を遣わせたが、門を閉めて納れなかった。城中からは、鉄砲を撃ち掛ける始末であった。塁を固めて自守することを欲した。兵はいまだ集まらず、麾下に止まっている者は二百余人であった。恐れるのは、大兵の禽となる所となることであった。長盛・正家などの書が、たまたま至り、住むを送り居にことふるの義をもってなすを責め、ここにおいて義弘は、やむをえずしてこれに応じた。

また、義弘は、伏見城への入城を拒否された旨を関東へ下った家康に井尻弥五助に命じて報告し対処を伺い、一段と仕合もよく早々返事も出た。弥五助は、家康の返事を持参し帰る途中水口の関所で上下の人を厳しく咎めていると取沙汰されていたので、書状を焼き捨て判だけ取り留めたが、案の如く不審な者として厳しく改められ、二十日、囚われた。弥五助が、無事に家康からの返事を義弘に伝えていたならば、去就も違ったものになっていたかもしれない。

七月付の覚書に、義弘が、伏見城への在番を拒まれたこと、上記の理由から大坂へ下り秀頼の側へ堪忍したいと考えていることなどが記されている。義弘は、西軍に参加する意図はなかった訳で、本当にやむをえない参加であった。義弘の西軍への参加の理由は、伏見城への入城を拒否されたこと、参加しなければ少ない軍勢であったため殲滅《せんめつ》される恐れがあったこと、亀寿・宰相が人質になっていたこと、東西どちらかに去就を明らかにしなければ大名として存続が難しいと考えていたことが挙げられる。人質の件について義弘は、妻・宰相と義久三女・亀寿の安全を図りたかったことは言うまでもないが、義久嫡女・亀寿のそれは忠恒が島津氏の家督継承者としての地位を維持・確保するために必要なことであった。

伏見城落城と三成との行き違い

十八日、毛利秀元・宗義智・宇喜多秀家・小早川秀秋・鍋島勝茂などとともに伏見城を囲んだ。義弘は、松丸口に向かい、入来院重時に攻具のことを統べさせて、久留久斎・松岡少兵衛を副《そ》えとした。少兵衛は、寨柵を設けて稍《よう》く前だって城に迫った。一夜を経て便が成り、重時は、この珍しさを義弘に告げた。義弘は、少兵衛を召してこれを労し、食事を与えた。机で向き合い偶坐《ぐうざ》した。群下《ぐんか》は、これに栄えた。少兵衛は、伊勢人であり、その子・千熊（神戸九五郎）とともに人質を委ねて義弘に仕えていた。恩遇《おんぐう》は、頗る厚かった。義弘は、無人のため二十四～九日に国元に軍勢の催促をしている。二十九日には、

（前略）帖佐方の分は、在京の人数を過ぎて上っているので、配当などをもって上ることは出来ないでしょうから、（中略）心有るべき人は分限によらず自由に罷り上ることこの時です。（後略）

と懇願している。その後も度々軍勢の催促をするが、義久・忠恒（義久の影響下にあった）は正式に応じることはなく、山田有栄や長寿院盛淳の他は、義弘を慕う者が三三五五駆けつけるのみであった。

晦日、長束正家は、甲賀人・浮貝藤助に命じて、書をなしてこれを矢に結び、城中に射た。その里中の子である山口宗助・永原十内は、城を焼いて内応させた。二人は、これを盛んにした。夜半、城は燃え、諸軍は城に迫った。八月一日未明、城は落ち、鳥居元忠・内藤家長・松平家忠・松平近正は討ち死にした。七月晦日の遅明《ちめい》、松岡少兵衛・五代舎人《とねり》は、先ず松丸口門に入り、思うに晦日夜半城を攻めた。少兵衛は、鐇で矢狭間を三、四ツ塞いだ処、堀内から鐇を敵が取って内に引いたため、門脇の石垣の中程まで引き上げられたが引き勝った。しかし、石垣から下に落ち、この様に走り回っている処で、草摺《くさずり》（鎧の胴から垂れ下がり、臀部や腿を守る部分）の外れを鉄砲で撃ち抜かれ深手を負い十死一生に究まり、財部伝内《たからべでんない》も門から内に来て敵と組打ちし、一つ枕に討ち死にした。少兵衛は、深手だったので果てるかと究まったが、義弘が毎日一度ずつ見回り薬を与えたおかげで命は助かった。しかし、その後の供はならなかった。八月一日、義弘は、奈古屋丸に入り、別府某が家忠の首を獲た。島津軍の手負い死人は、多かった。西軍に参加した証として奮戦しなければならなかったのであろう。この日、毛利輝元・宇喜多秀家は、書をもって忠恒を、

（前略）今においては、御人数国中残すことなく召し連れられ、必ず御上洛肝要です。玉薬《たまぐすり》御兵糧などのことは、公儀から支給するので、御人数有り次第御馳走この時です。（後略）

と召した。石田三成は、諸将を促して東行した。十五日、義弘は、伏見を出発して佐和山に至った。一説には、義弘

は大津に至って、石田三成が舟を準備してこれを迎え、中流で風浪《ふうろう》が起こったため、岸に上がり宿をとり、翌日（十六日）佐和山に至ったとある。十七日、美濃国・垂井に至った。十九日付の忠恒宛ての書状で義弘は「（前略）秀頼様御奉公と申し、御家のためと申し、拙者儀一命を捨てる覚悟です。然る間恥辱を顧みず御奉行中の御下知に任せ（後略）」と国元への不満と、歴戦の武将である自分が、戦の経験も少なく豊臣政権の奉行であるというだけで地位も低い者などの下知に従っていることへの悔しさを訴えている。翌二十日付の本田正親宛ての書状では、

（前略）長宗我部殿（盛親）のことは、およそ人数二千人の割当であるのに、秀頼様へ御馳走のため五千人召し連れられ、（中略）立花殿（宗茂）のことは、千三百人の割当であるのに、是も御馳走のため四千人召し連れ、（中略）余国《よこく》はこの様なのに、さつま（薩摩）の仕立僅か千人の内にて、（中略）中書（豊久）のことは、この方から佐土原へ注進してから、人数早く当陣に上着しました。（後略）

と他の大名と比しても島津軍が少ないことを訴えている。同様の旨の書状を忠恒・吉田清孝にも遣わせている。島津軍が、この頃千人弱であったことがわかるが、義弘以下と豊久の軍勢を合わせて言っていたのかはわからない。豊久の佐土原の軍勢が早く上ったのは、豊久が当主であったからであった。義弘の立場は、当主・義久の弟で、次期当主・忠恒の父であった。

石田三成および宇喜多秀家・小西行長・熊谷直盛・垣見一直・秋月種長などは、入って美濃大垣城に居て、織田秀信が岐阜城に拠るのをもって、これの外援《がいえん》をなした。二十一日、義弘は、大垣に至り、先鋒を進めて曾根に駐屯した。家康は、東征して行き、下野国小山に至ったところで、石田三成が挙兵したことを聞き、還った。先ず、福島正則などを遣わせて、岐阜城を攻め、二十三日、これを陥れ、織田秀信を擒らえた。石田三成は、兵千人を遣わせて、大垣城の東にある上流の江渡（合渡《ごうと》）を守り、また義弘に請うて、下流の洲俣（大垣から一里半〔約六キロメートル〕）を守った。義弘は、豊久とともに、ただちに兵を率いて行き、佐渡川《さわたり》（大垣城の東にあり、その上流は六渡）を渡り、洲俣に宿を取った。夜中、近臣が、義弘を起こして「近村放火」と言ったが、義弘は、「定めてこれは、小卒《しょうそつカ》のなす所である」と言い、よって再び睡りに就いた。明朝、松岡千熊を召して、「昨夜、遥かに仏郎機《フランキ》の声を聴いた。東師（軍）が岐阜城を攻めていないことを知っているか。汝出てこれ

を見よ」と言ったので、千熊は、堤に上ってこれを望んだ。火を見たので、入って「すでにこれを陥いれたり。今まさにこれを焼く」と言った。義弘は、歎いて「噫《ああ》」と言った。三成は、再び義弘に請うて還って佐渡に至らしめた。義弘は、新納旅庵・本田親商・矢野弓次など数人を率いてともに行き、島津豊久・木脇祐秀・松岡千熊などを留めて洲俣を守らせた。豊久などは、互いに「公（義弘）は、すでに去ったので、これを守るのは為無い」と言い、追ってこれに至った。義弘は、佐渡に至り、川上に陣取って東師を待った。暮れに至って動静が見えなかったので、大垣本営に帰った。義弘は、佐渡から戻った。押川公近は、東師を見ることを請うたので、これを許した。夜に至って帰り、首一級を献上した。明朝、石田三成は、義弘を詣でて「昨夜、首級を獲た者があると聞きました。その人を見ることを請う」と言ったので、義弘は、公近をまみえさせた。三成は、黄金一枚で賞して「軍功の初め」であると言った。

義弘が、洲俣陣から行き、石田三成・小西行長と呂久渡《ろく》で会した時、従者は、入来院重時・川上久右衛門など十余人であった。この時、東師は、すでに岐阜城を抜いて勢いに乗って来た。その先鋒は、甚だ鋭かった。石田三成は、大いに惧れて義弘とともに退き大垣城を守ることを欲した。義弘は、「軍勢は、洲俣にあり、棄てることはできない」と聞き入れなかったが、三成は、肯んじずに遂に馳せ去った。新納弥太右衛門・川上久右衛門は、馬の口を引き留めてこれを止めたが、聴かずに鞭を加えて去った。義弘は、遂に洲俣の兵を収めて後、大垣城に入った。義弘一行が、大垣城に帰る途中、黒具足・甲の立物には水牛の角立物を仕った武者が、早道でこの方へ駆け向かって来たのを見ると、石田三成只一人、供衆乗馬一人も付けていなかった。三成は、「惟新様御辛労遊ばされた由を聞いたので、御見廻（舞）のため参った」由を言った。三成も、申し訳ない気持ちからこの様な行動に出たのであった。

義弘が、洲俣から還り、呂久渡に至った時、東師は勢いに乗って来たが、思うにこれは一時のことであった。石田三成は、岐阜城が囲まれた急を聞き、舞兵庫・杉江勘兵衛・森九兵衛に兵三千を率いさせて合渡堤に陣取らせた。三成は、義弘と呂久河上に駐屯して後援をなした。黒田長政・藤堂高虎・田中吉政・生駒一正は、進んで合渡に至り河を渡って石田軍を攻撃した。杉江勘兵衛は、戦死し、舞兵庫・森九兵衛は僅かに身をもって免れた。長政・吉政・高虎は、逃げるを遂《お》い呂久河上に至り、士馬を休ませた。義弘は、使を贈って馳せて三成に「先鋒は、利を失ってしまいましたが、我が足下と陣を整え東師を横撃しましょう。そうすれば、必ず勝てます」と告げた。三成は、「東師は、岐阜城を陥れ、勝ちに乗り来ています。その先鋒に当たるのは難しいです。軍を退けもって後の挙を図るにしかずです」と聞き入れず、遂に兵庫・九兵衛などを率いて大垣城に帰った。

九月一日付の島津氏家臣の書状に、

大坂では諸大名の屋形に色々門番を外から厳しくして、人の出入りも成らないようにしています。（中略）（亀寿・宰相は）は、御移りになりましたが供も少なく、ただ今何が出来るかとも一儀《いちぎ》の談合もありません。また御国の船は少々ありますが、一艘も綱・碇・帆道具などもなく、その上かよ（水主カ）もいません。さてさてはからずもどのような出合どもをして、御下向させようと言うのでしょう。どの舟に御乗せしようかと申しております。よその舟は、水主・舟道具少しも不足のことはないと笑止の由諸人申すばかりです。（中略）御家の御一大事之に究まりました。（中略）大坂は、今夜も明日も申し知れません。今程近所も何事もありませんが、後日はどうでしょう。大坂城の内は難しいです。河舟の改め様、堀川から外へ女衆を一人も出さないことは、難儀の様子であります。（後略）

と亀寿・宰相を国元に下向させる計画があったが、はかどらなかったことを伝えている。

九日付の忠恒宛ての書状で義弘は、長宗我部盛親と隣方の秋月種長・相良頼房・高橋元種が馳走していることを引き合いに出し、都合人数五千人は必ず上らせるように懇願している。そして薩摩から、富隈（義久方）から四十五人・鹿児島（忠恒方）から二十二人、都合二百八十七人が去る五日罷り上ったと報告している。また老中衆の内一人を上らせるようにも頼んでいる。

決戦前夜

九月十三日、山田有栄（昌巌・有信子息・福山〔現・鹿児島県霧島市福山町〕地頭）が、富隈衆三十人程を率いて大坂から至り、長寿院盛淳も蒲生・帖佐衆を率いて薩摩から至った。伊勢貞成（貞昌の兄）・大田忠綱・後醍院宗重・野村弥次郎など前後して至る者も若干人いた。兵衆が、漸く集まった。野村弥次郎が、始めて至った。河内源吾が、東師を見ることを請うて、弥次郎とともに曾根に行った。豊久は、時に望楼にあり、東師が幕を張り、まさに営塁を築いていて、師を遣わすことを請うたので、これを許した。

二人は、徒行《とこう》して塁に近づいて銃を発して還った。敵軍は、これを追い諸道に至り、一人は馬に跨《またが》って槍を執り進んだ。源吾は、銃を発してこれを撃って斃した。たまたま本田親政が、来て援けたのでこれとともに帰った。弥次郎は、銃を失くしたので、再び敵軍中に入ってこれを求め得てから還った。翌日、三成は、義弘を詣でて「公の麾下が、昨日、曽根において勍敵《けいてき》を獲たと聞きました。その人に会うことを請います」と言ったので、義弘は、源吾を会わせた。三成は、これに国広の刀を与えてその功を賞した。義弘は、また親政に刀を与えた。

　家康は、遡ること十一日、清洲に至って一日留まり、十三日、岐阜に至り、十四日、岐阜を出発して呂久上流を渡り、赤坂に至って岡山に陣取った。白旗が、空を蔽った。大垣城を去ること東に一里有余（約四キロメートル有余）であった。石田三成などは、大いに懼れて諸将と会議し、あるいは「内府（家康）は、すでに大軍を率いて京師に向かっているので、兵を留めて防ごう」と言い、諸将はそこで「懸軍《けんぐん》は、遠征である。敵人を我の後に掎《ひ》こう。計られることはない。還って関ヶ原（現・岐阜県不破郡関ヶ原町）に駐屯するにしかず。もって、これを迎え撃とう」と提案し、衆は皆然りとした。

　義弘は、押川公近を潜に岡山に行かせて師を見た。「東師は、老《な》れています。冑を枕にして睡る者もあり、夜その営を攻撃すれば、これを破れるのは必ずであります」と反命した。義弘は、その計を善いとした。島津豊久を遣わせて三成に、

　今夜、営を攻撃するのであれば、某《それがし》が先鋒となることを請います。その中を堅く衝きます。公（三成）もしくは秀家が、還って関ヶ原に駐屯して内府の前軍を撃ち敗ればよいです。

と告げた。三成は、応じず、島左近が進んで「嘗て、小兵をもって大兵に当たり、夜、営を攻撃する者があるのを聞きましたが、大兵をもって小兵に当たり、夜、営を攻撃する者をいまだ聞いたことがありません。かつ内府は、相手にしやすい。明日、ともに平原広野において戦うべきです」と反論したので、豊久は、その不孫に怒った。敢えて言わずに、かつ左近に「卿の言で、内府は、相手にしやすいとのことであったが、何をもってこれを知る」と問うと、某《それがし》が、往年武田信玄の部将・山県の許にあり、山県は、嘗て偏師《へんし》を率いて内府を破り走り、追って袋井縄手に至り、掛川城に迫りました。これをもってこれを知る。

と答えた。豊久は、「今日の内府は、昔と殊なる。卿の相手にしやすいとの言は、鄙諺《ひげん》で所謂杓子定規である。明日の合戦が、果たして卿の言のようであれば善いが」と嬉笑《きしょう》して帰った。島左近は、三成の家老であった。また雑賀内膳《さいがないぜん》という者があり、左近とともに三成の家老であった。内膳は、始め虎と称して幼くして豊臣秀次の幸童（寵臣カ）であった。秀次が、自殺して内膳は亡命したが、後に三成に仕えて寵があった。人として閑雅《かんが》であり、容儀《ようぎ》は慣れていた。嘗て義弘に使いしたことがあり、衆人はこれを敬った。川上久智は、衆に「彼は、何人であろうか」と言い、諸君はこれを敬った。前日、家康が、家老衆が来たのを見て、士風があり、一旦緩急があり、もしこの輩を家康の家老と当たらせれば、立ちどころに禽となるだろうと、危惧している程であった。

三成は、遂に福原右馬助（長尭《ながたか》）などを留めて城を守らせ、夜、諸将と大垣を出発した。道は、牧田を通り、その間は四里十有八町（約十六キロメートル）であった。天候は、大雨で、泥濘《でいねい》に脛《すね》が沈み、軍行《ぐんこう》は甚だ苦しかった。鎧濡れ通らない者なく、その上手足も凍り叶い難かったため、夜明けになって火を焼き、身を温めた。翌十五日、寅卯の間（午前五時）、すでに関ヶ原に至って諸将は陣を布いた。

石田三成は、二段に設備し、その一段を島左近父子・雑賀内膳、また一段は三成が指揮し、皆北国街道の北に備えた。次に島津豊久・富隈方の士卒が属した（三成の備えを去る事一町半ばかり〔約百五十メートル〕）。次に義弘が備えた。義弘は、北国街道の北（一町計）に陣取り、豊久は、道の南に陣取った。互いに去ること一町ばかり（約百メートル）であった。島津勢は、二番備であった。次に宇喜多秀家・小西行長が高岡に陣取り、宛も塁の如くであった（義弘を去ること四、五町ばかり）。

史料によって数が違うので判然としないが、東軍は、七万五千三百三十騎、西軍は十一万八千六百八十騎と、『旧記雑録』後編三―一三二六・七号にある。

敵中突破

十五日、西軍は、東軍と関ヶ原において戦となった。今日はまた雨天で、かつ雲霧がたなびき満ちること六合《りくごう》であった。念うに辰巳時刻（午前九時）か、東西軍衆が丁度まさに相対しようとした時、亀井武蔵守は人を遣わせて銃手《じゅうしゅ》を豊久に求めた。豊久は、富隈衆の城井三郎兵衛・前田孫左衛門以下、福山衆の鎌田次郎九郎・前原源六などを遣わせてこれを助けた。しかし、彼の備えに到着するや否や、味方はすでに敗れ、後にその故を聞くと、亀井氏は忽ち変心して味方に背き、未だ是か否か知らなかったということである。

すでに三成の先備である島左近・雑賀内膳《さいがないぜん》などは、敵兵に対して羽箭（矢）を飛ばし鉄砲を発し、長寿院盛淳・毛利覚右衛門に軍務《ぐんむ》を労させた。かつ戦場に達するの行きは再往《さいおう》の際、計らずも正午頃か小早川秀秋が忽ち変心して逆戈《ぎゃっか》し、大谷吉継の陣を攻め破り、屠殺した味方は無限量であった。義弘は、秀秋が裏切る前、鎧を身につけた。

三成は、また島津氏と旧知であった八十島助左衛門を遣わせて豊久に「三成が先ず東軍を攻撃するので、君これに継ぐことを請う」と告げ、豊久は、承知したと応じたが、兵を按じて動かなかった。後陣もまたこれに達しなかった。三成は、再び助左衛門を遣わせてこれを促し、助左衛門が傲《おご》ったため（馬上から口上した）、軍士はこれを尾籠《おこ》である討ち取れなどと口々に叱ったので慙《は》じて駆け去った。ここにおいて三成は、単騎で来て、豊久に誚譲《しょうじょう》した。豊久は、「今日のことは、おのおの自ら戦いをなすべきである。その勝敗のごとしは、天である」と返答した。この言を聞いて三成は、気力減じて勇敢衰え「そうせよ、子の言のごとくなせ」と言い、喜ばずして去った。己の陣所に帰り未だ項刻（長い時間）を過ぎずにして三成の軍は、鉄砲を一発もなさず敗走した。俄かにして西軍は、敗績《はいせき》して伊吹山に趨《はし》った。この時、義弘は、「予が旗本を見廻すに、漸く二、三百騎であり、僅かな人数で敵軍を追い退け難く、老武者のため伊吹山を越え退きがたいので、縦い討たれるとしても敵に向かって死すべし」と覚悟を決めたことが、「惟新公御自記」にある。

義弘と豊久は、ともに議して軍中に「早く鉄砲を発するなかれ。また剛《かた》く躁《そう》して外すことなかれ。また削《けず》り掛《かけ》（島津家の師の験として用いる。柳の枝などを細く削り、先を花のように折り返した棒で、長さ一尺二寸〔約三十六センチ〕以下で、味方の合印に使う。これを二本所持し、一本は後ろの帯に、もう一本は左の脇前に差した）および刀鞘・蛭巻《ひるまき》（太刀の柄・鞘や長刀の柄に細長くて薄い金属板を蛭の巻きつくように螺旋状に巻いたもの）ともに解いて捨てよ」と命じた。おのおのその旨を守りすでに大軍が逼迫すると、赤崎丹後が時分宜しいと申し上げ、豊久が諸卒に下知を加えて同時に鉄砲を一発して再び発することを欲するといえども、敵味方入り混じり出来なかった。鉄砲を腰に挿す者あり、結んで頸に掛ける者あり、忽ち投げ捨てる者ありであった。以後腰刀を抜き前後左右心に任せて屠殺して敵に向かった。敵勢は、充満して敵味方分からず、敵の相図の詞が「ざい」、味方もまた「ざい」であったため、騒動の時であり、間違うこともあった。

殆ど三、四町ばかりを過ぎ、爰に山田有栄は苦戦して豊久の列を離れ、たまたま彼これの佳期を窺い見たので、直ちに有栄を召して義弘の傍らに従わせた。従者二十余人を木脇久作（祐秀・刑部左衛門・休作）以下四、五輩に属させて前を切り致せば、久作は義弘の長刀を持ち、大音声で島津兵庫頭内の小弁慶と名乗り、猛勢の中へ切り入り、縦横切り拂い第一となった。また、義弘の側に参った。従者は、筋力を尽くし敵兵を斬戮し、この由に敵軍は中別(中央カ)・左右において空虚となった。西軍軍衆が、伊吹山に敗走するのを追い、敵勢は漸く少し少なくなった。然れどもまた、家康が大軍を率いてまさに退く島津軍の方に向かおうとして多兵を進ませた。島津軍は少なく家康と戦うことは不可能であり、一足に逃げ去った。一大事に見えたが、佐和山海道を通って別状なく、敵勢が薄くなり駒野に出るのであった。

義弘は、東軍と血戦すること数十合、士卒の死亡は数えることができないほど多かった。島津豊久・平田宗応・長寿院盛淳・毛利元房などが戦死した。義弘が、戦死と究めて聊かも退く気象《きしょう》がなくなった時、豊久は「寔《まこと》に御家の安危に懸る大切な御身なので、丈夫に退きになることが目出度い」と返す返す諫めたのであった。豊久の戦死の地については分かっていない。ある説に、山田有栄・赤崎丹後の両人が戦に敗れて義弘とはぐれ、敵中を切り抜けて関ヶ原宿口迄参った処、豊久が乗っていたと思わしき馬が離れ来た。二人は正に豊久が乗っていた馬だと思い、近寄って見た所、鞍つぼに殊の外血が流れていたので「扨は、中務殿（豊久）戦死疑いなし」と確信し、「この上は、ヶ様の儀見ながら退くのも如何」と申し合わせて取って返して敵中に切り入り、一町（約百メートル）程切り通った所で、先に一本杉の馬印が敵中にもみ合っていたので「扨は、惟新様未だ恙なくいらっしゃったか」と二人は競いますます敵を切り抜け、漸々義弘に追い付き御供した、とある。

初め義弘は、長寿院盛淳が至ったのを聞き、陣外に出て、靴をつっかけて行き出迎え、「長寿か、吾、汝を待つこと久しなり。何れ一番は、その方であると思った通りであった」と言い、その手を執っていれた。義弘の、秀吉から賜わる所の具足・羽織があった。帽段《むりょう》が、これをなし、鳳凰の繍《ぬいとり》があった。盛淳は、これを求めたので、義弘は与えた。盛淳は、「もし、危急があれば、まさに公に代わって死す」と宣言した。石田三成は、素から盛淳を重んじていて、その至りを聞き、使を遣わせて労問《ろうもん》した。貼金《そうきん》軍配扇を贈り、「願わくは、軍事をもって頼む」と依頼した。この日、公卒（西軍）は、すでに敗れた。盛淳は、帽段羽織を着て、貼金軍配扇を揮《ふる》い、自ら「島津兵庫入道」と叫び戦死した。そうして義弘は、免れ得た。盛淳の首を獲たのは、井伊直政部下に属した松倉重政の従者・山本義純であった。

　義弘は、川上忠兄に命じて東軍に「今日の合戦、執事《しつじ》避けられず。旧徳《きゅうとく》に負うことあり、これは入道の本意ではありません。他日、必ずまさに罪を謝します。たまたま、営下を通ります。使を遣わせて聞きます」と言わせた。ここにおいて義弘は、まさに大垣を恃もうとしたが、城中には、反側子《はんそくし》が多いと聞いたので、議して退路を定めて伊勢路に趨った。羽箭乱発宛も降雨のように飛来し、故に義弘は歩行して駒野近地に至って乗馬した。行き南宮山に至ってまた伊勢貞成（平左衛門）主従三人を遣わせて、長宗我部盛親・長束正家などに「今日の血戦は、どうして二心あろうか。秀頼公のためのみである」と義弘などをもって証左《しょうさ》とすることを請うた。皆、「今日のことは、誰が公を踰《こ》える者ぞ。貞成はどうして行くのか」と衆は皆これを危ぶみ「長宗我部殿は、兵を按《あん》じて動かず、坐して勝敗を見ていた。その異志《いし》があるのが恐ろしい」と言った。貞成は、これを認めた上で「もし四国人が、叛いたとしたら、吾はまさに命を致して陣を衝く。そうでなければ、采配を揮って合図とする」と約した。そうして約のように采配を揮ったので、衆は安んじた。正家は、また一騎を遣わせて導きとした。一夜堅固に導引して帰り去った。日暮れ時におよぶ頃、人人飢えはじめたので、帖佐宗光が村人の家へ行き、五十人分の食をなすを乞うたところこれを許した。すでにしてその動静を察して頗るあやしかったので、即走った。果たして追う者あり、私名《しめい》（僕）これに死したが、宗光は免れ得た。駒野嶺に至る頃、夜入り四ッ時分・亥の刻ばかり（午後十時頃）であった。

　合戦の詳細を見てみると、大谷吉継が、先ず東軍と戦うこと六、七合であったが、小早川秀秋がこれを横撃し、吉継の軍が敗れ、宇喜多秀家・石田三成も敗れるにおよんだ。宇喜多の敗軍の士卒が、この方の備えの方へ崩れ掛けて来るのを見て、義弘は「敗軍の勢が、この方備えに崩れ掛ければ、味方の勢でも打ち捨てよ」と命じた。おのおの、折敷甲を傾け、鐙を膝に引き乗せて居たので、この陣と池との間に落ち行った。東軍は、勝ちに乗り進み、東北から大勢押し懸け、義弘はこれと戦うこと数十合であり士卒は死傷した。義弘は、「薩州勢を五千召し連れれば、今日の合戦には勝ものを」と両三度におよび言った。

　義弘は、敵は何方が猛勢か尋ね、東の敵が以ての外猛勢の由の返答があると、その中へ掛かれと命じた。脇々に少しずつの敵が、いか程有っても打ち置き、猛勢の真ん中へ駆け入り、過分な大敵を討ち捕らえて中を切り明け山通りし（豊久・押川郷兵衛・川内源兵衛などは、深く切り入り大勢に押し隔たられ後退した）、余は五十人ばかりであり、左右は皆「この衆をもって安く能く戦い、只走り当たるのみ」と言った。刀鞘・蛭巻《ひるまき》を捨てて馬印も棄て走り敵数万騎に当たり、義弘は直ちに真っすぐに進みこれを撃った。馬乗りの敵が、何騎か分からなかったため、人々は「先に見えるのは、皆敵です。如何しましょう」と申し上げると、それを聞いた義弘は「敵であれば切り通る。切り通れなければ切腹する」と返答したので、何れも承って畏まる由を申し上げた。敵の間四、五間（約七・四〜九メートル）参ると、菟角の様子なく参り間三間ばかりになる時、皆々刀を抜き「えいとう」と声を上げ切り通った。

囲みを討って出て法体人《ほうたい》（祝髪した円頂者）を見せ、鎗を手にして、すでにして「敵にあらず」と言った。大垣城を侍もうと試みて行き南宮山に至って望んだが、城はすでに陥っており、子城は火が上がっていたので、伊勢路に趨った。小早川秀秋が、軍の後ろを攻撃したので麾下は驚き擾《みだ》れたが、なす所を知らず「まさにいかんせん」と言い、長寿院盛淳は「只死戦に当たる」と馬を躍らせてこれに赴き「勇を欲する者は、我におよべ」と大きく叫んだ。新納忠増が、馬を引き返して踏み留まり、忠増聟の新納忠在（島津久元・忠長次男）・毛利覚右衛門なども同様に残り、島津忠在・毛利覚右衛門などは皆殊に死戦した。しかし、衆寡敵せず動きはすぐに却《しりぞ》いた。溝中に落ちる者もあり、盛淳は再び歯噛みして叱り「逃げるとも、国は遠い。逃げる者は、吾はその顔を知っている」と叫んだ。よって左右に「公は免れたか」と問い、「最早程遠く免れました」と返答があると「御名代として吾が死ぬだけ」と言い、自ら「島津兵庫頭」と叫んで進み、東軍が四方から集まり群がり矟《ほこ》でこれを刺し、遂に盛淳を殺した。石田三成の先鋒・島左近は、東軍と戦い小早川秀秋が後ろからこれを攻撃した。石田軍は敗れ、東軍は勝ちに乗じて進んだ。前述の囲みを討って出る前、井伊直政（上野国箕輪《みのわ》十二万石）が黒馬に大総《おおぶさ》を掛させ、白糸威《おどし》の鎧に小銀杏《こいちょう》の前立を指した甲を着て、長刀をかひくふて（掻い繰ってか）片手を縄にかけ、義弘の前近くに馬を乗り籠め大声で「どうして時刻を移すぞ、兵庫を討て」と呼ばわった。井伊直政が、義弘に逼り、川上忠兄の被官・柏木源藤が進み出て銃を発して大音を上げて胸板上巻《あげまき》にかけてこれを撃ち、直政は馬からどふと堕ち遂に引き去った。敵の軍兵は、大将が撃たれたので驚きふためき、義弘は「時分は今ぞ早く切り通れ」と下知し、大勢の真ん中を切り通した。義弘は、囲みを潰し出た。帖佐彦左衛門は、義弘を見失い、豊久と逢ったので、義弘がどこにいるか尋ねたが、分からないとの返答であった。たまたま、帖佐彦左衛門を呼ぶ者があり、木脇刑部左衛門の声であった。声に応じて行くと、義弘が麾下数人といた。刑部左衛門は、彦左衛門に「公が、卿（彦左衛門）に会っていないと言ったので、我が尋ねさせて故に呼んだ」と言った。

島津豊久は、十三騎をもって力戦して戦死し、長寿院盛淳・毛利覚右衛門なども戦死した。義弘は、麾下を率いて福島正則軍に入り、正則はこれを避けた。松平忠吉（家康四男）・井伊直政は、兵を率いて義弘を追った。前述の通り、川上忠兄が、士卒に命じて銃を発して直政を撃ち、馬から堕ちたので麾下が扶け去った。九月十五日の朝霧、東軍は、たちまち至り、島津豊久・山田民部少輔はこれを討ったが勝てなかった。民部少輔は、豊久を見失い義弘と遇った。唯、桂太郎兵衛・木脇刑部左衛門などは、従い力を合わせて東軍を撃ち、殊に死戦したので、東軍は披靡《ひび》して義弘は免れ得た。まさに駒野に至ろうとした時（亥時か）、所々で敵兵・盗賊が前後に逼り、山田有栄と桂太郎兵衛が後ろで殿軍を争った。たまたま義弘は、命じて二人を召して太郎兵衛を直ちに行かせ、有栄を殿軍とした。翌日、義弘は、二人を隔日《かくじつ》輪番であるいは前に行かせ、あるいは後ろを防がせた。行くこと二日、糧は絶え従者は苦しんだ。よく立ち上がることも出来なくなったため、某甲《なにがし》に命じて前に行かせ食を準備させた。脱《そまつ》な粟米《ぞくべい》をもって飯とした。嚢中《のうちゅう》金が尽いたので、山田民部少輔は刀飾金を剔り取り米価を償った。義弘は、駒野嶺に上がり、夜はまさに午後十時頃であった。衆に命じて甲《よろい》を脱がせて棄てさせようとしたが、肯んじなかった。義弘は、自らその甲を解き、まさにこれを道に棄てようとしたが、横山休内がこれを着ることを「これを草莽に棄てるのは忍びないです。恐れ多いですが、我に与えて下さい。これを着てこの後の死生存亡をともにしたいです」と請うたので、これを許した。大坂に至る頃、全うしてこれを帰したので、義弘はこれを京師の愛宕社に奉納した。

義弘は、駒野に至って身に花色の木綿雨衣を着て同色の木綿頭巾で頭を包み、矢野主膳と馬具と鞍を換えて騎馬した。伊勢平左衛門を推して頭領となし、中途で即座に「我輩は、主を見失った。足を託す所もなく、唯、家来とともに死を欲するのみ」と叫んだ。関ヶ原の敗戦で、義弘は軍を整え退いたが、赤甲数百人がこれを追った。川上忠兄が、士卒に銃を発しさせてこれを撃たせた。柏木源藤が、銃を発して一人に命中させ、大きく自らの名を、「川上四郎兵衛」と叫んだ。追う兵は、引き去った。源藤が、銃丸を中てたのは、井伊直政であった。左臂《ひじ》を負傷させたが、すでに癒えた。

久しくの変で、瘡痏《そうい》となり、これが原因でその命を殞《お》とした。別の説として、本多忠勝が、良馬に乗り島津軍を横撃したが、義弘が銃を発してこれを防いで忠勝の馬に中てた。忠勝は危うくなったが、梶金平がすでに馬を授け、忠勝の子息・忠朝が義弘陣に入り首級を獲た。と、義弘は、牧田に走り、井伊直政がこれを追い、豊久・長寿院盛淳が戦死し、義弘は伊吹山に走った。直政は再び義弘を追い、銃丸に中り、部下が扶け去った。このような説がある。義弘が、伊吹山に走ったというのは風説に過ぎない。伊吹山は、関ヶ原盆地の北にあり、南宮山は南にある。西軍は、敗績して皆伊吹山に走り東軍がこれを追った。独り義弘は、南宮山に向かい、長宗我部・長束塁下を過ぎて駒野嶺を踰え、伊勢路に出た。いまだ嘗て伊吹山に向かってはいない。

帰国へ

十七日、宗光は、また人家を頼んで五十人粥をなし、詐って主人に「我輩は、石田軍を撃つことから帰るところである」と告げ、なお、その義弘を思うことがあるのを恐れた。そこで、義弘を戸側に置いて一緒に座をともにせず食べ終わった。直ちに銀子一枚を主人に与えて去った。伊勢路を過ぎて近江水口《みなぐち》（現・滋賀県甲賀市水口町）に至ると、新たに一関が置かれ吏卒《りそつ》がこれを守っていた。従者は、惶惑《こうわく》して皆「まさにいかんせん」と言い、義弘は「唯まさに関を叩いて出ることを請うべし。出来なければ、まさにこれを撃ち破るべし」と言った。そこで、頴娃弥市郎に請わせると関吏《かんり》はこれを許した。日は未だ西山に傾かず水口城辺りを過ぎ得なかったが、山中（土山と水口の上）に隠れて日暮れを待ち、その後、径を経て過ぎ得た。一夫の一作という先の指南者があって、すでに夜に入り先に指南して径路の難を越え進んだのであった。まさに京師に至ろうとしたが、行く行く家康がすでに京師に入ったと聞いていたので、再び伊勢路に出て（先ず伊勢関地蔵へ出て）、楠原（現・三重県津市芸濃町楠原）を経て、翌十八日、伊賀に至った。

この頃だと考えられるが、案内者を探していたが見つからなかった所、年の齢四十余りの髪髭が白く、刀大小に鉈《なた》を差し具した男に行き逢った。在所の者で、道にも詳しかったので道案内を頼んだが、妻子を先に遣わしているのでと断られた。この者を逃してはならないと思い、押さえ付けて腰の刀を抜き出して胸元に抑え当て「案内しないならば命を奪う、案内してくれれば過分の礼儀をする。どうする」と問うと承諾したので、刀の大小を奪い取り、列ねて前に参った。右の者は、名を文（又とも）右衛門と言い、関ヶ原山中から摂津国の堺の浦まで御供することになる。義弘は、敵から忍ぶ必要があったので、古い木綿の道服《どうふく》（庶民の道中着）に上から帯を結い、破れ菅笠《すげがさ》の凹成《くぼみなる》を着けさせ、下人の男に姿を似せた。その外、御膳も思いのままにならなかったため、雑穀の麁飯《あらめし》を食べる時もあり、あるいは無飯の時もあり、歩も慣れない長路を馬にも乗らず山を行き坂を越え柳小路《しょうろ》を通り、行くに行けない所では、文右衛門が木を切り渡して通り、あるいは野に臥し山に臥し、辿り辿っての行路であった。

伊賀の上野は、東軍に属した筒井定次（伊賀上野九万五千石）の城下町であり、ただちに城に使者を遣わせて「嶋津兵庫頭御領内を罷り通り候也」と言い送り上野を過ぎようとした。そこに里人四、五百人が、落人を打ち留めようと弓・鉄砲を打ち懸け、鑓・熊手などを持ち、険しい坂の細道に待ち伏せしていた。義弘は、これを見て一人も漏らすなと、五十余人が抜刀して切り懸り、爰の谷彼処の嶺に追いまくり、生け捕り二人・首を五ツ取った。また上野に立ち帰り、城の大手に首を懸け、生け捕り二人を柵に縛り付け、先に進んだ。

それから近江国甲賀郡・信楽に入り、切り通しを通っている時、一僧が、山間から出て、弓を引いて義弘を疑ったので、従者はこれを擒《とりこ》にした。義弘を奉じて一村屋に入ると、邑人が徒を差し向けてこれを囲んだ。「どうして本村の祈念僧を捕らえた」と言ったので、従者は僧を許すと、皆解き去った。信楽に宿り、皆議して義弘が退去したという流言があり、容易に遁れ去れえない。どうするのがよいか。「再び急難《きゅうなん》あり、まさにいかんせん」と言うと、本田親商が「吾、公となって死ぬ。惟新と号し一時難を逃れれば是幸いの幸いなり」と即時に髪を削《けず》った。すでに大和・河内を過ぎて遂に和泉に至り、路は両岐（二つ分かれているカ）に当たり、行く所を知らなかったため、後醍院宗重・相良吉右衛門・白浜七助が夜、道傍の舎《いえ》に入り、一人を劫《おびや》かして導きとした。明朝、食事がなかったため、おのおの在在《ざいざい》に行き柿などを求めて食べた。和泉に至るとこれ（導き）を銀一枚下し釈放した。平野《ひらの》に至り、暫く田中に留まり、一价《かい》を田辺屋道与（堺・住吉、平野から一里）に遣わせて「予（義弘）は、戦場の死を遁れ、只今此の地に至った。主である汝の家に密かに屈し一両《いちりょう》宿としたい。これを容れてくれれば幸いなり」と頼んだ。丁度この時、矢野久次に諸士に達しさせて「予は、この辺土《へんど》に屈居《くっきょくカ》する。多兵を率いては窺《のが》れられない。速やかに大坂宅に赴き予の傍らを去れ」と命じた。諸士などは、報じて「今君辺《くんぺん》を離れれば、高顔《こうがんカ》を拝する後来《こうらい》を知りません。直ちに切腹を遂げ生前の別心のないことを顕します」と言ったので、義弘は「大坂には、少将殿室（亀寿）・予の室（宰相）またこれあり、彼《か》の主を捨てることは、偏《ひとえ》にではない。只国のため家のため速やかに往き去れ。自己の生死の定めはまた三日に過ぎない。我が死と諸士の忠節は、その時宜に随い、偏悪に随うなかれ」と諭した。この言を聞きおのおの応諾して大坂に赴き去った。

漸く半時を過ぎて道与は、女輿を舁いて匹夫二人と迎えに来た。直ちに対面を遂げて「昔日の心を変えずこの時迄信情（真実の情けカ）を顕してこの厚意《こうい》に至り、何をもって謝せばよいか」と礼を述べ、道与も「扨は御退きなさいましたか。是は夢でございましょうか。扨々関ヶ原で、御戦死の通り承り涙を流していた所、不思議千万です。再び御目に懸れたこと、大慶この上ありません。我等の所へ御出で下さい。薩摩へ御送りします」と言い、義弘は直ちに輿に乗った。道与・大重平六が従った。一里の路程《ろてい》を経て道与の住吉の宅に入った。実に九月十八日であった。夜暗を待った後、伊勢平左衛門尉・白坂与竹・曽木五兵衛尉・矢野久次・本田与兵衛尉・白浜七介、おのおの一人充《あ》たり住吉の宿に忍び来た。

義弘は、本田源右衛門をもって家臣などに「大坂に、遣わせていた山くぐり（諜者）が帰り、亀寿・宰相が一段と堅固である由を伝えたので、退いて会いたいと欲した。そこで、御忍びでなければ成らず、多人数では成らないので、外の人数は皆大坂へ参り、亀寿・宰相が御成り出来るように奉公せよ」との旨を仰せ聞かせた。何れも畏まった由を申し上げ、住吉に義弘を少しの供衆と留め、何れも涙ばかりで立ち別れ大坂へ参った。

十八日、平野に至り、その日摂州住吉に行き、商人・田辺屋道与の家に宿した。居ること二、三日にして、東軍の先鋒が平野に至ったと聞き、夜暗を俟《ま》って堺浦主・塩屋孫右衛門の家に往くことを欲し、すでに日は暗くなったが、乗輿《じょうよ》を舁く匹夫がなく、白濵七介・矢野久次がこれを舁き、道与・大重平六が従った。赴いて堺浦に行き、塩屋孫右衛門の家に宿した。義弘は、詐って伊勢平左衛門と称した。九月二十一日深更、たまたま、長年の東太郎左衛門が、舟を準備して至った。兼約では、住吉海濵に到着する予定であったが、今夜甚だ暗くその地を失い、一里を過ぎて当地に至ったのであった。

二十二日暁天《ぎょうてん》、寅卯の交（午前五時）乗船に潜み、義弘は堺浦を出発した。義弘は、田辺屋道与の所にいた時、まさに行こうとして舟を求めたが、道与は所有していなかった。兄弟のように交わっている臣友（臣で友カ）の塩屋孫右衛門がいて、船戸（港）です（船を持っている）と紹介したので、召すことを請うた。孫右衛門を召して、「謹んで命を聞け」と言った。即時に舟の犠《ぎ》となった。また、義弘は住吉から大坂に行ったとの説もある。

義弘は、住吉に至った時、先ず頴娃弥市郎・桂忠詮・山田有栄など四十余人を遣わせて二夫人（義弘夫人・宰相と忠恒夫人・亀寿）を屋敷において衛《まも》った。宰相は、慶長二年伏見に、亀寿は文禄三年京師にそれぞれ人質として至っていた。二人は大坂に移っていた。仙秀坊に詐らせて、大老に「義弘は関ヶ原で戦死したので、妻室この地にあって哀傷《あいしょう》に堪え難い。人質を用いることが何の役に立とうか」と告げさせ、二夫人の帰国を請うた。が、報せはなかった。仙秀坊は、哀訴《あいそ》甚だ苦しく、朝夕食事もせず、猶城中にあったので、宰相が帰国することが許された。宰相の手形は出たが、亀寿の手形は出なかった。有司《ゆうし》を勅《さと》して舟引（舟を引く力）を給わり、十艘が許されたが、仙秀坊は史《し》に貨《か》して二十艘を請い、許された。そうではあるが、猶亀寿は止まっていた。侍女の御松は、「妾《しょう》が詐って夫人となることを請います。そうすれば夫人は、免れます」と提案したので、これに従った。ここにおいて平田増宗は、二夫人を奉じて舟に乗せた。相良日向守・右松安右衛門など十人を留めて、御松を衛らせて、「三、四日過ぎたら然る後去れ」と言った。時に日向財部《たからべ》（高鍋）城主秋月種長室・秋月氏夫人も、またまさに逃げ帰ろうとしていて、倶《とも》にすることを請うたので、これを許した。御松は、大田忠秀の娘であった。

義弘は、堺浦に至った時、人を遣わせて二夫人と大坂港口で会しようと約した。すでに港口に至ったが、二夫人の舟は見えなかった。そこで、平田増宗を大坂において召して問うたところ、「二夫人は、昨夜舟に乗って河中にあります。但し、潮は退き川が浅いため、舟が行き得ませんでした」と言った。そこで、命じて舟を進めて西宮に至る頃、二夫人の舟がこれにおよんだ。義弘は、二夫人および秋月氏夫人を召してともに載せた。亀寿は、系図を、宰相は平野肩衝の茶入を持参していた。兵庫須磨に至る頃、相良日向守などの舟もまたおよんだ。義弘は、浅黄の手拭いでくし（髪）を包み、屋形の欄干に上がっていた。初め松岡少兵衛は、従って伏見城を攻めて重創《じゅうそう》を被ったので、義弘は良薬を与えたため、死なずを得て遂に大坂に帰った。ここに至って義弘が西に帰ることを聞いて、その妻子を引いて逃げ、舟を走らせてこれにおよんだ。義弘は、召してこれを慰労した。少兵衛は、子息の千熊とまみえて悲喜《ひき》した。義弘は、連れて来た青毛の名を紫という愛馬を堺の住吉大明神に奉納した。

二十五日付で、近衛信尹が、島津氏家臣に宛て、

（前略）嶋兵（義弘）不慮与党候故、天道も律義もこの度相破れ候。然りとも龍伯・又八郎両人（義久・忠恒）は、一味無きの由風聞なので、その通り内府へ江州草津にて申した所、左様にも有りますかとの様子思し召した様子なので、これからは兵庫が下着しても許容しなければ、済むかと相見え候。（後略）

と助言した。この方針は、後に述べるように徳川方の島津氏への処分の方針となる。近衛氏は、徳川―島津の和平交渉に尽力することになるが、徳川・島津・近衛各氏の利害が一致した結果であった。また、近衛氏は、義弘とはぐれた島津兵を匿っていて、家康の内証も異議ないので安心するようにと忠長を通じて義久・忠恒に伝えている。

二十六日、義弘は、芸州（周防国カ）屋代島の日向泊《ひゅうがどまり》（現・山口県大島郡周防大島町）に泊まり、翌二十七日、竹内織部佑を遣わせて平安を義久に報じた。そして、忠恒に、書を与えて「京師で、変がありました。遽《にわか》に爾《なんじ》の妻を携えて西に帰ります。余は使者に嘱《たの》みますので悉くしません」と告げた。亀寿は、義久の嫡女であり、彼女が妻であることが忠恒を島津氏の家督継承者として成らしめているのであって、義弘は勿論兄の娘を無事に国元に連れ帰りたいとの気持ちもあったであろうが、忠恒が家督を継ぐために帰還させる必要があった。

家康からの問い

宰相の御座舟・鹿児島（忠恒）と帖佐（義弘）の台所舟合わせて三艘は、すでに豊後国・森江（守江湾〔現・大分県杵築市守江〕）に至った。夜、黒田如水が置く所の哨船の火を望んで、義弘の船の挑灯《ちょうとう》の験《しるし》と見違えて、直ちに港口に入ったため、哨船はこれを囲んだ。そして、伊集院久朝・有川助兵衛・比志島源右衛門など数人を殺した。また、侍女を劫略（却け略しカ）して、その船を焚いた。島津氏の舟が至ったのに会い、如水軍は舸《か》を走らせてこれを追い、台所舟二艘を獲たのであった。

初め、義弘は日向泊に泊まり、僧・栄存を召して吉凶を占わせると、七、八（二十七日、二十八日）の際が不吉であると返答した。果たしてその言のごとく、二十八日付で、山口直友・寺沢正成が、義久・忠恒に書を贈り、

（前略）仍って今度維新御逆意の段、是非無き次第です。龍伯御父子御同意していたのですか。又各別の御存分

があったのですか。様子具に御報せに預かり示して下さい。その趣を以て内府へ申し上げます。（後略）

と問うた。徳川方は、明らかに島津氏に逃げ道を作り、穏便にことを済まそうとしている。

二十九日、義弘の舟は、日州・細島（現・宮崎県日向市）に至り、岸に登った。一宿を宇多津氏に寄った。まず、二夫人を八代（東諸県郡国富町）に送った。亀寿の肩輿は、森江において兵燹《へいせん》で焼けてしまっていたので、松岡少兵衛の妻の肩輿を借りて行った。伊東氏家臣で飫肥清武城主の稲津祐信は、義弘の敗れたのを窺った。兵を励まして馬を秣《まぐさか》い、まさに国境を侵そうとした。都於郡・佐土原を攻めるので、地下人に心を合わせよと触れ渡していた。二夫人を八代に先に送ったのは、このような事情があった。倉岡地頭の丹生備前・穆佐地頭の河田国境などは、おのおの城塁を修めて士卒を督してこれへの備えをなした。義久は、樺山忠助（紹釼）を遣わせて佐土原を守った。晦日、義弘は、財部（高鍋）に至り、秋月氏夫人を城中に送り届けた。

十月一日、稲津祐信は、日州・宮崎城を陥れた。義弘は、午の刻（正午頃）佐土原に至り、豊久母（樺山善久娘）および妻・弟の東郷重虎（忠仍）に「関ヶ原の戦場において、敵味方混雑苦戦の際、忽ち豊久と離れ、その後再会を得ず、故にともに帰国に赴けなかったのは不幸の至りであり、言を得るに非ずして述べる」と悔みを言った。母・妻の思いを推しはかり、自他ともに落涙万行、止めることは出来なかった。豊久は、享年三十一、法号・天岑昌運であった。

そして樺山忠助は、「今暁伊東氏は師旅《しりょ》を発して高橋氏の所領・宮崎城を陥れ己の手裏に入れた様子です」と報せたので、樺山忠助に「努力せよ。まさに守兵を増す」と言い、申時（午後四時）佐土原を発して、遂に八代に至った。八代に至って一宿した。伊東氏が、横行して諸所通路自由を得ず、この由に守兵を入れて彼これ怠らなかった。稲津祐信は、宮崎に克ち勢いに乗じて進み、まさに八代におよぼうとした。福島佐渡・籾木平右衛門は、力戦してこれを却けた。義弘が、まさに至ろうとしていることを聞いて、平右衛門は六十余人をもってこれを塩見川上で出迎えた。佐渡は、士卒を督して館舎《かんしゃ》を清めこれを待った。義弘は、至って帰ったようであったので、佐渡・平右衛門はまた相良日向守・村尾笑清と稲津軍を東長寺で攻撃した。

二日未明八代を発し、義弘は、霧島大山を越え、曾於郡大久保村（現・宮崎県都城市高城町）に至った。福島佐渡・籾木平右衛門・相良日向守・村尾笑清・右松安右衛門などは、伊東氏の兵十九人を本城儀門寺で殺した。安右衛門は、勤労すること有年、十人を大坂邸に留めて与した。ここに至って、感状で禄百石を賜わった。

小西行長は、小西美作守に宇土城を守らせていたが、熊本城主・加藤清正が行長が敗れたのを窺い、兵を遣わせてこれを攻めた。美作守は、救けを島津氏に求めたため、島津忠長などを遣わせて宇土城を救った。加藤軍と、佐敷浦で戦い、日が傾くと交綏《こうすい》した。家康は、伊東祐兵に、相良・秋月・高橋各氏と相談した上での島津氏攻めを命じた。

三日、義弘は、大久保村を出発して富隈に至り、即刻登城して義久にまみえ、起居《ききょ》を伺った。その後、辞して帖佐に帰った。一説に、義久は、慶賀せず、かつ艴然《ふつぜん》して喜ばず義弘を責めて「義弘と家康卿は、互いに誓書を裁して約すること堅であったと聞いていたのに、今石田氏の暴に随ったのは、実に一口両舌の誡《いまし》めであり、所以士者の耻とするなり」と言った。心の中で、家康の面を見てのことと推測できる。うわべとして誚譲《しょうじょう》の言をなしたのみであった。また、この時義久が、義弘に対して懇ろな態度を取ったとする史料もある。

義弘は、富隈を辞し、夜暗に至って夫婦で虎口を遁れ、上方の遠くから海陸を経て、帖佐の私宅に下着した。忠恒は、速やかにその地に往き拝謁を遂げようと思い、十日、帖佐に往き拝面を遂げ、累年の労苦を謝した。その後、盃酒献酬《はいしゅけんしゅう》の儀に迨《およ》んだ。

四日、稲津祐信は、千余人を率いて穆佐城を攻めたが、河田国境が城を嬰《えい》として固守したので、祐信は引き帰した。時に、数人を遣わせて村落を焼夷し、行人《こうじん》を殺略《さつりゃく》した。明年四月におよぶ頃、終息した。九日、相良日向守・村尾源左衛門・右松安右衛門に命じて、軽卒《けいそつ》を率いさせて伊東氏の伏兵を木脇口で攻撃させ、六十人を殺し、馬十四匹を獲た。義弘は、北郷忠泰に刀を与えて関ヶ原の労を賞した。

義久・忠恒の弁明

関ヶ原の敗北で、西軍は皆、伊吹山に走ったが、独り義弘は牧田を行き、伊勢路に向かった。将卒《しょうそつ》の中には、再び入り乱れて取りまとまらない者達もおり、川上忠兄・弟の久智・新納忠在（忠長次子）・喜入忠続・町田久則・伊集院忠張・川上久林（忠堅子息）・白浜重将（重治子息）・長谷場純智（純辰子息）・押川公近・五代舎人・本田親貞と同親明（勝吉）父子・新納旅庵などであり、義弘の処を知らず皆京師に奔った。川上忠兄などは、近衛信尹（信輔改め）の家に匿れ、本田親貞・新納旅庵は鞍馬に竄れた。関ヶ原の合戦で、義弘とはぐれた者達は、兵を率いること三百ばかりで、下馬して伊吹山麓に屯していたが、何れの敵と戦死するか、また歩卒《ほそつ》として首を斬る所とともに切腹するか、評議が未だ決しなかった際、突然長宗我部盛親が使番を一騎遣わせて、「兵庫頭殿（義弘）は、すでに伊勢路に向かって去られた。諸君は、どうして行かなかったのか、退去猶予なかれ」と告げたので、ここにおいて皆行った。

　九月十五日、西軍が、敗績した時、入来院重時は、陣を陥れて囲みを切り、入来院彦右衛門・東郷清太・村尾善兵衛・大迫弥四郎・前田三郎次郎などと西上した。二十三日、中途（近江水口）で敵に遇い、重時および従者は皆戦死した。重時は、二十八歳であった。前述のように、義弘は、川上忠兄を東軍に遣わせて告げさせたが、ことが終わると去っていて、反命しているとは限らない。忠兄は、すでに免れて京師に奔り、近衛氏に匿れている。諸士などは、案内を頼んで北近江を通り、あるいは二人、あるいは三人と忍んで上京を遂げた。しばらくして十九日の午前四時末に至って、山口直友・野瀬某が、殆ど五百ばかりの吏卒を率い、喜入忠続および旅庵の宿を囲み（時に家臣・江盛八は多勢に対して戦死を遂げた）、十八日、鞍馬に至っていた新納旅庵と本田親貞・親明父子を捕らえ、即日これを大坂に送った。直友は、旅庵・親貞を奉行所に召して「兵庫頭殿（義弘）は関ヶ原の合戦の首謀者であるか」と問い、二子は「非ず、やむをえなかった」と返答した。「逃げ帰ったのか」との問いには、「関ヶ原での敗北で、家臣などは寡君《かくん》を見失い、遂に再びその処を知らなかった」、また「龍伯・少将（義久・忠恒）は、兵庫頭殿の謀反を知っていたのか」との問いには、「知らなかった」と答え、「それならば、どうして兵を遣わせてこれを助けたのか」と問われると、「いまだ嘗て一卒も送っていない」と一歩も引かなかった。人質を取られていたこと、伏見城への入城を再三申し出たが、拒否されたことも訴えた。

　二子の応答は、響きのようであり、加るに事理《じり》詳悉《しょうしつ》左験《さけん》明白であるとして、家康に申し上げた。家康は、「それならば、龍伯もしくは少将が来謝（来て謝すカ）して可である」と判断した。そこで、本田親貞を免じてこれを帰らせ、義久・忠恒を諭させた。最初に旅庵が命じられたが、「戦場扈従の列にあり、主君の坎難《かんなん》を救えなかったかったばかりか、束縛《そくばく》されている身、何の眉目《びもく》があるでしょうか。下国してよいでしょうか」と固辞した。旅庵と親明は、人質となった。十月十日、山口直友は、親貞に過所《かしょ》を与えた。井伊直政は、忠恒に書を贈り、義弘のために来謝させようとした。思うに、親貞に授けてこれは忠恒に致したのだろう。忠恒は、帖佐に行き、義弘にまみえた。伊東氏は、佐土原城を侵したが、陥れることは出来なかった。その後、伊東氏は、国境の穆佐・蔵岡城に逼ったので、忠恒は、まさに穆佐・倉岡の冦を防ごうとした。十五日、義弘は、書で「自身での御出張のことは、御無用の由を龍伯様（義久）が御諚の旨、我等も同前に考えている。龍伯様の御諚と申して、自身出張のことは延期してまずまず兵を遣わせばよい」とこれを止めた。この頃関外の番手として、桂忠詮を倉岡に、新納忠在・鎌田政近を穆佐に、島津以久・柏原公盛を東長寺に、平田宗位・肥後内膳を佐土原に遣わせて在番させた。十九日、伊東氏家臣・長倉三郎兵衛尉は、北郷氏家臣・小杉丹後守に書状を遣わせて内通を誘ったが、北郷忠能は応じず、その状を鹿児島に献上した。

二十二日（十六日付とも）、義久・忠恒は、書で寺沢正成に、

遠邦に依り、それ以来無音に打ち過ぎた事本慮の外です。今度御弓箭《きゅうせん》（戦）の成立は、維新（義弘）が罷り下って巨細《こさい》承知致しました。維新のことは、最前《さいぜん》の御談合の御企ては、少しも仰せ聞かされていなかった由です。殊に内府様（家康）御厚恩の儀を忘却していませんでしたが、内府様も御存知のように、秀頼様に対し奉り、永々《えいえい》忠節を抽きんでる証跡《しょうせき》として度々霊社の上巻に上げ置いており、その筋に相違いなければ、同心仕れとの旨を御奉行衆から承っていたので、君臣の道を黙止《もくし》し難く、その意に任せた由を申しております。勿論我々のことは、御懇ろの儀聊かも忘れていませんし、弥心底別儀《いよいよしんていべちぎ》ありません。これなどのこと御理解なされますように、御取り合い憑り存じます。（後略）

と謝した。この時、寺沢正成・山口直友の九月二十八日付の連名書は、いまだ達していなかった。義久・忠恒は、この書をもって自明《じめい》した。思うには、九月二十八日付の連名書への答えは、十一月四日の山口直友・寺沢正成宛ての書状で答えている。義久も、徳川方と同じ理屈で難局を乗り切ろうとしている。そして、家康との懇ろな関係であったことを強調し、我が非であったと認めていない。

同日、義久は、忠恒に宛てて、

京都に差し上げる書面、維新（義弘）へ談合を遂げ、かゝせ（書かせ）進《まいら》せ入れました。この分で能ければ、御連判して下さい。若し御合点無ければ、其元で御談合をもって直して書いて在判して給わって下さい。我等判形仕り維新へみせ（見せ）申します。（後略）

と頼んだ。

忠恒は、東軍が豊後・太田氏の城に逼ると聞いて、野村狩野介・本田新介に歩卒数十人を付け、難を省かせた。

二十三日、太田飛騨守・美作守は、連名書をもってこれを謝し「ことすでに平らいでいます。もって念うことはありません」と伝えた。二十五日、本田親貞が、帰って薩摩に至った。この時、井伊直政・本多正信・山口直友は、和久甚兵衛を親貞とともに薩摩に行かせた。道に、東軍がまさに至ろうとしていると流言があり、義弘は蒲生城を修めて、晦日、起工し、昼夜催し切りすでに成った。赤塚重堅にこれを守らせて、「東軍が、もし来たら吾まさにここに拠ってこれを待つ」と言い、北面堠楼《こうろう》を指して松岡少兵衛に「ここをもって、卿に委ねる」と言った。

二十七日、立花宗茂は、義久・義弘・忠恒宛ての書状で、

（前略）江戸中納言様（徳川秀忠）薩州御改めとして、近日御出馬の由です。（中略）この節の儀御分別を遂げられ、必ず中納言様御出馬の無い以前に御使者を差し出され、御侘言するのが尤もと存じます。拙者一命にかけて随分御使を申し度あります。（後略）

と勧めた。秀忠の出馬というのは、徳川方の脅しであったと考えられる。

十一月二日、義久・義弘は黒田如水宛てと、同月日は不明の井伊直政宛ての書状で「申し入れたいことがあるが、通路不自由のため出来ない」と島津攻めの軍備をしていた黒田如水などを牽制した。

四日、義久・忠恒は、本田親貞・般若院（中原坊）を遣わせて、山口直友・寺沢正成に、

私などは、僻地《へきち》の遠国にあり、京師の乱は、固より知る所ではありません。兵庫入道といえども、またいまだ初めから、その謀に与していません。ただ二公は、これを図って下さい。

と答えた。同日付の黒田長政宛ての書状で義弘は、美濃大垣城に石田三成などといた時、東軍の長政から書状を受け取り、返書を送ったが届かなかった旨などを伝えている。長政は、義弘に内応をさせようと画策したのかもしれない。

七日、義久は、亀寿に幼少より人質として多年在京してきた苦労に報いて、大隅の内大根占村・高二千七百三十九石一斗四升を役なしで与えた。

八日付の書状で義弘が、島津忠長・本田六右衛門に宛てて「肥後表先勢（黒田如水などの軍の先鋒）、はや（速くも）水俣迄指し下った由、大口より富隈へ注進の旨、夜前此元へ富隈より仰せ越されました。（中略）対応して下さい。（後略）」と命じた。

義弘は、関ヶ原の従軍の士を賞するに禄をもってすることを欲し、九日、知行目録を山田有栄に与えて、これに書も与えて、義久に咨稟《しひん》させた。その後、それ以前の十月十日付で、頴娃弥市郎など三十九人に禄を与えて、弥市郎に感状を与え、

今度美濃国関か原の合戦で粉骨致し、それ従り伊勢・近江・伊賀・大和・河内・和泉に至り、帰国の路次《ろじ》伝、片時も側を相離れず奉公を抽《ぬき》きんでたことは神妙の至りで尤も感じ入った。仍って知行弐佰（二百）石遣わす。（後略）

と賞した。その余三十八通文は同じであったが、但し禄に差があった。頴娃弥市郎・山田有栄の二人が二百石、本田源右衛門尉・白坂与竹・伊集院半五郎・揖宿清左衛門尉・松岡千熊の五人が各百石、十八人が各五十石、七人が各三十石、六人が各十石、横山弓内（不明）の凡そ三十九人であった。また、鎌田玄蕃充・大野弥三郎・須田伝吉が百石を、白尾理右衛門が、五十石を、安楽小左衛門が十石を賜わったことが、それぞれ別の史料に見えるとしている。以上の五人は、皆感状を賜わっており、その文および月日並んで三十九通と同じであった。大田忠綱も、関ヶ原で力戦して功あり、義弘に従い西帰して繾綣《けんけん》離れず、この由に禄百石および感状を賜わっており、感状は文および月日を欠いているが、同時であろうとしている。以上に先んじて十月九日、北郷小兵衛は、刀一腰を賜わっていた。

黒田如水らの脅威

初め、長寿院盛淳は、まさに行こうとしてその妻と訣《けつ》し、弥陀像をこれに授けて「吾、もし生還を得なければ、これをもって我となすのがよい」と告げた。盛淳は、果たして関ヶ原で戦死した。五十三歳であった。義久は、盛淳が義弘に代わって死んだのを愍《あわ》れみ、禅密二宗に命じて仏事を国分・竜昌寺で修めて、その冥福を資《たす》けた。盛淳には、子があり内膳正忠栄と言い、幼名・吉房であった。初め、橘隠軒は、畠山氏の跡取りを置かず、盛淳を僧にならしめて、その田・宅を阿多甚左衛門に与えた。これに由り郷人は、忠栄を称して阿多吉房となし、子孫は遂に阿多氏となった。義弘は、関ヶ原から帰り、従軍の士は皆禄をもって賞されたが、仕えて死んだ家には、いまだ収恤《しゅうじゅつ》を聞いていない。かつ、長寿院盛淳は、義弘の代わりに死に、その時、丑父紀信・村上義光などと遇《あ》ったが愧《はじ》なかった。弔意の恩が、

少しもその妻子におよばなかったのはどうしてか。忠栄の子は、廃疾《はいしつ》があり、寛陽公（光久）の子息・基明が跡取りとなり、畠山氏を復した。盛淳には、家臣があり、井上主膳が言うには「関ヶ原の合戦で創《きず》を被って癈《はい》して民家に寓した。間もなく京師に行ったところ、たまたま、大隅宮内人・円明坊が南都にあり、旧知であったため遂にこれに因った。伊賀人・中野与左衛門に仕え、居ること二、三年で、辞して薩摩に帰り、与左衛門に両刀を贈った」と言うことである。

九日、黒田如水は、義弘に書を贈って「（前略）主計頭（加藤清正）と申し談じて公儀の儀、随分御馳走します。（中略）先年聚楽において、久野五兵衛をもって申し談じた首尾を忘却していないので、随分御馳走を遂げます。（後略）」と伝えた。

十二日付の黒田如水宛ての書状で家康は、「寒気におよび候間」と年内の島津氏攻めを中止させた。後述するように家康は、島津氏を攻めたくても攻められなかった理由があったのであり、同日付の井伊直政の書状で「万一島津の出方によっては、来春すぐに成敗して下さい」などと伝えているが、徳川方の願望として両書状は事実上の島津攻めの中止勧告であり、如水などの意思とも合致していた。

十三日、井伊直政は、義弘に書を贈って、

（前略）それならば今度の様子是非なき次第です。御身上の儀、何とて御由（油）断なされているのですか、早々御理仰せ達せられること尤もです。この方の儀は、随分馳走申します。御存分《ぞんぶん》の儀があれば、委細《いさい》仰せ越して下さい。（後略）

と伝え、また忠恒にも書を贈って、ほぼ同様の旨を伝えた。十六日、黒田如水は、森江で獲る所の男女を送り返し、義弘に書を贈って「公は、門を閉じて出ず、龍伯様・少将様に陳謝させるのがよろしい。そうすればその時は、某《それがし》が、井伊侍従とともに内府公に請わん」とアドバイスした。

島津忠長は、出水を守っていたが、加藤清正・黒田如水などがまさに寇しようとしていると聞き、益々守備を修めた。初め、立花宗茂と義弘は、好を結び、義弘が大坂から出発して、ともに舟を進めて互いに近づき、日向泊に至って別れた。義弘は、宗茂に「戦場から幸いにして死を免れまさに領国へ赴こうとしている。公に従う多船障碍《しょうがい》なくこの地に到着し、今日東西に別れる」と告げた。障碍が、ないかどうかは分からなかったが、宗茂はこの使言を聞いて、義弘の乗船に忽ち来て喜悦の余り落涙数行し、まず死を遁れるの幸を賀した。余の言もあったが、別離の時刻は倏忽《しゅっこつ》

（たちまち）訪れ、只後喜《こうき》の佳期を期するのみで、おのおの別船で東西に去った。すでにこれに背き、清正・如水と合い、肥後・河田村に陣取り、まさに我が境界を侵そうとしていた。というよりも宗茂は、島津氏と交渉して徳川―島津間の講和を実現させようとしたのだと考えられる。鹿屋兼長は、義弘に後れて帰り、八代に至りその謀を聞いた。識《し》る所の保正某氏において寓し、陰にその軍を窺い帰り告げた。たまたま、立花氏の使者が来たので、白坂与竹・有馬次右衛門を遣わせて、使者と偕行させた。宗茂（尚政）は、「寡人は、すでに井伊直政に因って内府公に謝罪しました」と告げた。宗茂は、清正・如水に告げて、二子は罷めた。二十二日、宗茂は、義久・忠恒に書を贈って「清正・如水は、君が井伊直政に因って謝罪すると聞いて、皆師を罷めました。余は、使者に嘱みます。不悉《ふしつ》」と告げた。

初め、忠恒は、慶長四年三月一日、窃かに祁答院領主・北郷長千代丸（次郎・十歳）に伏見において、

前に爾《なんじ》の旧邑を去らせたのは、我が非である。そもそも伊集院幸侃（忠棟）である。そうではあるが、吾すでにこれの謀をなす。必ずまさに爾に旧物を帰すのが当然である。爾かつこれを待て。

と告げ、刀一枚も与えた。しばらくして、慶長五年三月、長千代丸に、幸侃を誅してあった都城・安永・高城・山之口・勝岡・梶山・梅北の七城を与え、十一月二十三日、再び、庄内の乱で北郷氏が粉骨した地であり、残し置いていた山田・野々美谷・志和地の三城を数代忠節の儀と、取り分け今度の徳川方の来寇に備え、頼りに思し召し付けたので与え、凡《すべ》て十城、合わせて四万一千三百石余であった。ここにおいて、祁答院から庄内に復した。二十日には、北郷源左衛門尉・土持吉右衛門尉・小杉丹後守に、山田の地三百石を与え、北郷喜左衛門の地もまた同様に与えている。四人は、北郷氏室老《しつろう》であり、まさに長千代丸に三城を増封《ぞうほう》しようとしてまず山田の地を割いてこれを与えた。思うにその幼主を輔《たす》けた労に酬いたのであろう。

十二月二日、島津忠長に、一千石を増封した。前に食む所一万一千石と合わせて一万二千石となった。故に中旬、忠長は、東郷を去り子息・忠倍とともに宮之城に移った。八日、義弘は、大小路村田百五石を泰平寺領とした。

義弘の蟄居

家康は、井伊直政・山口直友に命じて、本田親貞・般若

院（中原坊）を遣わせて義久を諭させた。直政・直友は、おのおのその与力・勝五兵衛・和久甚兵衛を二子とともに往かせた。十三日、直友は、義久・忠恒に書を贈って、

> 具に両使（思うに親貞・般若院）の言を聞きました。すでに、もって聞きました（奉行衆から、申し入れられても、義久・忠恒父子が承引《しょういん》なかった趣）。因って井伊兵部少（直政）と維持調護《ちょうご》します。至らない所はありません。只、まさに来謝すべきです。必ず無事です。御迎として拙子が、罷り下ります。委曲《いきょく》（詳細）は、和久甚兵衛に嘱みます。

と促した。

二十三日、黒田長政は、義弘に書を贈って森江で獲た所の男女三人を送り返した。かつ、「この余は、内府公に帰します。他日、まさに送致《そうち》します」と告げた。二十五日、本田親貞・般若院は、勝五兵衛・和久甚兵衛と日州・美々津に至った。親貞は、書を走らせて本府《ほんぷ》に「臣（親貞）、勝（五兵衛）和（久甚兵衛）両使と偕《とも》に来ました」と伝えた。その事情を察するに、国を窺う者に似ていた。親貞に対して、国元の者から疑いがあったのである。二十六日、親貞は、書状で、

> （前略）一、薩隅のことは、別儀ない由ですが、諸県の儀は入組《いりくみ》があります。必ず山口勘兵衛殿が下向されるので、その時、龍伯様が御上洛すれば然々の由です。一、維新様の御逼塞《ひっそく》の儀、この度京都の仕合に罷り成りました。使者が下向されるので、御分別御尤もと存じ奉ります。（中略）井伊（直政）殿は、この時節《じせつ》は遠島などで御堪忍し、後日戻ってよい由を仰っています。一段と井伊殿は、御懇の様で、今度御退きなられた始末比類なく、御褒美以ての外と申しております。（中略）一、御家中の覚悟の儀、今度京都において強みをのみ申したので、（徳川方が）連々思われる筋をも替えられ、御家のために良い様子になっていると伝え承りました。ますます御普請その外御弓（戦）の催しが肝要かと存じます。この度両使が御下向されるのも、つまり御国の様子を見聞するためと存じます。（中略）一、会津表（上杉氏）の使は、未だ済んでない由ですが、その外諸所は、大方済んだ由です。

と報告した。日向国諸県郡は、没収される恐れがあった。徳川方も、西軍に参加した島津氏に何らかの処分をして示しをつける必要があった。

二十九日、忠恒は、書で義弘に「両使が、来たのを聞き、今朝竹内織部助を遣わせて郊労します」と申し上げた。晦日、義弘は、書で忠恒を戒めて「もし両使が、至れば、ために吏卒を置きなさい。おのおのこれを衛ると言っている。衆人に、命じてともに出入りさせるな」と告げた。今月には、領国に風聞として上方勢が薩摩に罷り下って来るということが取沙汰され、また肥後熊本城主・加藤清正が近国の諸大名の内意で同国水俣へ押し寄せた由であった。義弘は、蒲生城へ籠り対処しようとした様で、夜白普請させ城内へ諸士を召し移した。

慶長六年（一六〇一年）正月、本田親貞・正興寺文之は、大坂に行った。義弘は、親貞を勝・和久と大坂に行かせて罪を謝させるために遣わせたのであった。十三日、親貞は、伊勢貞成に因って盟書を上らせた。内容は、いまだ嘗て関東と謀を通じていない、というものであった。親貞は、山口直友に捕らわれた所となり、思うに関東と謀を通じているとの嫌疑があったためであった。十九日にも再び同様の盟書を上らせている。

十六日、忠恒は、鎌田政近に宛てた書状で、

（前略）龍伯（義久）自身の上洛を、この使者は急いでいる由で心元ないです。隣国の様子をよく見極めると成り難いです。世上の風聞では、確かな証文などで罷り出た人も違変《いへん》がある由です。さてさて左様にあっては、家の恥辱どうしようもありません。勿論百に一つも叶い難き弓箭（戦）、非沙汰の限りですので、中々行方の頼みは絶えました。只々譜代の家を、むざと果てさせることは無念の次第なので、家中のおのおの一味して出来るだけ防戦を遂げて果てることは本望です。この旨助丞（本田親貞）へ申し含めること肝要です。

と徳川方に覚悟を示した。十七日、文之も、伊集院抱節・山田理安に因って盟書を上らせた。忠恒は、近衛氏諸大夫進藤某に書を贈って、川上忠兄などを容れたのを謝した。十九日付で本田親貞は、使者として度々上洛して駆け引きしていることを労され、二百石を、次男・勝次郎に三十石を加増されたことを記している。晦日、家康の旗本で、関ヶ原の本戦にも参戦し、朝鮮出兵を契機として義弘・忠恒と旧知であった船越景直が、義弘に書状で、

（前略）一、関東表の合戦の時、御覚悟の様子、扨て扨て比類ないと内府様（家康）始めその外諸人、感じること大方成りません。特に、御下々迄越度なく召し連れられ御退きなられたこと、前代未聞の御手柄とお

のおの御取沙汰是已《これのみ》です。一、御身上は、以後御別儀ない趣なので、早々済むように御談合尤もと存じます。治少（石田三成）色立《いろだち》の時、貴老（義弘）伏見の城へ御籠しようとした首尾、立庵（旅庵）具に御物語の通り、即、内府様へ申し上げました。更にもって貴老逆意《ぎゃくい》と思し召していません。（中略）景勝身上の儀、高野へ罷り登り御侘言を申すことに定まり路次まで罷り出た由です。一、増右（増田長盛）のことも我等が使者をし、関東岩槻に置き、知行方を追って下される旨です。増右のことは、自余の謀反人より御存分が深いですが、我等才覚申し、前述のように済みました。一、井兵少（井伊直政）・本佐州父子（本多正信・正純）・山勘兵（山口直友）何れへも、跡々相替わらない様に御取成しすることを具に申し入れます。安心して下さい。（後略）

と説得した。島津方を安心させて早々に処分の決着を付けたい徳川方の意図が読み取れる。景直は、三月十二日にも忠恒に書状を送り同様の方法で上洛を促した。

二月二日、山口直友は、義久に書を贈って「上杉景勝も、まさに至ろうとしています。公に請います。遅れないで下さい」と来謝を勧めた。井伊直政も、義久・忠恒に書を贈って、各一通、大旨皆、直友と同じであった。

初め、雨田民部左衛門は穆佐に居たが、稲津祐信が境界を侵してきた。祐信は、民部左衛門を誘ったが従わず、祐信の衆数人を捕らえてこれを献上した。二十日、比志島国貞・鎌田政近・平田増宗・島津忠長に命じて連名書を下し、民部左衛門に田禄四十石を与え、その二心ないことを嘉した。二十四日、義弘は、中原円乗坊を遣わせて新納旅庵を慰労した。三月、義久は、曽於郡山之路村の内、田禄四十石を大明寺山王領とした。七日、井伊直政は、義弘宛ての書状で義久が上洛すれば何様にも馳走すること、その上は義弘の身上も頓《とみ》に保障されるなどと促した。同日付で忠恒宛てでもほぼ同様の旨で促した。

十四日、山口直友は、忠恒に書を贈って「具に両氏の言を聞きました。すでに聞いたので、今日は只、まさに来謝すべきです。余は、旅庵・和久甚兵衛に付けます」と伝えた。四月、甚兵衛は、旅庵および本田親貞・文之と至った。

義弘は、自ら請い桜島の藤野村に数月蟄居した。家康は、これを赦した。家康は、義弘の反心ないことを諒して、その罪を許し義弘を赦したのであろう。義弘は、桜島人・藤崎広相氏（現・鹿児島市桜島藤野町）に寓すること、四月五日から六月七日に至った。『島津国史』の筆者が、自ら訪れると、仮山をなした僑居《きょうきょ》の遺跡が、今日なおあり、石を立て誌をなす。正しく寝室の処を直してある。これに拠ると、六月七日には、すでに去っている。因ってここに書き、後考に備えるとある。四月二日付の書状で義久は義弘に、本田親貞と和久甚兵衛が至り、甚兵衛から談合が必要であることを承ったので、六月七日に帰宅せよと命じている。

初め、義弘は、茅国科を寺沢正成に送った。国科は伏見に至り、家康は義弘に命じてこれを帰した。義弘は、これを薩摩に送った。慶長五年正月二十七日、忠恒および寺沢正成と連名書をなして、明国総理軍務都指揮・茅老爺に与えるため、坊津人・鳥原宗安を遣わせて、茅国科を送り、北京に行かせた。宗安は、反命し、義久はこれを大坂に申し上げた。

両国和親のためであり、人質四人および商客二十人を送り返したのであった。宗安が、北京にある時、明人は欵待《かんたい》して神宗《しんそう》（明の皇帝）は宴を与え、伶人《れいじん》は楽を奏した。宗安は、歓《よろこび》甚だしかった。興に乗じて高砂謡を歌ったが、明人は解せなかった。思うには、故郷を悲しんでいるのであろうと、これを促し帰した。賜賚《しらい》は、頗る厚かった。通事・張昂に告げさせて「自今以後、歳に商船二艘を遣わせて而《なんじ》が国と互市《ごし》をなし、而が国もまた二艘を遣わせて来たれ」と提案してくれた。宗安は、帰る時に里人のために、これを言ってしまった。商人・伊丹屋助四郎（泉州・堺浦の商人）は、これを聞き、思うに奇貨居くべしと海賊を嘯《うそぶ》き聚めて、硫黄海中に往来してこれを候《ま》った。五月、福州船二艘が来ると、その人を殺し、その船を焚き、その貨物《かもつ》を掠めた。潜に私市をなし、ことが発覚し、助四郎および党与数人を捕らえた。絶海の郡邑に晒し者にして、これらを市来湊で磔にした。そうではあるが、この後福州船は、再び至らなかった。助四郎は、義弘が朝鮮にある時、泗川で開店して軍須（軍の助け力）を資けた。朝鮮から帰ると、宅地を鹿児島および山川に与えられていた。義弘は、慶長六年九月十三日付の義久老中宛ての書状の中で、秀吉始め、家康も海賊《ばはん》禁止令を出しており、島津氏が使者となりすでに忠恒が墨付をもって海賊を禁制した旨を明へ伝えていたことや、助四郎は、義久・忠恒を誑《たぶら》かしたので処刑することが肝要であると記している。

義久、家康を信じず

六月、宇喜多秀家が、来奔《らいほん》し、山川郷に身を寄せた。義弘は、伊勢貞成・相良長辰を遣わせて、これを迎えた。秀家を牛根（現・垂水市）に置き、改めて休復と名乗った。義久・義弘・忠恒は、軍国法を定めて、軍器《ぐんき》時に修造《しゅうぞう》を加えること（百石に付き具足一領ずつ用意）、田禄（田の扶持カ）百石の者は甲一領を蔵すること、二十五石の者は自ら軍糧をもたらすこと、農を勧め田に努め、男女卯（午前六時）に出て戌（午後八時）に入り徴発《ちょうはつ》して召し募り期に後れ得ることなかれ、親戚姻亜《いんあ》、党を結し得ることなかれ、私闘を作ることなかれ、人、横逆《おうぎゃく》をもって我に加えること第《ただ》これを忍び有司に告げよ、それあるいは、忿々《ふんぷん》の心忍びずしてこれと闘う者は是非に論ぜず処するに死罪をもってです、外城衆中、地頭の命に叛くことなかれ、擅《ほしいまま》に地頭部曲《ぶきょく》を離れれば軍功があっても賞さない、地頭が、もし不道をなせば官司に告げるのがよろしいなど、以上のように凡そ十余条であった。八月七日、国中に命じて、「この法を犯す者は、士は、領地を没収し、庶人は誅する」とした。

和久甚兵衛が至り告げるに、家康の意をもってした。義久・忠恒は、鎌田政近を遣わせて恩を謝し、かつ、変を観て本田親貞・新納旅庵を輔行《ほこう》とした。八月二日付の国元に宛てた書状で政近は、家康が宿の面倒を見てくれたこと、七月二十四日に上杉氏への処分が終結したこと、九州への大名・小名の移封が定まり民は疲れ、京都・大坂でも同様であり、四国・中国・東国迄も大小ともに城普請一方であることなどを報告している。九日付の国元から政近に宛てた書状では「（前略）龍伯様（義久）を（上洛させる）御迎として上方から色々な人を下向させる由の下説《げせつ》であるが、（中略）上洛は出来ないので（中略）説得して下さい。（後略）」と伝えている。十日、政近は、家康に伏見城でまみえた。十一日付の政近の国元に宛てた書状では、

> （前略）一、龍伯様上洛の儀急ぎにと仰せ出だされています。（中略）一、爰許《ここもと》は、日に増して御静謐です。万端是をもって御校量（考量カ）して下されば首尾致します。入らない風説ともに構っていることは勿論ありません。一、御自身の上洛もなく、御国元の儀ともを思いのままに済むことは、嶋津殿御一人に限りたるなどと、上下沙汰しています。是をもって御上洛の儀、彼是分別して下さい。一、佐土原の儀は、御納得ない由です。（中略）一、山口勘兵衛尉殿（山口直友）のことは申すにおよばず、本多佐州（正信）今度始めて仰せ通りましたが、別して念を入れられ御国のために成ります。

と義久の上洛の必要性を訴えた。

十六日、忠恒は、加世田小湊村中塩屋屋敷田禄十石八升を宝福寺（川辺郷）領とした。二十四日、本多正信・山口直友は、義久・忠恒に、盟書を遣わせて、

一、龍伯・同少将殿（義久・忠恒）御身命の儀恙《つつが》ないこと、一、御国の儀は、兼日御約束の如く違いないこと、一、兵庫頭殿（義弘）御こと、右の御両所に御入魂《じっこん》の上は、違いのないように御取り成しします。（後略）

と誓った。義弘は、太刀一振を新田宮に献上した。

山口直友は、再び和久甚兵衛を遣わせて薩摩に行かせ、鎌田政近と偕行させた。十月、政近および甚兵衛は、至った。二十六日付の本多正信の義弘宛ての書状で、「陸奥守殿（忠恒）へ入魂の上は、聊かも等閑《とうかん》ない旨」なので上洛や関東・奥州迄の下向を勧めている。「緩々としていて下さいとの旨を仰せ出だされています」ともしている。

初め、佐土原領主・島津豊久は、石田三成に応じて関ヶ原の合戦で討ち死にした。子がなかった。鎌田政近が、伏見にある時、佐土原のため請うことがあった（思うに、後に置くことを請うた）。よって、新納旅庵を本多正信に私《わたくし》させた。こと、まさに諧《かな》った。そこで、義弘は、島津以久を遣わせてこれを守らせた。

（前略）ますます手堅く格護《かくご》して、京都の指図を待つことが肝要であり、（中略）龍伯様（義久）へも使者をもって申し上げた。（中略）先日申したように番手の人数を丈夫に指し遣わせて緩みなく護るように猶もって仰せ越されることが肝心であると存じる。

と忠恒に命じている（九月十七日書状）。すでにして、家康は、命じて佐土原城を収めていた。山口直友は、その与力・荘田三太夫を遣わせて佐土原に行かせた。鎌田政近とともに往った。義久・忠恒は、別に樺山忠助を遣わせて佐土原将士《しょうし》を諭した。そこで、城をもって三太夫に授けて去った。豊久の親族は、日州・高岡田尻村に移った。

閏十一月二十六日、山口直友は、再び義久の上洛を求めた。

十二月五日、義弘は、書をもって忠恒を、

図書殿（島津忠長）が、上洛しようという時に聞く、汝、酒および中楽を好み、老夫が窃かにこれを憂いている。かつ、念え、今日どのような時か。どうして、逸游《いつゆう》荒酔してよいものか。自今以後、酒は、五献を過ぎ得るなかれ。中楽に至っては、しばらくこれを罷《や》めることを請う。返す返す御家の始末を能く吟味して万事に付いて身体を忘れてはならない。鹿児島の衆中が寄合し、この度の図書殿上洛の儀に付いて、偏《ひとえ》に弓箭（戦）になるのではないかと申し談じている。兎に角に油断している時ではないので、能々分別して下さい。

と誡めた。義弘は、中性院宛ての書状で、自身の上洛は、余りの財政難のため今少し延引し、忠長を上洛させると言っている。

十日、山口直友は、義久に書を与えて「公まさに内府公に参ろうとしていて恩を拝すと聞きました。しかし、未だ果たしていません。かつ図書頭殿（忠長）を、遣わせて緩《ゆる》く謝すとのこと、またよいです。抑《そもそも》、来謝もまた已《や》めてはなりません。後れるなかれ」と伝えた。また、忠恒にも書を与えて、同様の旨を伝えた。

慶長七年（一六〇二年）、正月十五日、山口直友は、忠恒に書を贈って「去る十三日、内府様は、江戸を出発して、まさに至ろうとしています。龍伯様の来謝後れるなかれ。図書頭殿は、未だ至らず遅れています」と伝えた。二十四日、忠恒は、感状を下し、新納旅庵に田禄三百石を与えて、成労（国を平らぐの功があったこと）に酬いた。義久・忠恒は、島津忠長および新納旅庵を遣わせて太刀一腰・馬一匹・硫黄千斤・砂糖一桶を家康に献上した。

二月一日、井伊直政が亡くなった。

盟書（慶長六年十二月二十二日付であるが、忠長を遣わせたのは、この年の春なのでここに載せる（忠長上着は、同七年三月二十七日））を、本多正信に致して「敝邑は、謬《あやま》ったのに、内府公の恵顧《けいこ》の厚を荷うこと一日ではありません。まして前年のことで罪を逃れる所なかったのに、特にこれを赦して下さいました。その国家泯《ほろ》びず、感激尽きません。すなわち、まさに奔走して拝謝《はいしゃ》するのが当然であります。国中臣民《しんみん》などは、猶危懼を懐き、もし再び申するに金石の約をもって示すに丹青《たんせい》の信を以てせば、まさに衣装を顛倒《てんとう》して幕下に赴きます。この言を変えることがあれば明神がこれを殺します」と誓った。

家康の起請文

四月、島津忠長は、家康にまみえた。家康は、忠長に「龍伯（義久）は、どうして今至って未だ来ないのか。どうして我が言を疑うか。まさに諸神明《しんめい》に質《ただ》す」。すでに、盟書を義久に与えて、

二度の使者に満足している。薩摩・大隅・諸県の儀、これ迄領地してきた分安堵する。少将（忠恒）のことは、その跡を譲られることなので別儀ない。兵庫頭（義

弘）儀は、龍伯に等閑ないので異儀ない。日本国大小の神祇、とりわけ八幡大菩薩に誓って、毛頭表裏ない。
卯月十一日、内大臣、龍伯に与える。

と誓い、遂に花押を書いた。これを、忠長に授け、忠長・和久甚兵衛は忠長家臣・図師定清にもたらせさせて帰し、義久に献上させた。山口直友は、また和久甚兵衛および新納旅庵を行かせて忠恒に書を贈って、

すでに盟書を与えました。早く自ら来謝しないことがあってはなりません。かつ、内府様は、まさに八月二日をもって、関東に行こうとしています。もし、六月二十日の内に龍伯様が、道を上れば、期を先んずること数日で、斯《ここ》に至ります。庶《こいねが》わくは、それをもって宴でまみえ獲られるのがよいと思います。余は、和久甚兵衛・新納旅庵に嘱みます。

と提案した。また、義弘にも書を贈って、大旨また同様であった。直友の書は、五月一日付で、思うに甚兵衛・旅庵もその日をもって伏見を出発した。定清は、甚兵衛・旅庵と偕行した、定清が伏見を出発したのも五月一日であった。と『島津国史』にあるが、前述の通り甚兵衛は定清を下しており、急いで家康の起請文を届けたかったし（『旧記雑録』に甚兵衛が定清を「この書である。壁を趙《こ》えるのに、価値は倍である。敢えて忽《ゆるが》せにしてはならない。汝専ら血気でるので急ぐなかれ。怠惰に任せて滞るなかれ」と誡めている）、偕行はしていない。伏見を出発したのも五月一日以前と考えられる。後述の『島津国史』に、定清が二子に先んじて帰ったこと、五月二十一日であったことも誤りであると考えられる。『旧記雑録』にある通り六月上旬であろう。

定清は、二子に先んじて還り、五月二十一日（順風小寡で逆風衆多であり六月上旬とも）、富隈に至り、盟書を上らせた。六月三日、甚兵衛・旅庵も至った。島津忠長は、伏見に留まり、義久が来るのを待った。十一日、義弘は、忠長に書を与えて、

去る三日、和久甚兵衛が至り、内府公の盟書をもたらして来ました。曲げて不穀《ふこく》を赦して下さるとのこと、感激尽きません。龍伯様は、まさに行き拝せんとしています。君は、その道地《どうじ》となって待って下さい。

と伝えた。島津家中には、果たして義久が上洛してことが無事に済むかどうか動揺があった。七月十六日、義弘が、

忠恒宛ての書状で、忠恒が上之山麓に城を築こうとしていることに対して、上之山は出城にして清水城を屋形にし、東福寺城を居城にするように反対している。後に義久も反対している。しかし、忠恒は考えを変えなかった。

七月二十二日、安藤茂昌に、世禄五石を与えて旧労を録した。義久が、秀吉下向の際、泰平寺に行った時、茂昌に命じて肩輿を舁《かつ》がせたため、禄を与えてこれに酬いたのであった。元年の春口土佐守などと同じのようである。

義久は、まさに行って家康に拝しようとしたが、たまたま伊集院忠真の乱があったため、止まった。山口直友宛ての書状で、

度々上洛の儀仰せ下さりました。愚老も今一度上洛念望《ねんぼう》に付き、当春すでにその催しした処、去年以来の煩い特にこの節散々の為体《ていたらく》であります。種々養生しましたが、その験しがないので俄かに又八郎（忠恒）が上京することになりました。（中略）彼是上洛致すをもって申し入れたいのですが、ますます気合い然々ありません。当時の体では、迚も叶い難いです。（中略）遠国により顕然致し難いです。若し世上の物沙汰で、作病に取られては迷惑深重です。（後略）

と自身の代わりに忠恒が上洛することを伝えた。義久は、徳川方と戦う覚悟であり、義弘はそうなれば一たまりもないと考えていた。鎌田政近が、帰国して家康の懇ろな対応を伝えても、国元の者などは「ぬかれ候」と疑いを解かなかった。

比志島国貞・鎌田政近などは、義弘に謀った。義弘は「関ヶ原で、やむをえずであったが西軍に参加したので、上洛することはその罪を畏れる所であり忌憚《きたん》する。少将は、すでに禅《ゆず》りを龍伯公に受けた。行くことがよろしい」と述べると、皆「そうするのがよいです」と言った。

八月一日、忠恒は、「当家にとって有益であり、仮に行き父の罪に代わって我が身に害がおよんでも悔いる所はない」と京師に赴いた。三日、新納旅庵は、盟書を上らせた。初め、義久は、伊集院忠真を赦して頴娃に処らしめた。義弘が、関ヶ原から帰ると、その反を告げる者があった。そこで、忠真およびその妻を帖佐に徙し、その母を阿多に処《お》き、その弟・小伝次を富隈に処き、三郎五郎・千次を鹿児島に処いた。聚まり悪事をなさせることがなくなった。居ること三年、謀反は、益々甚だしかった。陰に、義久・忠恒・義弘に対して構えた。また、小伝次を、忠恒・義久に構えさせ、変詐《へんさ》百出《ひゃくしゅつ》してその間を伺った（義久と義弘・忠恒の離間工作などをしていた形跡などがある。三者とその家

臣団は、緊張状態にあった面もある）。また、伊集院甚吉を遣わせて肥後に援を求めた（忠真は、加藤清正と通じて密かに謀をしていた形跡もある）。甚吉は、反いてその計を告げた。義弘は忠恒と、忠真を誅することを図り、すでにその謀を成した。忠恒は、京師に行く時、忠真を従えさせた。野尻に留まること数日、十六日、忠真に宴を与えて、翌十七日、穆佐地頭の川田国鏡・須木地頭の村尾松清・野尻地頭の敷根頼豊に殺させた。穆佐衆中・淵脇平馬が、鳥銃を発して忠真を撃ち斃した。この日、忠真は、早く出て角笛《つのぶえ》を吹いて鹿鳴《ろくめい》を倣《なら》っていた。門番の川井田監物曰く「怪しい、今朝はどうして芻蕘《すうじょう》者を一人も見ないのでしょうか。請う、球麻（球磨）に奔って下さい」。忠真は、「球磨に奔るといっても、彼は我を納めない。まさに、どうしようか。只まさにここで死ぬのみ」と言い、ついに害に遇った。川井田監物・野村新次郎もこれに死した。遂に、忠真の母を阿多で、小伝次を富隈で、三郎五郎・千次を谷山中村で殺した。

義弘は、義久に起請文を提出して、

（前略）今度　龍伯様、又四郎殿（忠仍）を少将殿（忠恒）に替えて京都から御朱印を下された由、承りながら言上せず疑心を構えている由を聞いておられる旨を知らされて驚いています。夫れに就いて拙者は、毛頭聞いていない由を重ねて申し上げた処、異儀なく聞いて下さり、（中略）誠に安堵しました。（後略）

と言っている。この起請文は、「慶長六、七年の間か」と朱書きされ月日は不明であるが、これに対応して直後に出されたもう一通の起請文の年月日が慶長七年八月十日なのでこの頃であろう。忠恒の他に、当主の家督相続者として義久の外孫・忠仍（久信・信久）の存在が浮上しているのである。そして後述するように義久の家老・平田増宗一族の殺害にまで発展するのである。

冬、琉球商船が、風に因って飄蕩《ひょうとう》して奥州界に至った。家康は、薩摩に命じてこれを送り返した。琉球からの使者による謝礼はなかった。

十月二日、家康は、江戸に行き、十四日、忠恒の舟は、兵庫に至り、福島正則がこれを迎えた。十六日、偕《とも》に、大坂に至った。忠恒は、市に宿し、正則は館を第に改めた。翌十七日、正則は、忠恒および山口直友を享した。十九日、正則は、使を遣わせて家康に申し上げ、忠恒は、市来家繁を遣わせて正則の使者と偕行させた。二使は、江戸に至り、たまたま家康は、忍（武蔵国）で鷹を放っていた。遂にその地に往き、本多正信に因って命を致した。福島正則は、徳川―島津間の和平のために度々尽力してくれており、島津氏に対して甚だ懇ろであった。島津氏は、正則に借金や米を借りたりもしている。正則との付き合いは、徳川方の島津氏への処分が決着した後も続いた。二十六日、新納旅庵が急に病を発して死去した。

　河田国鏡・村尾松清などは行き、忠真を誅した。併せて平田宗次（増宗の子息）を殺した。忠恒は、忠真を出猟させて窺い、諸道を遮り殺したのであった。八月十六日夜、国鏡は、衆中・押川則義と謀り、翌日夜明け、則義に岡原彦左衛門を伏せさせてこれを伺わせて、忽ち一人白馬に騎して従者は三十人ばかりで来る者を見たので、則義は指示して「是、源次郎殿（忠真）也」と言い、直前で槍でもってこれを刺し斃した。これが平田宗次であった。この日、忠真と馬を換えて乗っていたので錯認したとしている。則義は、責任を取って切腹した。按ずるに、忠真および宗次を殺したのは同時である。則義は、銃を発して宗次を撃ち殺したともある。時に、飛語《ひご》があり、平田増宗は嘗て伊集院氏と党し、また私に島津忠仍（彰久の嫡男）に仕えていた云々であった。鎌田政近・樺山久高は、もって増宗に告げた。十一月五日、増宗は、盟書を上らせて三殿様（義久・義弘・忠恒）に言うには、

臣（増宗）、三殿様に仕えます。殊に、二心なく、未だ嘗て伊集院源二郎に党したことはありません。また未だ嘗て、私に又四郎殿（忠仍）に仕えたこともありません。敢えて腹心を布きます。この言が、もし信《まこと》でないことがあれば、諸神がこれを殺します。

と誓った。

九日、家康は、忠恒に書を贈って「まさに京師に行こうとしている。相見《まみ》えるを期すことあり。余は、本多佐渡守（正信）に嘱む」と告げた。

十二月二十四日、隅州末吉深川村徳富の門百石をもって、霧島山社領とし、徭役は諸寺社領の例のごとしとした。翌二十五日、家康は、伏見城に入って忠恒を大坂から召し、二十八日忠恒は、家康にまみえ、家康は馬および鷹おのおの二を与えた。福島正則が先導となった。扈従の士は、数多あったが悉く城外に踞《きょ》し、島津忠長以下六、五人が陪従《ばいじゅう》した。

　忠恒の上洛について、富隈の義久の家臣団は欲さず、路を遮りこれを止めたが、忠恒は「盟に背くは、神罰をどうしたらよいか。その上家が滅びて後代名が下ることは道ではない」と聴かなかった。しかし、咸《みな》「富隈の者が、身をもってこれに當たります。君におよびません」とまた聴か

なかった。義久もまた、欲していないと聞き、書を返してこれを謝した。そうして行くのが遅れた。八月十一日付の義久宛てかと思われる書状で、

> 今度我等上洛の儀、富隈衆中は頻りに留めましたが、当家の忠節・龍伯様御奉公を深々に（深く）考えているので留まりません。重ね重ね神載をもって申し上げたように龍伯様に背き奉って身持ちを考えてのことでは毛頭ありません。（中略）昨日誓紙の草案を御目に懸けた時、何事も御意に任せず、忠孝が欠けている由を仰せ蒙り、驚き歎息しました。おおよそ我等が罷り上がる儀、最前より御好む所でないとは万が一承り得ることもあるかもしれませんでしたが、予め聞いていなかったので、その申し訳もありませんでした。縦い聞いていても、国家（御家）のためなので、存じ寄る儀は申し上げなければ叶いません。心中の誤りのない儀は、天命に任せます。右の趣をもって、御意に背かない旨を聞いて下されることを希ます。若しその儀がなければ、家の忠儀、龍伯様の御奉公のため罷り上がることも徒になります。

と訴えている。十七日付で義久は、返書を与えて了承した旨を伝えた。家康の起請文には、忠恒の家督相続を認める内容があり、その事情からも忠恒は上洛を決していたのであった。

家康にまみえるにおよんで、恩礼尤も厚かった。三十日、山口直友は、書をもって義久および義弘に島津氏への処分が決着した旨を告げた。この年、忠恒は、鹿児島城を築いた。義弘には、五人の男子が生まれ、長男が鶴寿丸（夭折）・次男が久保・三男が忠恒・四男が万千代丸（夭折）・五男が忠清であった。忠恒は、天正四年（一五七六年）生まれで、母は宰相、この年二十七歳であった。忠恒が、正式に当主として襲封《しゅうほう》することになる。久保は、又一郎と称していたが、亡くなり男子はなかった。島津氏は、義弘が関ヶ原の本戦に西軍として参加したにもかかわらず領国を維持したのであった。

島津氏が、領国を維持出来た理由は、家康が関ヶ原の合戦で勝利し、絶大な権力と領地を得たが、その地位は豊臣政権の五大老の筆頭に過ぎず、合戦後の混乱を早期かつ平和的に収め自身の覇権を確立する必要があった。そのような状況で軍事的に強い島津氏とことを構えることは、戦の長期化が懸念され避けたいことであった。そして、島津氏の領国の地理的状況にも拠る。島津氏の領国は、三方を海に囲まれ北方でしか他の大名の領国と接しておらず、国

境も険阻で街道も少なく、守るに易く攻めるに堅い条件であった。国境を接していたのは東軍に参加した大名では伊東氏だけであった（後に加藤清正が、肥後国全土を領有）。家康が、島津氏を攻めるのであれば、九州の大名である黒田如水などにその任を当てなければならず危険も大きかった。領国の位置に拠り、島津氏が受ける圧力は他の大名に比べて割と少なかったし、家康も必ず攻めなければならない状況ではなかった。畿内から離れた遠国であるため、使者の往来だけで月日が経過して処分の決着までに時間がかかったのである。武備恭順策を成しえたのも地理的条件があったからであった。

徳川―島津間に、徳川方の井伊直政・山口直友など、島津方の新納旅庵・本田親貞など、公家の近衛氏など、豊臣大名の福島正則などのパイプ役がおり、和平交渉を円滑にすることにおいて彼等の存在と尽力も大きかった。義弘が、西軍の首謀者でなかったことも大きい。

また、家康は、島津氏と明と国交のある琉球とのパイプを利用しようとして島津氏に本領安堵したという説もあるが、肥前の松浦氏のように島津氏以外にも繋がりがある大名はいたし、日向諸県郡を没収するなどの処分も取れたはずであり検討を要する。島津氏自身も明とのパイプを持っており、国際的に重要な位置に領国を有しているためその異国との交渉のノウハウを利用しようとしたとも考えられる。

結　章

晩年の義久・義弘、島津四兄弟の残したもの

慶長八年（一六〇三年）正月六日、家康は、忠恒を遣わせて国に行かせた。二月十二日、家康は、征夷大将軍および源氏の長者などに任じられ、江戸に幕府を開いた。この時期にまで遅れたのは、島津氏との和平交渉が長引いたためであった。

七月二十八日、伏見にあった忠恒は、山口直友を通じて宇喜多秀家の休復の赦しを請うた。秀家は、死罪を免れることになり、駿河久能山に幽閉され、後八丈島に流罪となった。

関ヶ原の合戦前、義弘はやむをえず西軍に参加したが、豊久は固くこれを止めて「これは、必ず敗れます。かつ内府公（家康）に背くのは不義です」と諫めた。しかし、義弘は、すでに三成に許《ゆる》したとして、ついに豊久の言を用いなかった。豊久は、関ヶ原で戦死し、領地である佐土原は徳川方の没収する所となっていた。忠恒は、義久と謀って新納旅庵に山口直友と交渉させて、豊久が嘗て義弘を止めて三成に従わず、本心は未だ嘗て家康に背いていない旨を伝えた。家康は、徐に豊久に反意がなかったことを知りこれを赦した。豊久には子がなく弟があったが、関ヶ原の戦で不本意とはいえ敵対した豊久の遺族に継がせることは憚れたのか、佐土原城を守っていた縁もあり島津以久が佐土原三万石に封じられることになった。以久は、慶長十五年に六十一歳で亡くなる。幕府から孫の又四郎忠仍（彰久・新城の子息、久信・信久）に跡を継ぐように命があったが、病牀にある義久の元を離れられないと固辞した。佐土原は、以久の三男・忠興が継いだ。忠仍は、義久の外孫で義久の跡を継がせたい義久家臣団と、忠恒・義弘サイドとの家督相続争いが勃発していた。この争いは結局義久が、慶長七年に正八幡宮（現・鹿児島神宮）で鬮取りをして、後継者は忠恒と決めていたこともあり、義久死後に忠恒が争いに勝利して当主としての地位を確立するに至る。義久は、孫の忠仍を可愛がり大事に思い、跡を継がせたい面があったと考えられるが、戦での経験や武功があり官位も高く、かつ徳川政権とも結び付きの強い忠恒を次期当主として認めざるをえなかった。忠仍は、佐土原・本宗家・義久の隠居領（六万石）も継げずに下大隅領主に止まった（一所持では筆頭）。豊臣政権下においては、義久・義弘・久保が交代で人質として上洛して詰めていたが、この時期になると忠恒に代わって忠仍や北郷三久が詰めている。忠仍の、義久の外孫としての地位の高さを物語るとともに世代交代が起こっているのである。

忠恒は、家久・豊久の跡取りとして豊久の弟・源七郎忠仍（初め東郷家養子で重虎）に継がせることにしたが狂疾《きょうしつ》を発したため、喜入忠政の子息・忠栄を跡取りとした。島津本宗家の家中に復帰して永吉島津家（薩摩国日置郡永吉四千四百余国）となった。

同九年六月（三月とも）、忠恒は、陸奥守に任ぜられた。十二月、義久は、富隈から国分城に移った。義久は、徳川方の島津氏への処分が決着しても「老衰至極」と上洛して謝そうとはしなかった。家康は、天下人となり名実ともに覇権を握って憂いがなくなったので、島津氏の事実上の当主である義久を上洛させることで関ヶ原の合戦後の徳川方の島津氏に対する処分が決着したことをより明確に示そうとした。その後、同九年から十年にかけて家康は、義久に度々上洛を要請しているが、上洛する覚悟としながらも病や老体などを理由に延期したり断り続けたりして上洛することはなかった。

この頃から義弘は、朝鮮から連れ帰った陶工達の技術を用いて薩摩焼の茶道具などを製造して将軍家や諸大名との外交に使っている。その出来栄えは、頗る評判であった。義弘は、このことで復権を試みたのであった。

同十一年、義弘は、帖佐から平松城へ移った。六月十七日、忠恒は、伏見城で家康から偏諱を受けて家久と改名した。同十二年二月一日、義弘夫人で家久母の宰相（実窓夫人）が亡くなった。同年、義弘は、加治木城へ移った。

同十四年春、家久は、幕府の許可を得て、予てからの懸案であった琉球出兵を行った。大将に樺山久高（忠恒家老）・副将に平田増宗（義久家老）とした権力編成の分かれたものであった。兵・三千、船・一千艘は琉球を平定して、家康は家久にその功を賞して琉球国を与える黒印状を出し、その石高は後に島津氏領に編入されることとなった。家康が出兵を許可した理由は、同七年に奥州、同八、十年に肥前平戸に漂着した琉球船を保護して舟を整え彼等を荷物とともに送り帰したのに、琉球方からは礼を述べる使者を上らせず、度々島津氏を通して要請したが反応がなかったことにある。家康は、明との国交回復と勘合貿易復活に琉球の仲立ちを期待しており、翌年には明との交渉が上手くいかないとして琉球から明へ出兵する計画を立てた程であった（実行はされなかった）。家久が、出兵に踏み切ったのは、琉球国から派遣される正式交通船のあや船（文船）が近年滞っていたこと、領国拡大を南下に求めたこと、琉球貿易独占のためと考えられる。

同十五年六月十九日、家久は、義久の家老・平田増宗を銃で狙撃させて暗殺した。増宗と前述した増宗の子息・宗次の殺害は、義久の次期当主に忠仍を擁立しようとしたため、家久から実行されたのであった。

八月八日、琉球王・尚寧を伴い駿府に至っていた家久は、大御所・家康に見えて琉球国を賜わったことを謝し、二十八日には江戸で二代将軍・秀忠に見えた。十一月九日、島津忠長が六十歳で亡くなり、十二月三日には、新納忠元が八十五歳で亡くなった。

同十六年正月二十一日、島津義久が、国分城で亡くなった。七十九歳であった。法名・存忠、号・貫明妙谷寺殿（妙谷寺貫明存忠菴主）。福昌寺に葬られ、殉死者は十五人であった。辞世の句は、

　世のなか（間）のよねと水とをのみつくし
　　つくして後は天津大そら

であった。島津氏の太守・当主としての職責を全うしての死であった。

三月二十七日、忠仍は、盟書を伊勢忠昌に提出して、家久に二心なきを誓った。同十七年六月十六日にも子息・菊袈裟とともに盟書を比志島国定に提出して家久に忠節を誓った。

同十九年三月二十二日、十六年に開始した薩摩・大隅・日向諸県郡の慶長内検が完了し、石高は六十一万石であった。薩摩藩領は、固より肥沃《ひよく》な土地でもなく、その経界《けいかい》を検校《けんこう》して旗を加えたが、あるいは租粟（年貢カ）の賦斂《ふれん》に延び縮みがあり、あるいは軽重があり、故に農民は賦税《ふぜい》に苦しみ、領主もまた軍役の資用不足にどうしようもなかった。先年の太閤検地では不完全であり、諸侍の公役に親疎《しんそ》があったため改めたのであった。

五月二十五日、歳久の孫・日置島津家の島津常久が、鹿児島城で亡くなった。二十八歳であった。

九月二十三日、豊臣秀頼は、徳川方との合戦に備え家久に軍勢を率いて大坂城に会せよと召した。十月、家康は、秀忠と約して大坂を伐った。大坂冬の陣の勃発である。十三日、家久は、豊臣方の要請を拒絶した。二十五日、徳川方は、家久に出陣を命じた。十二月十三日、家久は、九日付の徳川方の軍勢催促の書状を得て、即日美々津を発したが、徳川方と豊臣方の和睦が成立したので、徳川方は家久に上坂を罷めさせた。元和元年（一六一五年・七月十三日慶長二十年から改元）四月二十日、徳川方は、家久に兵を率いて急ぎ大坂に会せよと命じた。大坂夏の陣の勃発であった。五月五日、徳川方は、大坂城を攻め、八日、城は落城して豊臣氏は滅んだ。家久が、出陣したのも五日であり再び間に合わなかった。

同二年四月十七日、徳川家康が、亡くなった。六月二日、家久に、子息・虎寿丸（光久）が生まれた。初め家久は、三十歳を過ぎても跡継ぎが生まれなかったので（慶長十七年に兵庫頭が生まれていたが、三歳で夭折）、度々将軍・

秀忠の三男・国松を養子に迎えようとしていたが、秀忠からは断られた。正室・亀寿は、齢四十を越え、子を産む可能性も低く、夫婦仲も悪かった。義久の直接の血統ではない家久の当主としての地位は不安定であり、徳川将軍家から養子を迎えて跡継ぎとすることで自身の地位を正当化しようとしたのである。また、養子の件は断られたが、徳川方から、側室を迎えて子を成すように勧められた（これが狙いであった）。子が産まれれば亀寿の血を引いていなくても跡継ぎと認めてもらえるという狙いがあったとの指摘もある。光久の母は、桂安夫人といって義久の長女・於平と薩州家の義虎の次男（義虎にとっては三男）忠清の娘であり、義久の血を引く男児であった。亀寿は、光久を養子として島津家の跡取りとした。義久の血統であることが次期当主の条件であった。義久・義弘の血を受け継ぐ者が、次期当主となったのであった。

同三年七月十八日、家久は、希望していた参議（宰相）に任じられた。九月一日には、将軍・秀忠が、家久に松平姓を与えて、薩摩守に任じた。

同五年七月二十一日、島津義弘が、加治木で亡くなった。八十五歳であった。義久と同じく福昌寺に葬られ、殉死者は十三人であった。法号・松齢自貞庵主妙円寺殿。辞世の句は、

春秋のはなももみじもとどまらず
　人もむなしき関地なりけり

であった。島津氏を数々の武功と知略で支え、苦労の末その存続に大きく貢献した後の死であった。

島津忠良・貴久親子から、義久・義弘・歳久・家久が受け継いだ島津家は、苦難を越えて発展・維持され、子孫にも受け継がれて幕末に至っても存続し、維新の原動力になったのである。

おわりに

鹿児島の観光資源に3Sというものがある。西郷どん・焼酎・桜島の頭文字をとったものである。それらに島津のSがないことに納得がいかない。鎌倉時代以降、南九州の歴史は、島津氏の歴史と言っても過言ではない。しかしながら、幕末維新期の志士達の知名度や顕彰に比べると不満をいだかざるをえない。言うまでもなく、本書で取り上げた戦国の島津四兄弟の時代は、苛烈な激動期であり、かつ最も魅力あふれる時代である。四兄弟はじめ、祖父の忠良・父の貴久・他の島津一族・家臣団などの生方・人柄・活躍・人生を多くの人に知ってもらいたい、そして、未来に役立ててもらいたいというのが著者の心からの願いである。本書がわずかでも、その御役に立てれば望外の喜びである。

最後に本書を執筆するにあたって、大学時代の卒業論文の指導教授の三木靖先生、執筆環境に協力してくれた家族、史料・書籍・論文の閲覧に便宜を図って下さった南さつま市立坊津図書館・南九州市立川辺図書室・県立図書館の皆さん、校正・出版して下さった向原祥隆社長はじめ南方新社の皆さんに、記して謝意を表します。

二〇一六年六月吉日

栄村　顕久

主要参考史料

『島津国史』山本正誼編／原口虎雄解題　鹿児島県地方史学会　一九七二年
『鹿児島県史料　旧記雑録』（前編二・後編一・二・三・四・五・六・附録一・二）　鹿児島県維新史料編さん所編　鹿児島県　一九八〇年・一九八一年・一九八二年・一九八三年・一九八四年・一九八五年・一九八六年（後編六と附録一は合冊）・一九八七年
『上井覚兼日記』上・中・下　大日本古記録　岩波書店　一九五四年・一九五五年・一九五七年
『島津史料集』（「日新菩薩記」・「惟新公御自記」・「日州木崎原御合戦伝記」・「征韓録」・「惟新公関原御合戦記」・「庄内陣記」）　北川鉄三校注　人物往来社　一九六六年
『鹿児島県史』第一巻　鹿児島県　一九三九年　（復刊）一九六七年
『新訂　徳川家康文書の研究』中巻・下巻之一　中村孝也　日本学術振興会　一九八〇年
「慶長記」板坂卜斎著／小野信二校注『家康史料集』所収　人物往来社　一九六五年
『島津家文書』一・二・三　大日本古文書家わけ第十六　東京大学出版会　一九四二年　（復刻）一九七一年・一九五三年（復刻）一九八二年・一九六六年
「薩藩旧伝集」『新薩藩叢書』第一巻　歴史図書社　一九七一年
「家久公御養子御願一件」『備忘抄・家久公御養子御願一件』鹿児島県史料集（XV）　鹿児島県立図書館　一九七五年
「末川家文書　家譜」『鹿児島県史料　旧記雑録拾遺　家わけ十一』鹿児島県維新史料編さん所偏　鹿児島県　二〇〇八年　一〇二頁

主要参考文献

稲本紀昭「豊臣政権と島津氏」『島津氏の研究』吉川弘文館　一九八三年
桐野作人『関ヶ原　島津退き口―敵中突破三〇〇里』学研新書　二〇一〇年
同『さつま人国誌』戦国・近世編　南日本新聞社　二〇一一年
同著2　二〇一三年
桑波田興「戦国大名島津氏の軍事組織について―地頭と衆中―」『島津氏の研究』吉川弘文館　一九八三年
斉木一馬「上井覚兼日記に就いて」『島津氏の研究』吉川弘文館　一九八三年
谷山初七郎『島津義弘公記』原口虎雄監修『島津中興記』清潮社　一九七九年所収

西本誠司「島津義弘の本宗家家督相続について」編著・新名一仁『薩摩島津氏』戎光祥出版　二〇一四年
同右「関ヶ原合戦前の島津氏と家康」『戦国史研究』三四号　一九九七年
原口泉・日隈正守・松尾千歳他『鹿児島県の歴史』山川出版社　一九九九年
二木謙一『関ヶ原合戦』中公新書　一九八二年
松尾千歳「鹿児島二召置御書物並富隈御書物覚帳」『尚古集成館紀要』三号　一九八九年
同右「島津義久の富隈城入城とその時代—義久家督をめぐる諸問題—」志學館大学生涯学習センター・隼人町教育委員会編『隼人学—地域遺産を未来につなぐ』南方新社　二〇〇四年
三木靖編『島津義弘のすべて』新人物往来社　一九八六年
山口研一「戦国期島津氏の家督相続と老中制」編著・新名一仁『薩摩島津氏』戎光祥出版　二〇一四年
山本博文「豊臣政権の「取次」の特質」同著『幕藩制の成立と近世の国制』校倉書房　一九九〇年
同右『島津義弘の賭け』読売新聞社　一九九七年
米澤英昭「庄内の乱に見る島津家内部における島津義久の立場—慶長期島津家内部における権力関係についての一考察—」『都城地域史研究』七号　宮崎県都城市　二〇〇一

■著者プロフィール

栄村顕久（さかえむら・あきひさ）

1980年、鹿児島県南さつま市坊津町生まれ。2003年、鹿児島国際大学卒業。その後民間企業に勤務しながら、中世、近世史、とりわけ島津氏と中央政権との関係について研究を重ねてきた。

島津四兄弟

義久・義弘・歳久・家久の戦い

二〇一六年十二月二十日　第一刷発行
二〇二四年　三月十五日　第二刷発行

著　者　栄村顕久
発行者　向原祥隆
発行所　株式会社 南方新社
〒八九二―〇八七三
鹿児島市下田町二九二―一
電話 〇九九―二四八―五四五五
振替口座 〇二〇七〇―三―二七九二九
URL http://www.nanpou.com/
e-mail info@nanpou.com

印刷・製本　株式会社 イースト朝日
定価はカバーに表示しています
乱丁・落丁はお取り替えします
ISBN978-4-86124-346-2 C0021

◎紙屋敦之

梅北一揆の研究

Ａ５判、二三五頁　定価（本体三八〇〇円＋税）

全国統一を成し遂げた豊臣秀吉が、次に狙ったのは、大陸の明、朝鮮だった。

梅北一揆は、その「文禄の役」の初頭、天正二〇（一五九二）年六月一五日、島津家の有力家臣梅北国兼が、朝鮮出兵の途中、加藤清正領内の肥後国芦北郡佐敷で起こした反乱である。秀吉旗下の軍勢が渡海して手薄な時期を狙っての計画的かつ大規模な決起であった。

この一揆は、朝鮮出兵の問題に関心を持つ者にはよく知られているが、研究史的には意外と検討されておらず、未開拓の状態にある。結果として、梅北一揆を契機に、豊臣政権の島津氏に対する権力介入が強化されるが、これと関連付けた実証的研究も皆無に近い。

本書は、幕藩制の成立過程で生起した権力闘争の一環として位置づけ、実態を明らかにする。